영유아의 의사 존중과 의사결정 참여 중심

영유아 권리 존중 보육과 교육

김영명 · 복예은 · 김미희 · 곽현인 ·
우성정 · 최분숙 · 박혜림 · 김경실

창지사

머리말

가끔 출근을 위해 집을 나서면서 생각하곤 한다. '영유아의 권리를 위한 우리들의 관심과 노력으로 오늘 우리나라의 아이들은 이전에 비해 조금이나마 더 행복해졌을까?'라고.

영유아의 권리에 대한 인식이 확산되고 있다. 그러나 영유아의 권리가 일상생활에서 어떻게 하면 보장될 수 있는지에 대해서는 충분히 인식되고 있지 않다. 또한 영유아의 권리 존중은 발달에 맞는 보육과 교육을 중시함으로써 발달권을 보장하려는 노력에 머물러있다. 이 책에서는 영유아의 권리 존중이 참여권으로까지 진전될 수 있도록 영유아의 의사를 존중하거나 의사결정에 참여한 사례에 많은 지면을 할애했다.

영유아는 보육·교육기관과 가정의 일상 속에서 자신의 권리가 존중되고 다른 사람의 권리를 존중하는 경험을 해야 한다. 영유아는 자신이 존중받는 경험을 통해 자기 자신이 권리의 주체라는 자각이 생길 것이다. 또한 자신의 권리를 존중받는 영유아가 타인의 권리도 존중하게 될 것이다. 영유아의 권리가 충분히 존중되고 있는 어린이집이나 유치원도 많이 있을 줄 안다. 또한 이 책을 통해 제시하고 있는 사례의 내용이 영유아의 권리를 보장하는 데 다소 미흡하다고 생각하는 분도 계실 것이다. 그러나 영유아의 권리가 제대로 존중되고 있지 않다는 문제의식을 지니고 있으면서도 권리를 존중하는 구체적인 방법을 알고 실천하는 데 어려움이 있다고 느끼시는 교사나 원장, 학생이 있다면 이 책이 미력하나마 도움이 되기를 바란다.

3년간 이 책을 쓰면서 게을러지는 나 자신을 스스로 독려할 수 있었던 것은 누군가는 이러한 책을 써야 한다는 생각이었으며 나 또한 그중의 한 사람이라는 것이었다. 책을 쓰면서 영유아의 권리가 보장되지 못하는 현실에 안타까움과 비통함을 느끼기도 했고, 사례에서 교사와 아이들의 행복한 웃음과 당당함이 느껴질 때는 옥죄던 가슴이 활짝 펴지는 기쁨과 희망이 교차하는 순간을 경험하기도 했다.

이 책은 대표 저자가 쓰는 역할을 담당했지만 서강어린이집에서 함께 생활하는 모든 교사의 아이디어와 실천이 모인 책이다. 영유아의 권리를 존중하기 위해 어떠한 방향으로 나아가야 하는지 정해진 길이 없었던 상황에서 권리를 존중하는 어린이집을 만들기 위해 함께 노력해 왔던 우리 모두의 집단지성이 발휘된 결과물이라고 할 수 있다. 영유아의 권리를 존중하기 위해 영유아의 행복한 삶을 위해 힘겨운 일상에서도 함께 애써 온 서강어린이집의 모든 보육교직원께 감사의 말씀을 드린다. 어린이집에서 영유아의 권리를 존중하는 실천을 할 수 있도록 많은 관심과 격려를 보내 주신 부모님들과 밝고 따뜻한 마음으로 건강하게 생활하고 있는 서강의 아이들에게도 감사의 말씀을 드린다.

서강어린이집에서 이러한 실천을 할 수 있도록 뜻을 함께하고 계신 '함께하는 보육'과 영유아의 권리 존중에 대해 지속적인 관심을 가질 수 있도록 서로 격려하고 이끌어주고 있는 '아이들이행복한세상'의 모든 구성원께 지면을 빌어 감사의 말씀을 전한다. 가족을 배려하기보다는 책 쓰는 일에 몰두하는 것을 이해하고 격려해 준 사랑하는 가족에게도 미안함과 함께 감사를 표하고 싶다.

'나는 많이 알지만 모든 사람은 모든 것을 안다.'는 말이 있다. 어린이집과 유치원에서 생활하고 있는 모든 영유아에 대한 권리 존중과 타인의 권리를 존중할 줄 아는 영유아의 행복한 삶을 위해 천천히 가더라도 모두 함께 가는 길이었으면 한다.

2019년 1월

목차

PART 2

PART 1

영유아의 권리와 인권

CHAPTER 1 영유아 권리 존중 보육·교육의 목적

CHAPTER 2 영유아의 권리와 관련된 주요 개념과 원칙

Chapter

01 영유아 권리 존중 보육·교육의 목적

1. 영유아의 권리란?

영유아의 권리란 영유아가 인간으로서 누려야 할 모든 기본적 권리를 말한다. 영유아는 태어나면서부터 성, 언어, 종교, 인종, 피부색, 능력에 관계없이 인간으로서 가지는 기본적인 권리와 영유아라는 생애의 시기적 특수성에 따라 특별한 보호와 배려를 받을 권리가 있다. 이 장에서는 왜 영유아의 권리 존중 보육·교육을 해야 하는지 영유아 권리 존중 보육·교육의 목적과 필요성에 대해 이야기하고자 한다.

2. 영유아 권리 존중 보육·교육의 목적

우리가 영유아의 권리를 존중하는 보육·교육을 하는 목적에 대하여 필자는 '모든 영유아가 신나게 잘 살기 위하여'라는 말로 압축해서 표현하고자 한다. 여기에서 '모든'은 어떠한 영유아도 성이나 인종, 종교, 피부색, 능력 등으로 차별을 받아서는 안 된다는 차별금지의 원칙을, '영유아'라는 말에는 영유아에 영향을 미치는 일에서는 영유아의 이익이 최우선으로 지켜져야 한다는 영유아 이익 최우선의 원칙을 표현하고 있다. 또한 '신나게'는 영유아가 진정 신나는 삶을 살기 위해서는 영유아의 의사표현을 존중하고 의사결정에 참여시켜야 한다는 원칙이, '잘'은 발달이 잘 이루어질 수 있도록 한다는 발달의 원칙이, '살기'는 생존과 보호의 원칙이 표현되어 있는 것이다.

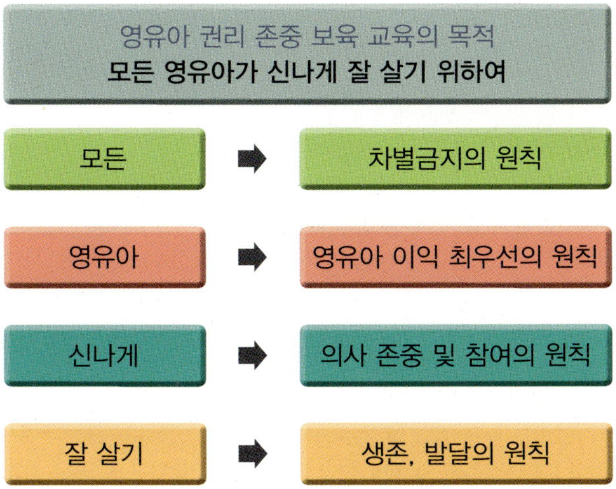

3. 영유아 권리 존중 보육·교육의 필요성

그동안 영유아는 어리고 경험과 생각이 부족하기 때문에 영유아와 관련된 모든 의사결정은 성인이 해야 한다고 생각해 왔으며, 영유아는 뭘 잘 모르기 때문에 성인이 될 때까지 지속적으로 가르쳐야 하는 존재라고 생각해 왔다. 때로는 영유아를 양육하는 수고를 성인이 도맡아 하고 있기 때문에 영유아를 내 마음대로 해도 되는 존재라고 생각하기도 한다.

그러나 유엔아동권리위원회는 "초기유년기(0~8세)에 해당하는 영유아는 아동권리협약에 부여된 모든 권리의 보유자이며, 그들은 특별한 보호 조치를 받을 자격이 있고, 그들의 능력발달에 따라 그들의 권리를 점진적으로 행사할 권리가 있다."고 하였다. 뿐만 아니라 영유아기는 아동의 권리를 실현하기 위한 결정적인 시기라고도 한다. 그렇다면 영유아기가 아동의 권리를 실현하기 위한 결정적인 시기라는 것은 무엇을 의미하는 걸까? 유엔아동권리위원회(2005)는 영유아기가 아동의 권리를 실현하기 위한 매우 중요한 시기라는 것을 다음과 같은 초기유년기의 특징과 결부지어 말하고 있다.

(a) 영유아는 육체와 신경계통의 성숙, 운동성의 증대와 의사소통 기술, 지능의 향상, 능력과 관심 분야에 대한 빠른 변화로 인해 일생에 있어 가장 급속한 변화와 성장을 경험한다.
(b) 영유아는 부모나 다른 양육자에게 양육과 보살핌, 지도와 보호를 받으며 강한 정서적 애착을 형성하는데, 이러한 양육과 보살핌, 지도와 보호는 양육자가 영유아의 개별성과 성장하는 능력을 존중하는 방식으로 이루어진다.
(c) 영유아는 또래 아동들과 중요한 관계를 형성한다. 이 관계 속에서 그들은 공유하는 활동을 협상하고 조정하는 것, 갈등을 해결하는 것, 약속을 준수하고 다른 사람에 대한 책임을 받아들이는 것을 배운다.
(d) 영유아는 자신의 활동과 타인과의 상호작용을 통해 점진적으로 학습하면서 그들이 살고 있는 세계에 대해 물리적, 사회적, 문화적 특징을 적극적으로 이해한다.
(e) 영유아기 중에서도 가장 어린 시기는 그들의 신체적·정신적 건강, 정서적 안정, 문화적·인격적 정체성, 그리고 능력 개발의 기초가 된다.
(f) 영유아의 성장과 발달 경험은 그들의 성별, 생활환경, 가족 구성, 양육 환경과 교육 시스템뿐만 아니라 그들의 개별 특성에 따라 달라진다.
(g) 영유아의 성장과 발달 경험은 영유아가 필요로 하는 것과 이에 대한 적절한 대처, 가족과 공동체 내에서 영유아의 적극적 역할에 대한 문화적 신념에 강한 영향을 받아 형성된다.

영유아는 육체와 두뇌의 급격한 성장과 변화를 겪으면서 영유아기의 발달 특성에 맞게 적절하게 양육을 받음으로써 자신의 발달권을 보장받게 된다. 따라서 모든 영유아가 직면하는 독특한 관심, 경험, 그리고 도전을 존중하는 것은 삶의 결정적인 시기에 있는 영유아의 권리를 실현하는 출발점이 되는 것이다(유엔아동권리위원회, 2005). 또한 영유아기는 감정을 관장하고 타인과 공감하는 역할을 맡은 편도체, 대상회, 해마 등으로 구성된 변연계가 성장하는 시기인데 영유아는 자신이 양육자에게 적절한 양육과 보살핌을 받음으로써 양육자와의 강한 정서적 애착뿐 아니라 점차 또래와의 관계를 형성해 나가게 되며, 이러한 과정을 통해 다른 사람의 권리를 존중할 수 있는 토대인 공감과 대인관계 능력을 발달시키게 된다.

이와 같이 영유아는 무능한 존재가 아니며 영유아는 태어나면서부터 자신의 권리를 누릴 가치가 있고 권리의 주체로서 존재한다. 또한 존중받지 못한 영유아가 타인의 권리를 존중하는 성인으로 성장하기 어렵기 때문에 영유아에게 적합한 환경과 교육의 기회를 제공하고 영유아를 인격체로서 존중함으로써 영유아가 자신의 권리와 타인의 권리를 존중하도록 해야 한다.

유엔아동권리위원회가 채택한 일반논평 7: 초기 유년기에서의 아동권리의 이행 Implementing child rights in early childhood(2005)

■ **일반논평 7은** 국가보고서를 검토해 온 유엔아동권리위원회의 경험을 통해 도출된 것으로 국가보고서는 많은 경우, 초기 유년기에 대한 정보가 거의 제공되지 않았으며, 주로 아동 사망률, 출생 등록과 보건의료에 대한 설명에 주로 제한되어 있었다. 유엔아동권리위원회는 유아를 위해 '아동권리협약'의 보다 광범위한 함의를 논의할 필요성을 느꼈으며, 2004년 '초기 유년기의 아동권리의 이행'이라는 주제에 대해 일반토론의 날을 할애하여 논의하였고 논의의 결과 일련의 권고(CRC/C/143, sect.Ⅷ 참조)들에 따라 중요한 주제에 대한 일반논평을 준비하기로 결정하였다. 일반논평 7을 통해 유엔아동권리위원회는 유아들이 아동권리협약에서 부여하고 있는 모든 권리의 보유자임과 초기 유년기가 이러한 권리의 실현을 위한 결정적인 시기라는 인식을 고취하고자 하였다. **초기 유년기의 정의는 출생에서 유년기에 이르는 시기이며, 취학으로 이행하는 시기도 포함**된다.

■ 일반논평 7의 목적

(a) 모든 유아의 인권에 대한 이해를 강화하고 유아에 대한 당사국들의 의무에 대한 주의를 환기하도록 하는 것
(b) 권리의 실현에 영향을 주는 초기 유년기의 특징에 대하여 설명하는 것
(c) 생명의 시작에서부터 특별한 이익과 능력 및 취약성을 가지는 사회적 행위자로서 유아를 인식하는 것과 그들의 권리의 행사에 대한 보호, 지도 및 지원의 요건 인식을 고취하는 것
(d) 동 협약의 이행에 있어서 고려해야 할 필요가 있는 초기 유년기의 다양성에 대한 주의를 환기하는 것, 여기에는 유아의 상황, 및 그들의 경험의 질, 그리고 그들의 발달형성에 영향을 주는 요인에서의 다양성이 포함된다.
(e) 사회적 기대와 아동의 대우에 있어서의 다양성을 지적하는 것, 여기에는 아동의 권리를 침해하는 경우를 제외하고 존중해야만 하는 지역적 관습과 관행이 포함된다.
(f) 아동의 권리를 침해하고 그들의 복지를 저해하는 빈곤, 차별, 가정 파괴 및 다양한 다른 재난에 대한 아동의 취약성을 강조하는 것
(g) 초기 유년기의 권리에 초점을 맞춘 포괄적인 정책, 법률, 프로그램, 실행, 전문가 훈련 및 연구의 형성과 증진을 통해 모든 유아의 권리를 실현하는 데 기여하는 것.

■ 일반논평(General Comment)이란?

일반논평은 인권조약에 따라 만들어진 조약위원회(조약감시기구)가 조약의 조문을 유권 해석한 것이라 할 수 있다. 조약위원회는 추상적인 조약의 내용을 해석을 통해 풍부하게 만듦으로써 인권조약의 구체적 내용이 무엇이냐를 선언하여 국제인권규범의 구체적 이행을 담보하는 데 중요한 역할을 하고 있다.
일반논평은 그 자체로서는 구속력 있는 국제인권법이 아니나 국제인권법이 무엇이냐를 설명하는 데는 없어서는 안 될 중요한 자료이다. 인권조약에 대한 설명 자료가 이러저러하게 있지만 이 일반논평을 떠나서는 그러한 설명도 큰 의미가 없다. 조약감시기구가 인정하지 않는 인권조약의 해석은 현실적으로 국제사회에서 받아들이기 어렵기 때문이다.

▩ 인류의 역사는 권리 확대의 역사

'왜 영유아의 권리가 존중되어야 하는가?'라는 물음에 답하기 위해 인류의 역사에 대해 살펴보고자 한다. 인류의 역사를 돌이켜 보았을 때 다수의 인권이 존중되기 시작한 것은 언제부터였을까? 양반과 천민의 인권, 노예와 노예 주인의 인권, 여성과 남성의 인권이 동등했을까? 인류의 역사에는 같은 사람이면서도 인간으로서 동등한 권리를 갖지 못했던 많은 사람들이 있었다. 그러나 권력과 부를 가진 사람만의 권리가 보장되는 시대로부터 보다 다수인 일반 시민의 권리가 보장되는 시대로 변화되어 왔고, 현재는 약자와 소수자의 권리가 보장되는 사회로 변화되고 있다. 여성과 장애인, 아동의 권리가 보장받는 시대가 된 것이다. 이렇게 보았을 때 인류의 역사는 보다 더 많은 사람의 권리가 보장되는 방향으로 나아가고 있으며, 이제 아동 중에서도 가장 약자라고 할 수 있는 영유아의 권리에 대해 생각하게 된 것이다.
조효제는 세계인권사상사의 한국어 역서 서문에서 '이샤이 교수는 권력을 중심에 놓는 역사관 그리고 분절화된 탈근대적 역사관을 모두 배격하면서 인권의 역사는 자유와 평등이 확대되는 인류역사 과정과 정확히 일치하며, 인권의 역사가 바로 인류 진보의 역사라는 명제를 역설하고 있다.'고 밝히고 있다(미셸린 이샤이, 2004).

인류의 역사: 권리 확대의 역사

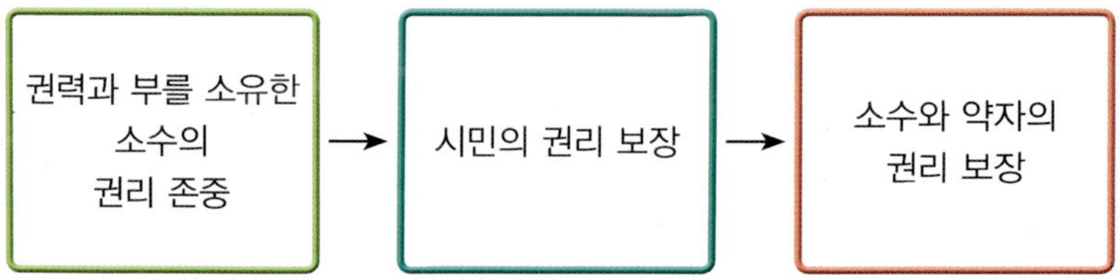

▩ 인류는 왜 권리 확대를 지향하는가?

인류는 어떻게 해서 인류의 역사가 권리 확대의 역사라고 할 수 있는 이러한 변화를 보이며 살아가고 있는 것일까? 필자는 인간의 **생물학적 본질을 운동성**이라고 규정하며, 이러한 생물학적 본질인 운동성에서 인류의 변화에 대한 해답을 얻고자 한다. 운동성은 정지가 아닌 이동을 지향하며, 이동은 벗어남, 자유로움, 새로움, 새롭게 만듦이다. 인간 뇌의 메커니즘은 단순히 고정된 운동의 반복이 아니라 고정된 운동의 반복을 기반으로 일부분에서는 끊임없이 새로운 운동을 지향한다. 여타의 동물이 인간에 비해 좀 더 고정된 운동의 반복을 특성으로 지니고 있다면 인간은 보다 새로운 운동을 지속적으로 지향하는 특징을 지니고 있다. 이러한 인간 뇌의 특징에 걸맞게 발달해 온 것이 대뇌피질이며, 대뇌피질의 복잡성과 정교성은 인간 뇌의 특징에 맞게 발달되어 온 것이다.

따라서 인류는 자연과의 관계 속에서 자연의 속박으로부터 벗어남, 자유로움, 새롭게 만듦을 지향하고 관철해 왔으며, 사회 속에서 각 개인이 다른 사람들과의 관계 속에서 고정되고 속박된 관계가 아닌 벗어남, 자유로움, 새롭게 만듦을 지향하고 관철해 온 것이다. 이는 인간의 본질적 속성인 운동성에 기인한다. 언뜻 인간은 자연이나 사회관계 속에서 고정되어 있는 듯하나 인류 전체를 통틀어 보았을 때 고정성을 기반으로 끊임없이 변화를 지향해 왔으며, 변화의 방향은 일관되게 벗어남, 자유로움, 새로움이다.
인류는 자연과의 관계뿐 아니라 사회 속에서 다른 사람과의 관계를 새롭게 만들어 가고 있으며, 그 방향은 벗어남과 자유로움에 있다. 새로운 관계가 또 다른 구속과 속박을 만들어낼 수도 있지만 그럼에도 불구하고 구속이 아닌 벗어남과 자유로움이 변화의 방향인 것은 세포 하나하나의 지향이 무언가 외적 환경이나 한계에 의해 억눌리지 않고 가지고 있는 고유의 본성을 다 발휘하는 것에서 기인한다. 세포 하나하나가 가지고 있는 고유의 본성은 고정되어 있는 것이 아니라 운동을 통해 새롭게 형성해 나가는 것이 포함된다.
이는 다른 동물에게서는 쉽게 발견하기 어려운 인류의 특징이라고 보인다. 물론 동물도 운동성을 기반으로 변화하고 있겠지만 인간에 비해서 그 속도가 훨씬 더디고 변화의 폭도 완만하여 인간이 지각하기 어려울 것이다.

Chapter 02 영유아의 권리와 관련된 주요 개념과 원칙

1. 인권 감수성이란?

인권 활동을 하는 사람들은 인권을 보호하고 증진하는 데 타인의 처지에 대한 공감이 중요하다는 것을 깨달으면서 인권 감수성이라는 말을 자주 사용하게 된다. 그런데 인권 감수성이라는 말이 많이 쓰이는 데 비해 선뜻 인권 감수성의 의미가 명쾌하게 정리되지는 않는다. 인권 감수성(human rights sensitivity)의 개념을 좀 더 쉽게 밝히기 위해 인권 감수성을 공감과 비교해서 살펴보고자 한다.

공감이 일상에서 접하는 희노애락에 대해 공감하는 것을 말한다면 인권 감수성은 자유, 평등, 존엄, 다양성 등에 대한 공감 즉, 타인의 자유, 타인의 평등, 타인의 존엄, 타인의 다양성에 공감하는 힘을 일컬으며 타인의 처지에 대해 이해하고 공감하는 것을 말한다(국가인권위원회, 2014). 그런가 하면 국가인권위원회(2002)는 인권 감수성 지표 개발 연구 보고서에서 인권감수성을 다음과 같은 세 가지의 심리적 과정, 즉 '인권 관련 상황으로 지각하고 해석하기', '가능한 행동의 영향 알기', '상황 해결의 책임 인식하기'로 정의하고 있다.

> 인권 감수성이란 인권 문제가 개재되어 있는 상황에서 그 상황을 인권 관련 상황으로 지각하고 해석하며, 그 상황에서 가능한 행동이 다른 관련된 사람들에게 어떠한 영향을 미칠지를 알며 그 상황을 해결하기 위한 책임이 자신에게 있다고 인식하는 심리적 과정이다(국가인권위원회, 2002).

이러한 인권 감수성의 개념은 인권에 대한 지식만이 아니라 인권 관련 상황을 해석하고 지각하는 능력과 더불어 가능한 행동과 책임에 대해 인식함으로써 실천에 이르는 것까지를 다룬다는 점에서 단순한 인권 의식과는 차별화되는 개념이다.

예를 들어 지하철역에서 구걸을 하거나 물건을 파는 장애인을 보았을 때 장애인의 처지를 불쌍히 여겨 돈을 주거나 물건을 사 주는 것은 공감을 하는 것으로 가능한 행동이다. 그러나 왜 장애인이 그러한 처지에 놓이게 되었는지, 장애인 복지 정책의 어떠한 문제점이 이런 상황을 낳게 되었는지, 그리고 그러한 상황을 개선하기 위해 사람들은 어떻게 행동해야 하며, 한 사회에서 장애인 복지 정책이 바로 서기 위해 시민의 한 사람으로서 나의 책임은 무엇인지 등에 대해 인식하고 실천하는 것을 가능하게 하는 것은 인권 감수성의 영역이다.

2. 인권의 원칙: 보편성과 불가분성, 상호의존성

1948년 유엔이 세계인권선언을 채택한 이후 인권이 국제사회에서 발전해오면서 여러 가지 원칙이 만들어졌는데 인권의 원칙 중 대표적인 것으로 인권의 보편성과 불가분성, 상호의존성을 들 수 있다.

1) 인권의 보편성

인권의 보편성이란 인권은 국적, 신분 등과 상관없이 모든 인간이 누릴 수 있는 권리라는 뜻이다. 보편성은 '모든 사람을 위한 모든 인권(All Human Rights for All)'이라는 말로 표현되듯이 인권은 모든 장소의 모든 인간이 평등하게 향유(享有)하는 것이어야 한다는 원칙이다. '인간이라면 누구나 가진 권리'인 인권의 보편성은 통상 모든 특권개념과는 반대된다. 세계인권선언 전문에서 인권의 보편성은 다음과 같이 표현되어 있다(국가인권위원회, 2009, 2014; 한홍구 외, 2006).

> "우리가 인류 가족의 모든 구성원이 지닌 타고난 존엄성을 인정하고, 그들에게 남과 똑같은 권리 그리고 빼앗을 수 없는 권리가 있다는 사실을 인정할 때, 자유롭고 정의롭고 평화적인 세상의 토대가 마련될 것이다."

2) 인권의 상호불가분성

인권의 상호불가분성은 인권을 인위적으로 자유권과 사회권, 개인의 권리와 집단의 권리로 나눌 수 없다는 의미를 담고 있다. 인권에 있어서 모든 권리들이 서로 조화롭게 보장되지 않은 채 어느 특정 권리가 독립적으로 보장된다는 것은 불가능하다는 것을 말한다. 즉 인권은 그 내재된 권리 일부의 구현으로는 보장될 수 없고, 그 전체가 실현될 때만 완전히 보장된다고 할 수 있다. 이 특성은 '인권을 구성하는 그 무엇이든지 하나만 빠져도 인간은 존엄할 수 없다'는 말로 요약될 수 있다(국가인권위원회, 2009, 2014; 한홍구 · 김동춘 · 조효제, 2006).

3) 인권의 상호의존성

인권의 상호의존성은 두 가지의 의미로 설명될 수 있다. 첫째, 현실에서 자유권과 사회권이 서로 긴밀하게 연결되어 있어 한쪽의 인권 침해는 필연적으로 다른 쪽의 인권 침해로 이어진다는 것을 말한다. 예를 들어 어떤 사람이 가난해서 교육을 받지 못하면 자신이 어떠한 권리를 갖고 있는지 모른다. 따라서 자신의 시민적 · 정치적 권리를 행사할 수 없게 된다. 또한 상호의존성은 인권과 발전, 그리고 민주주의와의 관계에도 마찬가지로 적용되는데 기아로부터의 자유 또는 경제 발전 없이 실질적인 인권, 특히 사회적 권리의 실현은 어려우며 인권과 민주주의는 발전의 지속 가능성을 담보해 준다(국가인권위원회, 2014).

인권의 상호의존성에 대한 이러한 개념과 관련하여 다른 여러 나라에서 스웨덴, 덴마크, 핀란드 등 북유럽의 국가 모델에 관심을 갖게 되는 것은 북유럽 국가들이 현재까지 경제 성장과 복지, 민주주의, 인권의 신장 등을 함께 이루어 내고 있는 성공적인 국가모델이라는 점에서 설명될 수 있다.

둘째, 타인의 인권은 나의 인권과 상호 연관되어 있으며, 지역을 비롯한 국가, 인류 공동체 등을 구성하는 모든 권리 주체의 인권은 상호 연관되어 있고 상호 영향을 주고받는다는 것이다. 따라서 이는 어떤 특수한 입장에 있는 개인이나 집단의 권리는 다른 사람의 권리나 공동의 이익을 위하여 필요한 만큼만 제한되어야 한다는 것을 의미하며, 모든 사람들의 인권뿐 아니라 나 자신의 인권을 위해 연대의 의무가 필연적이다(한홍구·김동춘·조효제, 2006; 국가인권위원회, 2009).

여기에서는 두 번째의 의미를 중심으로 인권의 상호의존성에 대해 생각해 보자. 그동안 어린이집과 유치원에서는 영유아의 권리를 보장해야 한다는 것을 강조해 왔고 권리 존중을 실천하기 위해 노력해 왔다. 그러나 영유아의 권리 보장은 영유아의 권리 보장만을 위해 노력한다고 되는 것은 아니다. 어린이집에서의 다양한 권리 주체인 영유아, 보육교직원, 부모, 원장의 권리 보장과 권리 증진이 함께 이루어질 때 영유아의 권리 보장 또한 더욱 잘 보장될 수 있다. 물론 '영유아 이익 최우선의 원칙'에 따라 영유아의 권리 보장을 가장 우선해야 하지만 다른 권리 주체의 권리를 보장하지 않고 영유아의 권리만을 보장하려고 했을 때는 영유아의 권리 보장과 증진에도 한계가 있다는 것이다.

'교사가 행복해야 영유아가 행복하다'는 말처럼 교사의 권리가 보장되지 않고는 영유아의 권리 보장에 한계가 있다는 것은 우리가 쉽게 생각할 수 있으며, 영유아가 행복하지 않은데 교사나 부모, 원장이 행복할 리는 만무하다. 따라서 어린이집과 유치원에서 영유아, 보육교직원, 부모, 원장은 모두가 권리의 주체이며 각 주체의 권리가 골고루 보장될 때 영유아의 권리 또한 제대로 보장될 수 있다는 '인권의 보편성과 상호의존성 원칙'에 입각하여 권리를 지닌 네 주체의 권리 증진을 함께 모색해 나가야 한다.

3. 유엔 아동권리협약과 네 가지 원칙

아동의 권리를 보장하기 위해 전 세계의 많은 나라가 관심을 가지고 노력을 기울이고 있다. 아동이 누려야 할 모든 권리를 담은 국제적인 약속인 「유엔 아동권리협약(Convention on the Rights of the Child)」은 1989년 유엔총회에서 채택한 국제인권조약으로 전 세계 200여 개국 중 196개국이 비준하여 가장 많은 국가가 비준한 협약이다. 「유엔 아동권리협약」은 아동의 권리에 대한 이해를 강화하고 협약에서 보장하는 권리를 실현시키기 위하여 당사국이 모든 적절한 조치를 입법, 행정, 사법적으로 취하도록 함으로써 각 나라에서 아동의 상황을 개선하는 기반이 된다.

그렇다면 유엔 아동권리협약의 여러 조항이 공통으로 담고 있는 기본 가치는 무엇일까? 유엔 아동권리협약은 영유아 이익 최우선의 원칙(Best interests of the child), 차별금지의 원칙(Right to non-discrimination), 생명·생존·발달의 원칙(Right to life, survival and development), 유아의 견해와 감정에 대한 존중: 의사 존중 및 참여의 원칙(Respect for the views and feelings of the young child)이라는 네 가지 일반원칙을 기본 가치로 하고 있다. 이 책에서는 생명·생존·발달의 권리에 대한 원칙을 어머니와 아기의 산전기 보호와 관련된 '생명'을 제외하고 영유아의 보육·교육과 직접적으로 관련된 생존·발달에 국한해서 영유아의 생존·발달의 원칙으로 제시하였다.

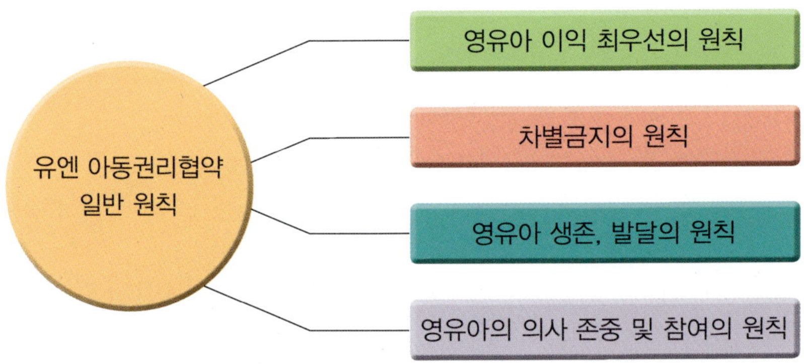

유엔아동권리위원회(2005)의 일반논평(*General Comment No.7*) '초기 유년기에서의 아동권리의 이행(*Implementing child rights in early childhood*)'에서는 「유엔 아동권리협약」의 네 가지 원칙에 대해 다음과 같이 기술하고 있다.

1) 영유아 이익 최우선의 원칙(Best interests of the child)

영유아에 관한 모든 활동에서 영유아의 이익을 최우선으로 고려해야 한다. 영유아와 관련된 모든 활동에 적용되며, 영유아의 권리를 보호하고 영유아의 생존, 성장 및 복지를 증진하기 위한 모든 조치에 적용된다. 이 조치에는 영유아의 권리 실현에 일상적 책임을 지고 있는 부모와 기타의 사람들을 지원하고 조력하는 행위도 포함된다.

(1) 개별 영유아 이익 최우선 원칙(Best interests of individual children)

영유아의 양육, 건강, 교육 등 영유아에 관한 모든 의사결정은 최선의 이익 원칙을 고려한 것이어야 한다. 여기에는 부모, 전문가 및 영유아에 대한 책임을 지는 사람들에 의한 결정이 포함된다. 당사국은 영유아의 이익을 대변하는 사람이 독립적으로 영유아를 대표할 수 있도록 하고, 법적 절차에서 영유아가 자신의 견해와 선호를 표현할 수 있는 모든 경우에 이를 경청하는 규정을 마련해야 한다.

(2) 집단 및 주민으로서 영유아 이익 최우선 원칙(Best interests of young children as a group or constituency)

영유아에게 영향을 주는 모든 법과 정책 개발, 행정적·사법적 의사결정과 서비스 제공은 최선의 이익 원칙을 고려해야 한다. 이는 영유아에게 직접 영향을 미치는 행위(예를 들면, 의료, 양육 체계 또는 교육)는 물론 영유아에게 간접적으로 영향을 미치는 행위(예를 들면, 환경, 주거, 또는 교통 관련)도 포함된다(유엔아동권리위원회, 2005).

2) 차별 금지의 원칙(Right to non discrimination)

차별 금지의 원칙은 모든 영유아가 어떠한 차별도 받지 않을 권리를 보장한다.

(1) 영유아가 어떠한 근거에서도 차별받아서는 안 된다는 것을 의미한다

예를 들어 법이 영유아를 비롯한 모든 아동에게 폭력으로부터 동등한 보호를 제공하지 못하는 경우 등이 그 예가 될 것이다. 영유아기의 아동은 상대적으로 약하고 그들의 권리 실현에 있어서 타인에게 의존적이기 때문에 더욱더 차별의 위험에 처해 있다.

(2) 특정 영유아 집단에 대한 차별이 발생해서는 안 된다는 것을 의미한다

차별은 영양 공급의 수준을 감소시키는 것, 부적절한 보살핌이나 관심, 놀이·학습과 교육에의 기회 제한, 혹은 감정이나 견해의 자유로운 표현의 금지 등의 형태로 나타날 수 있다. 차별은 또한 착취적이거나 학대적일 수 있는 가혹한 대우와 비이성적인 기대를 통해서도 나타날 수 있다.

① 여아에 대한 차별은 심각한 권리의 침해로써, 사회에 긍정적으로 기여할 그들의 능력을 제한할 뿐만 아니라 그들의 생존과 초기의 삶의 모든 영역에 영향을 준다. 그들은 선별적 낙태, 생식기 절단, 아기의 불충분한 영양 공급을 통한 방식을 포함한 유기와 영아살해의 희생자가 될 수 있다. 그들은 과도한 가족의 책임을 부담하도록 기대되거나 유치원 교육과 초등 교육에의 참여 기회를 박탈당할 수 있다.

② 장애아동에 대한 차별은 생존의 기대와 삶의 질을 감소시킨다. 이러한 아동은 다른 아동에게 제공되는 보호와 영양공급, 양육과 격려를 받을 권리가 있다. 그들은 또한 그들의 통합과 권리의 실현을 위해 부가적인 특별한 조력을 요구할 수 있다.

③ HIV/AIDS에 감염되거나 영향을 받는 아동에 대한 차별은 그들이 가장 필

요로 하는 도움과 지원을 박탈한다. 차별은 이러한 아동의 권리를 침해하는 일상적인 관행뿐만 아니라 공공정책 내에서, 서비스의 제공 및 서비스에의 접근에서 발견된다.

④ 인종적 기원, 신분/카스트, 개인의 환경과 생활양식, 정치적 종교적 신념(아동 혹은 그의 부모의)과 관련된 차별은 아동이 사회에 완전히 참여하는 것을 배제한다. 차별은 아동에 대한 부모의 책임을 완수하기 위한 부모의 능력에 영향을 준다. 차별은 아동의 성인에 대한 분노와 충돌을 조장할 뿐만 아니라 아동의 기회와 자기 존중에 영향을 준다.

⑤ 다중적 차별(예를 들어 인종적 기원, 사회적 문화적 상태, 성 그리고/혹은 장애)을 겪는 유아는 특히 위험에 놓여 있다(유엔아동권리위원회, 2005).

3) 생명 · 생존 · 발달의 원칙(Right to life, survival and development)

영유아는 특별히 생존과 발달을 위해 다양한 보호와 지원을 받아야 한다. 생명에 대한 아동의 고유한 권리가 있으며, 당사국은 가능한 한 최대한으로 아동의 생존과 발달을 보장해야 한다.

당사국은 어머니와 아기를 위해 산전 · 산후 기간의 보호를 증진하기 위한 모든 가능한 조치를 취할 것이 촉구되며, 유아와 아동의 사망률을 감소시키고, 그들의 삶에 결정적인 이 기간 동안 모든 영유아의 복지를 증진할 수 있는 환경을 조성할 것이 촉구된다.

영양결핍과 예방이 가능한 질병들은 초기 유년기의 권리의 실현에 주요한 장애물이 되어 왔다. 생존과 신체적인 건강을 보장하는 것이 우선이지만 당사국들은 「유엔 아동권리협약」의 6조는 발달의 모든 측면을 포함하고 있음과 유아의 건강과 심리사회적 복지는 많은 측면에서 상호의존적임을 상기해야 한다. 이 두 가지 모두 불리한 생활환경, 무시와 무관심, 둔감하거나 학대하는 대우 및 인간의 잠재능력을 실현하는 데 있어서 기회를 제한하는 것 등에 의해 위협을 받을 수 있다. 어려운 환경에서 성장하는 유아는 특히 특별한 주의가 필요하다. 본 위원회는 당사국들에게 생존과 발달에의 권리는 총체적 방식으로만 달성될 수 있으며, 부모의 책임의 존중 및 지원과 질적 서비스의 제공을 비롯하여 건강, 적절한 영양, 사회보장, 적절한 생활수준, 건강하고 안전한 환경, 교육과 놀이에 대한 권리를 포함한 「유엔 아동권리협약」의 모든 기타 규정의 이행을 통해서만 달성될 수 있음을 상기시키는 바이다. 낮은 연령에서부터 아동은 좋은 영양공급과 건강한 그리고 질병을 예방하는 생활양식을 증진하는 활동에 그들 자신이 포함되어야만 한다(유엔아동권리위원회, 2005).

4) 유아의 견해와 감정에 대한 존중: 의사 존중 및 참여의 원칙 (Respect for the views and feelings of the young child)

영유아는 영유아에게 영향을 주는 모든 문제에 대하여 자신의 견해를 표시할 권리를 가지고 있으며 이러한 권리가 고려되어야 한다. 이 권리는 영유아의 권리를 증진, 보호 감독하는 데 있어 적극적인 참여자로서의 영유아의 지위를 강화해준다. 영유아의 행위-가족, 공동체, 사회의 구성원으로서의-에 대한 존중은 종종 간과되거나 연령과 미성숙을 이유로 부적절한 것으로 거부된다. 많은 국가와 지역의 전통적인 신념들은 유아의 훈련과 사회화의 필요성을 강조해 왔다. 유아들은 미발달되고 심지어는 이해, 의사소통 및 선택의 기본적인 능력이 부족한 것으로 간주되어 왔다. 그들은 그들의 가족 내에서 무기력하며 종종 사회 내에서 목소리를 내지 못하거나 보이지 않는다. 본 위원회는 이러한 권리가 아주 어리거나 좀 더 나이가 많은 것을 불문하고 모든 연령의 영유아에게 적용되는 것이 강조되기를 원한다. 권리의 보유자로서 가장 어린 영유아일지라도 그들의 견해를 표현할 권리가 있으며, 이는 영유아의 연령과 성숙도에 따라 정당한 비중이 주어져야 한다. 영유아는 그들의 환경에 상당히 민감하며 그들의 삶속의 사람, 장소 및 일상과 그들 자신만의 정체성에 대해 급속히 이해하며 자각한다. 그들은 구어 혹은 문자화된 언어로 의사소통이 가능하기 훨씬 이전부터 다양한 방식으로 그들의 감정, 생각과 희망을 전달하고, 선택한다.

이 책에서는 '유아의 견해와 감정에 대한 존중'을 좀 더 포괄적인 의미로 해석하여 '영유아의 의사 존중 및 참여의 원칙'으로 제시하였다.

「유엔 아동권리협약」을 보육·교육 상황에서 실천하기 위해서는 위에서 소개한 네 가지의 원칙이 보육·교육의 구체적 상황과 어떤 연관성이 있는지 살펴보는 것이 필요하다. 또한 권리교육은 실천을 위한 교육이므로 항상 구체적인 상황과 연결시켜 생각해 보고 어떻게 실천할 것인지를 모색하는 것이 매우 중요하다.

그런데 여기서 한 가지 유의할 것은 이 책에서는 네 가지 원칙과 관련된 사례를 편의적으로 구분하여 살펴보지만 영유아가 일상에서 접하는 하나의 상황에는 네 가지 원칙과 권리의 다양한 측면이 함께 내포되어 있다는 점이다. 낮잠의 예를 들어보자. 낮잠을 재우거나 재우지 않는 것은 영유아기가 충분한 수면을 취해야 하는 시기라는 점을 고려했을 때 영유아의 발달권과 관련되어 있으며, 낮잠을 자지 않겠다는 영유아를 억지로 재우는 것은 영유아의 의사표현을 존중하지 않고 영유아를 의사결정에 참여시키지 않는 것과 관련된다. 또한 낮잠을 자기 싫은데도 억지로 자야 하는 데서 영유아가 받는 스트레스는 심신의 발달에 부정적 영향을 미치므로 발달권과 관련이 있다.

이와 같이 하나의 상황이나 사례에는 영유아 권리의 다양한 측면이 포함되어 있을 뿐 아니라 권리 간 충돌이 발생하기도 한다. 따라서 실제 상황에서 영유아의 권리를 존중하기 위한 판단과 실천을 하기 위해서는 권리와 관련된 상황을 맥락적으로 이해하는 것이 필수적이다. 「유엔 아동권리협약」의 기본 가치인 네 가지의 원칙을 맥락에 대한 이해 없이 무차별적으로 적용시킨다면 인권의 이름으로 또 다른 독단적인 신념이나 학설 즉 도그마(dogma: 독단적인 신념이나 학설)에 빠질 수 있으며, 현실에서 제기되는 문제를 해결하는 데 실질적인 도움이 되지 않는다는 점을 항상 염두에 두어야 한다.

PART 2

유엔 아동권리협약의 원칙과 영유아 보육·교육 사례

Chapter

03 영유아 이익 최우선의 원칙

'영유아 이익 최우선의 원칙(Best interests of the child)'은 영유아와 관련이 있고 영유아에게 영향을 미치는 모든 일을 결정할 때는 영유아의 이익을 최우선으로 고려해야 한다는 원칙이다. 간혹 영유아에게는 해가 되거나 바람직하지 않지만 부모나 교사, 또는 원장의 요구나 이익에 맞추어 결정을 하는 경우가 있지는 않은지 생각해 보자. 다음은 어린이집이나 유치원에서 발생할 수 있는 영유아 이익 최우선의 원칙과 관련된 상황과 이에 대해 해결을 강구했던 사례이다.

1. '영유아 이익 최우선의 원칙'과 발달지연 및 장애아동 지원

보육·교육을 하다 보면 아래에 제시한 상황과 같이 걱정이 될 정도로 언어 발달이나 사회성 발달 등 발달이 늦은 영유아를 자주 경험하게 된다. 영유아의 발달이 늦다는 것을 부모에게 말했을 때 쉽게 수용하는 부모도 있으나 수용하지 않을 뿐 아니라 불쾌해하거나 그러한 대화 자체를 회피하는 부모가 있고 때로는 퇴소를 해버리는 등 갈등이 불거지는 경우도 있다.

그런 경우 교사나 원장은 어떻게 해야 할까? 교사의 입장이나 원의 운영을 생각하면 부모의 반응을 최우선으로 고려할 수도 있지만 영유아기에 나타나는 발달 지연이나 장애 등의 문제는 영유아의 일생에 심대한 영향을 끼칠 수 있는 사안이므로 무엇보다 영유아의 입장에서 판단하고 대책을 마련해야 한다. 만일 어린이집이나 유치원에서 부모가 수용하지 않는다는 이유로 영유아에 대한 적극적인 대책을 강구하지 않는다면 영유아기의 발달적 중요성을 감안했을 때 원장과 교사가 직무를 유기하는 것이라 할 수 있다.

상황: 언어 발달이 늦은 영유아에 대한 대화

교사 A: 우리 반에 ㅇㅇ이, 선생님이 보시기엔 어때요? 30개월이 넘었는데 말을 못 해요. 처음엔 아직 적응이 안 돼서 그런가 보다 했는데…

교사 B: 저도 말하는 것을 못 본 것 같아요. 집에서는 어떤지 어머니하고 이야기해 보셨어요?

교사 A: 집에서는 별로 대수롭지 않게 생각하는 것처럼 이야기하셔요. 집안 내력이라고만 하시고… 상담을 하려고 해도 차일피일 미루고 피하시는 것 같아요. 자꾸 그런 말 하는 것을 기분 나쁘게 생각하는 것 같아서 그냥 모르는 척 할까 하는 생각이 들기도 해요.

그렇다면 이러한 상황에서 어떻게 문제를 해결할 수 있을까? 영유아의 이익을 최우선으로 고려하고 지키기 위해서는 영유아의 이익이 지켜지지 못하는 구체적 상황에서 발생하고 있는 문제를 적극적으로 해결해 나가야 한다. 다음은 언어 발달 등 발달이 지연되거나 장애가 의심되는 영유아가 있을 때 어린이집에서 원장과 부모, 교사가 함께 문제를 해결해 나가기 위해 시도한 사례이다.

부모의 무관심이나 문제가 되는 상황을 수용하지 않고 진단과 치료를 거부하는 것에 대해 부모만을 탓하기에는 이 시기의 발달문제는 영유아의 일생에 되돌리기 어려운 심대한 영향을 미친다. 이점을 고려하여 부모와 교사가 양육환경을 변화시키기 위해 함께 노력해야 하며 더 나아가 부모를 설득하여 진단과 치료를 받을 수 있도록 해야 한다. 그것이 어린이집에서 이 시기 영유아의 발달권을 존중함으로써 영유아의 최선의 이익을 보장할 수 있는 최선의 방안이다.

사례 1) 부모 교육을 통해 발달에 대한 이해 돕기

이 어린이집에서는 신입부모 오리엔테이션 때 간단하게 영유아의 뇌 발달에 대한 교육이 이루어진다. 어린이집에서 강조하고 있는 바깥놀이, 신체활동 등이 왜 필요한지에 대해 이야기를 하기 위해 영유아기 뇌 발달의 과정과 특징에 대한 교육을 하는 것이다. 이 외에도 부모 교육을 할 때 '뇌 발달에 맞는 영유아 권리 존중 교육'을 주제로 잡아 '영유아의 발달권을 존중하는 뇌 발달에 맞는 교육'에 대해 부모 교육을 함으로써 영유아의 발달 전반에 대해 이해하고 발달지연, 발달 장애 등을 예방할 수 있도록 한다.

영유아의 발달권 보장을 위해 실시하는 뇌 발달에 대한 부모 교육

사례 2) 일상적인 상담과 지원: 발달지연, 장애 등의 문제에 대한 부모 상담 및 지원

영유아에게 다소의 발달 지연이나 문제 행동이 나타났을 때 적극적으로 원장과 부모, 교사가 함께 대책을 강구하고 어린이집과 가정에서 일상적으로 협력하면서 양육 환경과 양육 태도를 변화시켰을 때 더 큰 발달문제를 예방할 수 있다. 최근 부모들은 자신들이 알고 싶은 정보를 인터넷이나 매스미디어 등을 통해 얻을 수 있기 때문에 무차별적으로 정보가 제공되는 대집단 교육보다는 개별 영유

아에 대해 구체적인 상담을 더 선호하는 면이 있다. 따라서 원장이나 교사가 부모와 개별 영유아의 구체적인 상황과 문제를 놓고 상담을 하면서 서로 협력할 수 있는 방안을 찾고 부모가 알아두어야 할 것에 대해 교육하고 지원하는 이른바 '상담교육' 형태가 부모들에게 어필하기도 한다.

또한 상담을 한 후 구체적으로 지원할 사항이 있을 때 관련 영상 자료나 책 등을 대여해 주고, 진단과 치료가 필요한 경우에는 정보가 부족한 부모를 지원하기 위해 전문기관을 소개한다. 다음은 어린이집에서 발달지연을 보이거나 장애가 있는 영유아에 대해 원장이 부모, 교사와 함께 진행되었던 상담을 요약한 것이다.

〈표 3-1〉 ○○년 발달문제 관련 개별 면담 기록

상담 및 기록자: 원장

일자	아동명	상담 내용	결과
4. 17.	○○○	· 산만하고 충동적인 행동 · 신입 원아이므로 이전에 다니던 어린이집에서의 생활은 어떠했는지에 대해 이야기를 나눔	좀 더 살펴보기로 함
4. 21.	○○○	· 유아의 발달지연에도 불구하고 TV시청이 줄지 않는 점에 대해 이야기를 나누고 시청을 줄여달라고 말씀드림	상담 후 TV시청이 많이 줄었다고 함
4. 23.	○○○	· ○○이는 다른 사람과 상호작용이 제대로 안 됨 · 컴퓨터를 매일 장시간 보여 줬다고 함 · 숫자, 글자에 집착함 · 가정에서 컴퓨터 사용이나 영상 시청을 하지 않도록 하고 몸으로 하는 놀이, 신체 활동을 많이 하도록 이야기를 나눔 · 2개월 후 상황을 봐서 진단을 의뢰하자고 함	차후 ○○이의 상황을 고려하여 진단을 결정하기로 함
6. 13.	○○○	· 언어발달 검사 결과를 말씀드림 · 치료, 진단 기관 소개해 드림	치료를 받기로 함

〈표 3-2〉 개별 아동 문제행동 면담 및 지도

상담 및 기록자: 원장

<table>
<tr><td>이름</td><td>○○○</td><td>생년월일</td><td>년 ___월 ___일</td><td>이전 보육경험</td><td>있음</td><td>치료경험</td><td>없음</td></tr>
<tr><td>가족</td><td>어머니, 아버지</td><td>행동문제</td><td colspan="5">산만하고 충동적임(장애는 아닌 것으로 보이나 특정 상황에서 문제 행동을 보임)</td></tr>
<tr><td>면담 날짜</td><td>면담 대상</td><td colspan="6">면담 내용</td></tr>
<tr><td>4. 17.</td><td>어머니</td><td colspan="6">· 어머니께서 ○○이의 행동이 지나치게 산만하다는 말을 담임교사에게 들었다고 하며 걱정을 함
· 산만한 행동의 원인이 무엇일까에 대해 이전에 다녔던 기관과 가정에서의 경험에 대해 이야기를 나눔
· 이전 기관에서 연령에 맞지 않는 학습 위주의 활동이 많이 이루어졌다고 함
· 자신의 기질과 맞지 않는 경험으로 인해 심리적으로 억눌려 있던 것이 환경이 바뀌면서 발산되는 것이라면, 좀 더 살펴보면서 기다려 보자고 함</td></tr>
<tr><td>4. 18.</td><td>담임교사</td><td colspan="6">· 원장과 담임교사 대화를 나눔
· 보육실에서 ○○이의 놀이 행동 관찰
· 자유선택활동에서는 집중력이 높은 것으로 보임
· 자유선택활동 시 보이는 모습은 대집단 활동 과정에서 산만하고 충동적인 상황과는 매우 다른 모습으로 보임
· 원장과 교사가 관찰한 결과 ○○이의 행동은 일반적인 ADHD 아동의 특성을 보이는 것은 아니라고 이야기함
· 현재 어린이집에서 생활하는 것을 매우 좋아하므로 이전의 부정적 경험에 의한 문제일 경우라면 좀 더 시간을 갖는 것이 필요하다고 함. 그러나 원인을 정확히 알 수 없으므로 좀 더 관찰하고 지켜볼 필요가 있음</td></tr>
</table>

2. '영유아 이익 최우선의 원칙'과 특별활동

1) 다양한 입장과 이해가 충돌하는 특별활동

어린이집이나 유치원에서는 다양한 특별활동을 진행하고 있다. 모든 특별활동이 영유아의 발달권을 침해한다고는 할 수 없으나 때로는 영유아의 이익이나 발달권을 최우선으로 고려하기보다는 원장이나 교사, 부모의 입장이 우선시되는 경우가 있다. 원장은 어린이집과 유치원의 선택권을 가진 부모의 요구와 원의 운영을 고려해서 특별활동을 운영하고 교사는 업무의 부담이 많은 상황에서 영유아보다는 자신의 입장에서 특별활동에 대한 판단을 하는 것이다. 부모 또한 영유아의 이익을 고려한다고 생각하지만 정확하게 특별활동을 하는 과정이나 상황을 알거나 영유아의 발달권을 고려하지 못한 채 부모 자신의 욕구를 바탕으로 특별활동에 대한 요구를 형성하기도 한다. 특히 몇 년 전부터 무상보육 정책으로 영아가 어린이집을 이용하는 비율이 높아진 상황에서 영아를 대상으로 하는 특별활동이 성행하고 있어 영아의 발달권 침해가 우려되고 있다.

특별활동은 단순한 주제이기는 하나 부족한 인력과 장시간 근무인 교사의 근무여건, 발달에 적합한 보육과정에 대한 개념 정립이나 교재 교구의 부족 등과 같은 보육과정 운영 전반, 실내의 일정한 공간에서 주로 생활해야 하는 어린이집의 물리적 환경, 어린이집의 설립 형태의 차이 등 원마다 상황이 다르며 각자의 입장이나 요구가 상충되는 지점이 있다. 그런 가운데 특별활동이 영유아의 최선의 이익만을 고려하여 진행되지 못하는 경우가 종종 있으며, 특별활동의 실시 여부를 결정하는 데도 어려움이 있다.

그러나 특별활동은 영유아와 관련이 있고 영유아에게 영향을 미치는 일이므로 '영유아와 관련이 있고 영유아에게 영향을 미치는 모든 일은 영유아의 이익을 최우선으로 고려해야 한다.'는 '영유아 이익 최우선의 원칙(Best interests of the child)'에 따라 특별활동의 가장 큰 이해당사자인 영유아의 입장과 상황, 권리가 무엇보다 우선적으로 고려되어야 한다. 설사 원장과 교사, 부모의 이해가 반영되어 특별활동을 실시하는 경우라도 양질의 특별활동이 이루어질 수 있도록 특별활동의 내용에 대한 질 관리를 강화해야 하며, 영아의 발달권을 침해하지 않도록 특별활동이 가능한 영유아의 연령 설정과 이에 대한 준수, 특별활동의 횟수나 시간 제한 등 영유아의 권리 침해가 최소화될 수 있는 방안을 적극적으로 찾아야 한다.

2) 특별활동 관련 법

현재 어린이집에서 적용되고 있는 「영유아보육법」 제29조(보육과정)에는 "어린이집의 원장은 보호자의 동의를 받아 일정 연령 이상의 영유아에게 보건복지부령으로 정하는 특정한 시간대에 한정하여 보육과정 외에 어린이집 내외에서 이루어지는 특별활동프로그램(이하 '특별활동'이라 한다)을 실시할 수 있다."고 규정되어 있다.

또한 「영유아보육법 시행규칙」 제30조의 2(특별활동프로그램)에서는 "보호자의 동의를 받아 24개월 이상의 영유아에 한하여 특별활동 프로그램을 실시할 수 있다."고 하였으며, 18개월 이상 24개월 미만의 영유아가 24개월 이상의 영유아와 함께 보육을 받고 있거나 보호자의 요청이 있을 때는 18개월 이상의 영아부터 특별활동을 할 수 있도록 하고 있다. 사실상 「영유아보육법 시행규칙」에서 18개월 이상의 영아부터 특별활동을 받을 수 있도록 되어 있는 것이며, 이는 유아와는 현저히 다른 발달을 보이고 있는 영아의 발달 특성을 전혀 고려하지 못하고 있는 것이라 할 수 있다.

「유아교육법」 제27조(방과 후 과정 운영 등에 대한 지원)에서는 "국가 및 지방자치단체는 방과 후 과정을 운영하는 유치원에 대하여 대통령령으로 정하는 바에 따라 운영에 드는 경비를 보조할 수 있다."고 규정함으로써 방과 후 과정에 대한 정부의 지원 근거가 마련되어 있다. 그러나 어린이집과 유치원에서 실시하는 특별활동 또는 방과 후 과정이 영유아의 발달에 적합한 보육·교육과정인지에 대해 특별한 검증 절차가 부족한 가운데 실시되고 있다는 점은 영유아의 발달권을 보장하고 '영유아의 이익 최우선의 원칙'을 고려했을 때 반드시 개선되어야 할 사항이다.

「영유아보육법」

제29조(보육과정) ④ 어린이집의 원장은 보호자의 동의를 받아 일정 연령 이상의 영유아에게 보건복지부령으로 정하는 특정한 시간대에 한정하여 보육과정 외에 어린이집 내외에서 이루어지는 특별활동프로그램(이하 '특별활동'이라 한다)을 실시할 수 있다. 이 경우 어린이집의 원장은 특별활동에 참여하지 아니하는 영유아를 위하여 특별활동을 대체할 수 있는 프로그램을 함께 마련하여야 한다. [신설 2013. 8. 13.] [시행일 2014. 2. 14.]
⑤ 제1항에 따른 보육과정, 제4항에 따른 특별활동 대상 영유아의 연령 및 특별활동의 내용 등에 필요한 사항은 보건복지부령으로 정한다. [시행일 2014. 2. 14.]

「영유아보육법 시행규칙」 제30조의 2(특별활동 프로그램)

제30조의 2(특별활동프로그램) ① 법 제29조 제4항 전단에서 "보건복지부령으로 정하는 특정한 시간대"란 낮 12시부터 오후 6시까지를 말한다.
② 어린이집의 원장은 보호자의 동의를 받아 24개월 이상의 영유아에 한하여 특별활동프로그램을 실시할 수 있다. 다만, 다음 각호의 요건에 모두 해당하는 경우에는 운영위원회의 심의를 거쳐 18개월 이상 24개월 미만의 영유아에게도 특별활동프로그램을 실시할 수 있다.
1. 18개월 이상 24개월 미만의 영유아가 24개월 이상의 영유아와 함께 보육을 받고 있을 것
2. 18개월 이상 24개월 미만의 영유아의 보호자의 요청이 있을 것
③ 특별활동프로그램의 내용은 법 제29조 제2항에 따른 표준보육과정에서 제공하지 아니하는 내용으로서 다음 각호의 어느 하나에 해당하는 분야에서 영유아를 건강한 사회 구성원으로 육성하는 데에 필요한 내용이어야 한다.
1. 음악·미술·체육 등 예체능 분야
2. 외국어 등 언어 분야
3. 수리·과학 등 창의 분야
4. 그 밖에 보건복지부장관이 정하여 고시하는 분야

「유아교육법」

제27조(방과 후 과정 운영 등에 대한 지원) 국가 및 지방자치단체는 방과 후 과정을 운영하거나 제12조 제3항에 따라 대통령령으로 정하는 수업일수를 초과하여 운영하는 유치원에 대하여는 대통령령으로 정하는 바에 따라 운영에 드는 경비를 보조할 수 있다. [개정 2010. 3. 24., 2012. 3. 21.]

「유아교육법 시행령」

제33조(방과 후 과정 운영 등에 대한 지원) ① 교육부장관과 교육감은 법 제27조에 따라 다음 각호의 경비의 전부 또는 일부를 예산의 범위에서 방과 후 과정을 운영하거나 제12조에 따른 수업일수를 초과하여 운영하는 유치원에 지원할 수 있다. [개정 2012. 4. 20., 2013. 3. 23. 제24423호(교육부와 그 소속기관 직제)]

1. 교육환경 개선비
2. 인건비
3. 교재·교구비
4. 그 밖에 교육부장관과 교육감이 필요하다고 인정하는 경비

② 특별시장·광역시장·특별자치시장·도지사·특별자치도지사 및 시장·군수·구청장은 조례로 정하는 바에 따라 제1항 각호의 경비의 전부 또는 일부를 방과 후 과정을 운영하거나 제12조에 따른 수업일수를 초과하여 운영하는 유치원에 지원할 수 있다. [개정 2012. 4. 20.]

3. '영유아 이익 최우선의 원칙'과 인권의 상호의존성

교사나 부모, 원장과 같은 다른 권리 주체의 권리나 이익을 관철시키려다 보니 영유아의 권리가 다소 존중되지 못하는 또 다른 사례를 보자. 어린이집에서 저녁에 이루어지는 통합보육시간까지 보육을 받는 영아가 있다. 이때 영아가 심리적으로 안정된 보육을 받기 위해서는 하루 종일 보육을 담당했던 담임교사가 그 영아의 보육을 담당하는 것이 바람직하다. 그러나 그럴 경우 교사에게도 적정 근로시간이 있고 특정 교사의 늦은 퇴근이나 불규칙한 출퇴근 시간 등의 문제를 야기시킬 수 있으므로 영아와 교사의 권리가 충돌하는 지점이 발생하게 된다. 이런 경우 최상의 조치는 아니나 교사의 권리를 보장하기 위하여 영아의 권리가 일부 침해되는 상황이 발생하기도 한다.

이와 같이 구체적 상황에서는 누군가의 권리를 챙기려다 보면 다른 쪽의 권리는 침해당할 수 있는 것이다. 아무리 영유아의 권리를 존중하기 위해 애를 써도 영유아에게 영향을 미치는 모든 사안에서 항상 영유아의 이익만을 최우선으로 하기는 어려우며, 권리 주체 간의 권리 존중에 충돌이 발생한다. 그렇다면 권리 주체 간에 충돌이 발생할 때는 어떻게 해야 할까? 이는 인권의 상호의존성 원칙

과 관련되는데 하나의 집단 내에서 다양한 구성원의 권리 존중이 상호 영향을 미치게 되는 것을 인권의 상호의존성이라고 한다. 즉 집단 안에서 일부 구성원의 권리만 존중되고 여타 구성원의 권리가 존중되지 않는다면 권리가 존중되는 구성원의 권리 또한 제대로 존중되기 어려워진다는 것이다. 따라서 어린이집에서 영유아의 권리가 존중되기 위해서는 교사나 부모, 원장의 권리도 존중되어야 하며, 만약 어린이집에서 교사의 권리가 존중되지 않는다면 영유아의 권리 존중 또한 한계에 부딪히게 된다. 그러나 어떠한 경우라도 영유아의 이익이 심대하게 침해받는 경우가 발생해서는 안 되며, 현실의 상황이 불가피하다면 상황을 개선하여 영유아의 권리와 이익이 보다 존중되는 방향으로 나아가야 한다.

4. '영유아 이익 최우선의 원칙'과 정부 정책

영유아에게 영향을 주는 모든 법과 정책, 행정적·사법적 의사결정과 서비스 제공에서도 '영유아 이익 최우선의 원칙'을 고려해야 한다. 그렇다면 선거를 앞두고 갑자기 발표한 영아 무상보육 정책은 과연 영아의 요구나 이익에 부합하는 정책일까? 영유아를 양육하는 부모에 대한 지원을 위해 대상 영유아에 대한 특별한 제한이 없이 시간연장보육이 가능한 보육정책은 과연 영유아 이익 최우선의 원칙을 따르고 있는 정책일까?

영유아의 권리를 존중하는 나라의 보육·교육 정책은 영유아의 연령과 부모의 취업 여부 등을 따져 영유아의 보육·교육이 영유아의 발달을 저해하거나 가정에 필요 이상으로 확대되지 않도록 하고 있다. 스웨덴의 경우 육아휴직 제도를 통하여 모든 0세 아는 보육을 받지 않도록 하고 있어 0세 아의 취원율은 0%이며, 1세 이상인 경우에도 취업 중이거나 학업, 구직 등 부모가 양육을 하기 어려운 시간에 한해 보육이 이루어지도록 하고 있다.

스웨덴의 보육서비스 대상은 원칙적으로 부모가 노동시장에 참여하는 1세 이상 6세 이하의 아동이다. 그러나 그 이후에도 필요하다고 인정되면 초등학교 저

학년 방과 후 교실 서비스와 같은 보육서비스를 받을 수 있다.

부모 중 한 명 이상이 가사를 위해서 집에 머물 경우 이 서비스를 받을 수 없는 것이 원칙이다. 예컨대 아동이 있는 전업주부이거나 부모 중 한 명이 실직상태이면서 구직활동을 하지 않을 때는 이 서비스를 받을 수 없다.

그러나 부모가 모두 실직자로서 구직활동을 하거나, 한 명은 직장을 다니고 다른 한 명은 실직자로서 구직활동을 하는 경우에는 아동 1명당 주 25시간의 서비스를 받을 수 있다. 부모가 모두 실업자인 경우는 25시간의 서비스 중에서 주당 10시간은 무료로 이용할 수 있다. 그리고 둘째 자녀 출산 이후부터는 출산급여를 받고 집에 머물 경우, 1년 동안 큰 아이들에 대해서는 아동당 주 25시간의 서비스를 받을 수 있다(박승희 외, 2007).

가까운 일본 또한 보육시설은 맞벌이 가정의 자녀만 이용하도록 하고 있으며, 맞벌이를 하지 않는 가정의 영아는 동네의 어린이집 등에 설치되어 있는 '지역자녀양육지원센터'를 통해 부모와 영아가 함께 참여하는 양육 지원 서비스를 받고 있다.

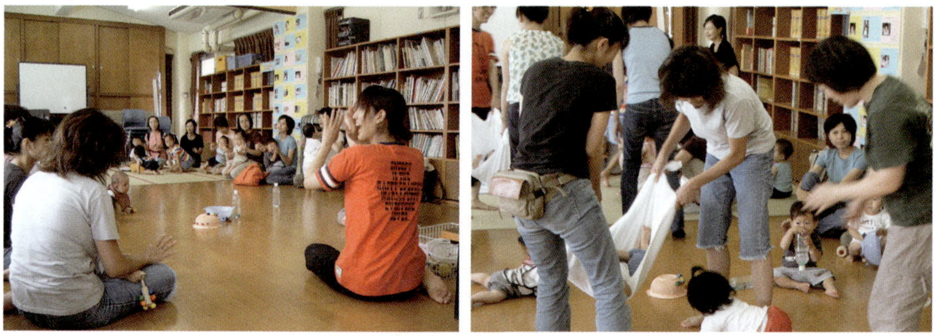

일본 보육원의 지역 자녀 양육 지원 프로그램

뉴질랜드에서는 유아의 경우 맞벌이 가정에게는 주 50시간의 지원이 이루어지나 맞벌이가 아닌 경우에는 교육적 필요에 의해 20시간만 무상 보육을 하고 있다. 부모의 취업과 같은 분명한 필요를 근거로 영유아에 대한 보육료를 지원함으로써 영유아가 가정의 필요와 무관하게 장시간 보육을 받는 것을 금하고 있는 것이다. 이는 재정의 효율성뿐 아니라 영유아의 연령과 발달을 고려했을 때 부모와 가정으로부터 분리되어 이루어지는 장시간의 집단 양육이 영유아에게 바람직하지 않다는 점을 고려한 것이다. 이처럼 영유아의 권리를 실질적으로 존중하기 위해서는 영유아에게 광범위하게 영향을 미치고 있는 수많은 보육·교육 정책이 영유아의 이익을 최우선으로 하고 있는 정책인지 꼼꼼히 따져 봐야 한다.

보건복지부는 2016년부터 전면 금지하기로 한 초과보육을 허용하기로 발표한 바 있는데 영유아의 권리 존중 보육을 위한 단체인 '아이들이행복한세상'은 성명서에서 '현재 어린이집의 운영은 무상보육 정책 이후 급증했던 원아의 감소 등으로 인해 많은 어려움에 처해 있는 것은 사실이나 아무리 어린이집의 운영이 어렵다하더라도 보육료 지원 등 정부의 지원을 강화해야지 영유아와 보육교사가 피해를 보는 정책이 시행되어서는 안 된다'라고 주장하고 있다. 이는 어린이집 운영자의 권익과 영유아의 권리가 대립되었을 때 영유아의 권익이 침해되는 방향으로 정책이 나아가서는 안 된다는 것을 밝히고 있는 것이다.

Chapter

04 차별금지의 원칙

'차별금지의 원칙(right to non discrimination)'은 모든 영유아는 성, 장애, 인종, 신분, 종교, 사회 문화적 상태 등에 관계없이 동등한 권리를 누려야 한다는 원칙이다. 아직까지 우리는 '여아, 남아의 특성에 대한 고정관념을 갖고 있지는 않은지?', '비장애 영유아에게 의미 있고 적절한 활동에 장애 영유아가 무조건 적응해야 한다는 생각만으로 장애아통합반을 운영하고 있지는 않은지?', '사회문화적 지위가 낮은 영유아나 가족에 대한 편견을 갖고 있지는 않는지?' 자문해 보아야 한다.

1. 장애 영유아에 대한 차별

다음 사례는 장애아 통합반에서 볼 수 있던 장면인데 일반 교사가 대집단 활동을 진행하고 있으며 통합아동도 함께 참여하고 있다.

사례 1) 장애아 통합반의 대집단 활동 시간

전래놀이에 대한 이야기를 나누는 대집단 활동 시간이다. 맨 뒤에 장애 유아 두 명을 데리고 통합교사가 참여하고 있다. 장애 유아가 지루해하면서 앞으로 나가서 제기와 연을 만지려고 한다.

교사: (통합교사를 바라보며) 정 선생님! 통합 유아들 앞으로 못 나오게 잘 좀 붙잡아 주세요. 수업 진행을 못하겠어요.

통합교사: (재빨리 나와 유아를 데리고 들어가서 장애유아 두 명을 꽉 잡고 앉아 있다.)

보육·교육 현장에서 접하게 되는 이러한 장면은 장애유아도 학교에 가서 비장애아동과 함께 통합교육을 받아야 하므로 유아기에 집단 활동을 경험하고 적응하는 것은 피할 수 없는 것이라는 생각에 기인한다. 그러나 이러한 상황에서 장애유아는 활동에 의미 있게 참여한다기보다는 대집단 상황에 적응하기 위해 인내심 훈련을 한다는 의미가 더 크다고 볼 수 있다. 그렇다면 이러한 상황에서 장애유아에게도 의미 있는 활동이 되기 위해서는 어떻게 해야 할까? 이러한 상황을 개선하기 위해 다음과 같은 몇 가지 대안을 제시해 볼 수 있다.

① 대집단 활동 시 장애 유아가 제기와 연을 직접 탐색하면서 설명을 들을 수 있도록 배려하는 등 장애 유아의 행동 특성을 고려하여 활동 준비를 한다.

② 장애 영유아에게 좋은 활동 상황은 비장애 영유아에게도 유익한 경우가 많다. 장애 유아뿐 아니라 비장애 유아도 직접 제기와 연 등 전래 놀잇감을 탐색하면서 활동에 참여할 수 있도록 한다.

③ 일과 운영에서 자유선택활동이나 실외놀이 시간을 확대하여 장애 유아도 자신의 상황에 맞게 의미 있는 활동을 많이 경험할 수 있도록 보육과정 계획과 일과 운영을 개선한다.

같은 대집단 활동을 경험하더라도 장애 유아가 비장애 유아와 동등하게 의미 있는 활동에 함께 참여할 수 있는 방안을 모색하는 것과 더불어 자유선택활동이나 실외놀이 시간을 확대함으로써 장애 유아가 자신의 발달 수준과 흥미에 맞게 활동을 하면서 교사 또는 또래 유아들과 자연스럽게 상호작용할 수 있는 기회를 확대하는 것이 필요하다. 장애 영유아의 참여와 통합은 장애 영유아와 비장애 영유아가 한 공간에 함께 있다고 되는 것은 아니며, 비장애 영유아 위주의 활동에 장애 영유아가 적응하는 보육과정보다는 함께 의미 있게 참여할 수 있는 활동으로 변화되어야 한다.

이러한 상황과 관련하여 「유엔 아동권리협약」 제2조에서는 모든 아동이 어떠한 종류의 차별도 받지 않을 권리를 보장하도록 하고 있으며, 유엔아동권리위원회(2005)에서는 영유아의 능력 발달은 긍정적인 과정이어야 하며 아동이 상대적으로 미성숙하다는 것과 사회화의 필요를 내세우면서 전통적으로 정당화되어 온 권위적 관행이 지속되어서는 안 된다는 것을 강조하고 있다.

다음은 독일의 한 킨더가르텐에 있는 장애아 통합반 운영에 대한 사례인데 이 킨더가르텐의 다른 그룹은 몬테소리 프로그램을 실시하고 있지 않는 것에 비해 장애아통합반에는 몬테소리 교구가 유난히 많으며, 장애아와 비장애아의 구별 없이 몬테소리 교구를 가지고 활동하고 있다. 또한 다른 그룹은 대집단 활동이 1주에 1~2회로 적게 진행되고 있었으나 통합반의 경우 아침마다 전체 유아가 모여 날짜와 요일을 이야기하고 이야기 나누기나 노래·게임과 같은 활동을 하는 모닝타임(morning time)을 진행하고 있었다. 길지 않게 진행되는 모닝타임이지만 대집단 활동이 매우 적게 진행되는 킨더가르텐이었으므로 다소 이례적인 상황이었다(김영명, 2001). 대집단 활동의 비중이 비교적 높은 우리나라와 달리 대집단 활동이 1주에 1~2회 정도 이루어지고 나머지 시간은 특별한 제약 없이 유아들이 실내외에서 자유롭게 놀이를 하는 이곳에서는 함께 모여서 하는 집단 활동의 경험이 특별히 장애유아에게 더 요구된다고 본 것이다.

몬테소리 교구를 가지고 활동하는 비장애 유아

주 1회 심리치료사가 진행하는 사일런스 타임

또한 통합반에는 1주일에 한 번 사일런스 타임(silence time)이라는 음악 치료 시간이 있는데 외부로부터 온 심리치료사가 통합반의 전체 유아와 함께 진행한다. 사일런스 타임에는 반 전체 유아가 둥그렇게 둘러앉아 조용하게 음악을 들으면서 레인스틱(rein stick), 오션드럼(ocean drum) 등을 가지고 잔잔한 음악에 맞추어 활동한다. 돌아가면서 한 명씩 레인스틱과 오션드럼을 음악의 리듬과 느낌에 맞게 천천히 흔드는 활동을 하는 것인데 이러한 활동은 장애 유아를 위한 활동이지만 함께 참여하는 비장애 유아에게도 좋은 활동이라고 생각되었다.

통합보육을 할 때 흔히 비장애 영유아를 위한 보육·교육 계획을 먼저 수립한 뒤 장애아동을 위한 수정 보육·교육계획을 수립하는 것과 같이 비장애 영유아가 경험하는 보육과정에 장애 영유아가 적응해야 한다고 생각하기 쉽다. 그러나 이러한 독일의 사례를 보면서 장애 영유아가 경험해야 하는 환경과 보육과정을 먼저 설정한 뒤 비장애 영유아가 함께 경험하도록 하는 것이 진정한 장애아 통합보육이라는 생각을 하게 된다. 차별금지의 원칙이 적용되는 진정한 장애아통합 보육이 되기 위해서는 이와 같은 발상의 전환이 필요할 것이다.

발상의 전환에 대해 생각하다 보면 '세상에서 가장 아름다운 가을 운동회'를 떠올리게 된다. 한 초등학교의 가을운동회에서 연골무형성증을 앓고 있는 장애 아동과 비장애 친구들이 함께 달리기 경주에서 손을 잡고 뛰었던 일이다. 장애 아동이 비장애 아동과 같은 경험을 하며 살아가기 위해서는 힘겨운 노력을 한다 해도 수많은 좌절을 겪을 수밖에 없을 것이다. 그러나 비장애 아동이 장애 아동과 같은 경험을 하는 것은 더 수월하고 가능한 일일 것이다.

우리나라의 장애아통합 보육·교육 현장에서 진정으로 '차별금지의 원칙'이 실현되기 위해서는 보다 의미 있는 보육·교육 과정과 환경이 무엇인지에 대해 심각하게 고려해 봐야 한다. 또한 장애아 통합보육뿐 아니라 다문화 보육 등 영유아의 특별한 요구에 대한 개별적 지원이 가능한 보육·교육 과정이 정착되어야 한다.

지난 22일 용인시 제일초등학교에서 열린 가을운동회 달리기 경주에서 6학년 2반 심윤섭, 양세찬, 오승찬, 이재홍 군이 연골무형성증을 앓는 친구 김기국 군을 손을 잡고 달리는 사진.

세상에서 가장 아름다운 운동회

연골무형성증(비정상적으로 저신장을 일으키는 상염색체 우성유전을 하는 유전적 장애)을 앓고 있는 김기국 군은 신장이 114, 5에 불과하다 또래 친구들에 비해 체격이 작을 수밖에 없다. 김 군에게 운동회는 유독 스트레스였다. 아무리 열심히 달려도 꼴찌를 면할 수 없었다. 아버지 김대열 씨는 김 군이 "5학년 때는 그러더라고요. 아빠 나 달리기 안 하면 안 되느냐고. 그렇게 얘기를 하더라"고 전했다.

사정을 말하면 얼마든지 달리기에서 빠질 수 있었을 텐데, 왜 그렇게 하지 않았던 것일까? 김대열 씨는 "아이가 지금부터 하기도 전에 포기하는 걸 배우면, 나중에 성장이 돼서 사춘기도 겪고 할 텐데 그런 것들을 이겨나갈 수가 없겠더라고요. 그래서 포기하는 것보다는 깨끗하게 열심히 달려서 지는 게 낫다"고 김 군을 설득했다고 한다.

지난 9월 22일 가을 운동회가 열렸고, 어김없이 달리기 경주 시간이 다가왔다. 출발 신호가 떨어졌고, 김기국 군은 다시 꼴찌로 뒤쳐졌다. 30m 정도 뒤쳐졌을까? 그런데 놀라운 일이 벌어졌다. 마지막 장애물을 통과한 친구들이 멈춰 서서 김 군이 오기를 기다리고 있었던 것이다. 혼자 1등이 되기를 포기하고, 김 군을 기다린 친구들은 김 군의 손을 잡고 함께 골인지점으로 향했다. 그들은 세상에서 가장 아름다운 공동 1등이 되었다.

자신을 기다려 준 친구들이 고마웠던 김 군은 감동의 눈물을 쏟아냈고, 이를 지켜보고 있던 김 군의 가족들도 함께 눈물을 흘렸다. 김대열 씨는 **"아들이 막 울더라고요, 이 녀석이. 그래서 물어봤죠. 너 왜 울었냐고 그랬더니 친구들이 너무 고마워서 눈물이 많이 났다고 하더라"** 고 당시의 상황을 설명했다.

다음 아고라(2014. 10. 11.)

2. 보육·교육 환경에 대한 차별

영유아는 성장하는 과정에서 다양한 질의 보육·교육을 경험하게 되는데 만약 어떤 영유아가 발달의 기초가 형성되는 영유아기에 질이 낮은 보육·교육을 경험한다면 그러한 경험은 영유아에게 매우 부정적인 영향을 미칠 것이다. 특히 어린이집에서 보육을 받는 경우 매우 어린 나이부터 장시간, 장기간 보육이 이루어지므로 영유아의 발달에 미치는 영향은 지대하다. 다음은 어린이집의 일상을 취재한 신문기사의 일부인데 이 기사는 물리적 환경과 보육 상황이 열악한 어린이집과 상대적으로 양호한 어린이집을 비교한 기사였다.

> 점심시간 때라 아이들은 한창 식사하느라 정신이 없었다. 숟가락을 제대로 써서 밥을 먹는 아이도 있었지만, 자꾸 음식이 흘러 옷이 흠뻑 젖은 아이도 눈에 띄었다. 그러나 아이들의 식사를 도와야 할 선생님은 인터넷을 하느라 정신이 없었다. 아이들이 자주 찾는 화장실은 기대 이하의 열악한 시설에 또 한 번 놀랐다. 3.3㎡(1평) 남짓의 좁은 공간. 무엇보다 일반 화장실과 크게 다르지 않았다. 한 아이가 발판에 올라서서 손을 씻는 모습이 위태위태하다. (중략) 어린이집을 나와 주변을 살폈지만, 아이들이 야외활동을 할 만한 곳은 따로 없었다. 한 선생님은 "밖에 나가면 아이들 통제하기가 힘들어 한 달에 1~2번 정도 나가는 편"이라면서 "그것도 상당히 멀어서 아이들 관리가 힘들다."고 푸념했다.

이데일리(2012. 06. 16.). 일부 발췌.

보육의 질을 결정하는 가장 기초적인 것은 어린이집의 물리적 환경이다. 인용한 기사에서 보다시피 우리나라의 어린이집은 실외 놀이터 유무, 보육실 크기의 차이, 실내 유희실과 수면실의 유무, 화장실의 편리성 여부 등 기본적인 물리적 환경의 차이로 인해 보육의 질에 차이가 날 수밖에 없는 여건이 존재한다. 따라서 영유아에게 동일한 양질의 보육을 제공함으로써 차별금지의 원칙이 제대로 실현되기 위해서는 물리적 환경과 관련된 정책적 해결이 수반되어야 한다.

이외에도 인적 환경, 프로그램 환경 등의 차이로 인해 영유아의 보육·교육에 차별이 발생하게 된다. 유니세프(UNICEF)에서는 2008년 아동의 권리보호를 위한 최소 기준으로 10개의 지표를 발표하였는데 보육·교육의 '질'과 관련된 최소 기준으로 교직원의 전문성과 함께 교직원 대 아동의 비율을 보육·교육을 받는 영유아가 차별을 받지 않도록 제시하고 있다. 이 지표에서 제시하는 최소기준은 아동 대 훈련받은 성인(교육자와 보조자)의 비율이 만 4~5세는 1:15 미만, 집단 크기는 24명 미만이다(UNICEF, 2008). 존 베넷(John Bennett, 2008)이 제시한 '유아기 서비스를 위한 15개의 지표'에도 이와 동일한 내용이 포함되어 있다.

스웨덴의 푀르스콜라 원장들에게 스웨덴 보육의 가장 큰 장점이 무엇인가를 물었을 때 '스웨덴의 모든 영유아가 같은 질의 교육을 받을 수 있는 것'이라는 답변을 하였다. 한 나라의 모든 영유아가 양질의 보육·교육을 함께 받을 수 있는 것이야말로 출발선에서의 평등이 이루어지는 것이라고 할 수 있으며, 차별금지 원칙의 궁극적인 목적은 '같은 돈을 지불하는 것만이 아니라 같은 질의 보육을 제공받는 것이어야 한다.

Chapter 05

생존·발달의 원칙

생존·발달의 원칙(Right to life, survival and development)은 '영유아는 특별히 생존과 발달을 위해 다양한 보호와 지원을 받아야 한다'는 원칙이다. 보육현장에서 경험하는 생존·발달의 원칙과 관련되는 상황에는 어떤 것이 있을까? 어린이집의 차량 사고가 지속되는 상황, 비위생적이고 안전하지 못한 급·간식 제공, 교사의 부족으로 세심한 보호와 양질의 교육을 받지 못하는 상황, 협소한 공간이나 실외놀이터가 없는 물리적 환경, 편안하게 잘 수 있는 별도의 수면실이 없는 환경 등 아직까지 영유아의 생존과 발달을 위해 해결할 문제가 많이 남아 있다.

1. 생존권

1) 생존권과 영아 보육

언뜻 생존권은 우리나라의 영유아와는 거리가 먼 것이고, 우리나라보다 훨씬 빈곤한 나라에 사는 아이들이 보장받지 못하는 권리라고 생각하기 쉽다. 그러나 어린이집에서의 사망 사고 실태와 0~1세 아 보육의 증가 상황을 보면 영아의 생존권에 대해 좀 더 민감해져야 한다는 생각을 하게 된다.

2007~2009년 3년간 어린이집에서 발생한 사망사고 35건 중 24건(68.6%)이 만 0세 전후의 영아에게서 일어났고, 2006~2009년에 어린이집에서 일어난 사망 44명 중 영아 돌연사 증후군(SIDS: Sudden Infant Death Syndrom)으로 인한 사망이 28명(63.6%)에 이르는 것으로 나타났다(건치신문, 2011). [그림 5-1]에서 보듯이 2009년부터 2013년까지 발생한 어린이집 사망사고는 2009년 11건, 2010년 12건, 2011년 8건, 2012년 10건, 2013년 13건으로 총54건이었으며, 사망 사고의

약 63%(34건)가 '영아 돌연사 증후군'으로 추정되고 있다(시사저널, 2015).

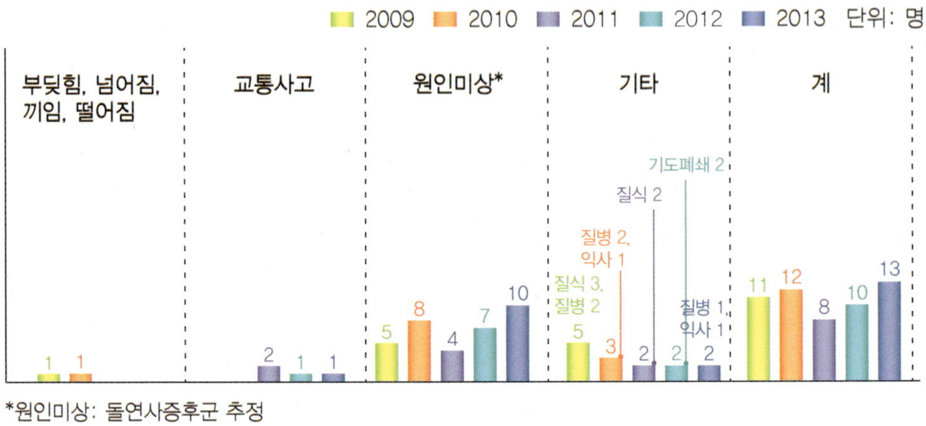

[그림 5-1] 어린이집 사망 사고 현황

출처: 시사저널(2015).

2011년부터 2015년 6월까지 사망 사고의 원인을 보면 영아 돌연사 증후군 등으로 추정되는 원인미상의 경우가 30건(62.5%), 기타 10건(기도폐쇄 4건, 익사 2건, 질식 2건, 질병 2건), 교통사고로 인한 사고가 7건 등이다(머니투데이, 2015).

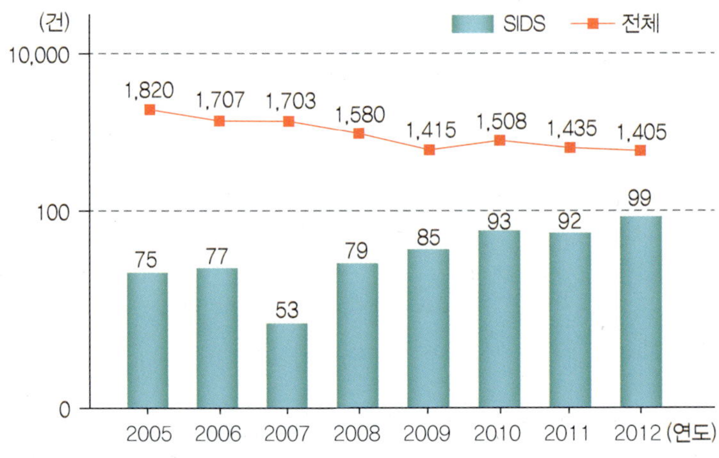

[그림 5-2] 2005~2012년 국내 영아사망 및 영아돌연사증후군 통계

어린이집 안전공제회 Online Newsletter 2014년 10월호.

어린이집 안전공제회의 통계에 의하면 국내에서 태어난 지 1년이 안 되어 영아 돌연사 증후군으로 사망한 영아는 2005년 75명, 2012년 99명으로 8년간 평균 81.7명이다. 이러한 통계를 보았을 때 어린이집에 다니는 영아만 돌연사를 당하는 것은 아니라 하더라도 지속적으로 어린이집에서 발생하는 영유아의 사망 사고에 대하여 원인을 면밀히 파악하여 이에 대한 대책을 강구하여야 하며, 여타의 사망 및 안전사고를 고려했을 때 0세부터 장시간 보육을 받는 것이 적절한지에 대해 신중하게 고려해야 한다. 약 한 달에 한 명 가까이 어린이집에서 사망 사고가 발생되고 있으며 특히 영아의 사망 사고 비중과 영아 돌연사 증후군의 비중이 60% 이상을 차지하고 있으나 2012년부터 영아 무상보육 정책을 실시하면서 보육을 받는 영아의 수가 급증한 상태다.

■ 돌연사 증후군을 예방하기 위한 노력

뉴질랜드의 차일드케어센터는 업무 중 교사의 기록량이 우리나라에 비해 적지만 영유아의 돌연사 등 수면 중 사고를 예방하기 위해 낮잠을 자는 수면실 앞에 낮잠을 자는 아이들에 대한 목록(sleep list record)과 낮잠을 자는 영유아를 10분마다 체크하는 기록지(10 minute checklist)가 걸려 있다.

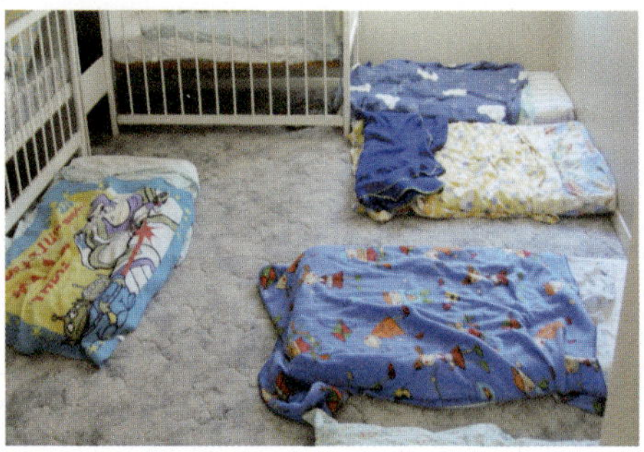

뉴질랜드 차일드케어센터의 수면실

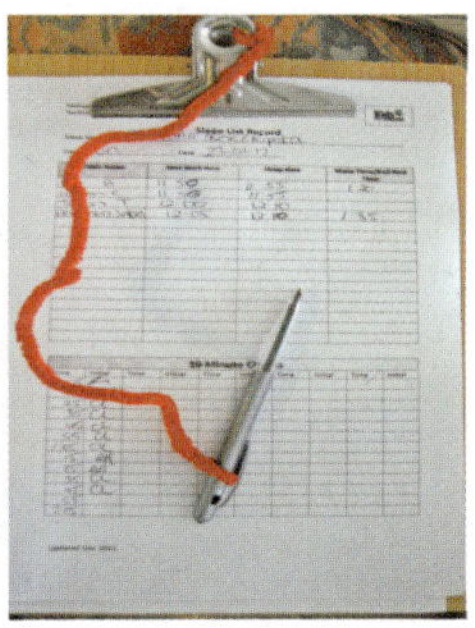

수면실 앞의 체크리스트

■ 뉴질랜드 인가규정(New Zealand Goverment Ministry of Education, 2008)

HS9 서비스 제공자에게 다음 사항을 요구한다.

- 아동의 수면을 모니터링하는 과정에 대해 게시하고 시행하여야 하며 아동의 수면 시간 기록을 작성하여 보관한다.

우리나라의 평가인증 지표에서도 편안하고 안전한 낮잠이 되도록 '낮잠시간 동안 보육실 비우기, 보육실에 있지만 영유아의 낮잠 양상을 살피지 않고 다른 업무만 보는 등 영유아의 관리 및 낮잠 지도를 소홀히 하지 않는다.'라고 되어 있다(보건복지부·한국보육진흥원, 2017).

2) 생존권과 어린이집 차량 사고

어린이집에서의 생존권과 관련하여 지속적으로 발생하는 어린이집 등하원 차량 사고에 대해서도 근본적 대책이 마련되어야 한다. 〈표 5-1〉은 사고유형별 어린이집 안전사고 발생현황이다. 2009년부터 6년간 어린이집 통학버스의 교통사고는 356건으로 연 평균 60건 정도이며(김상호 외, 2015), 2011년부터 2015년 6월까지 사망 사고의 원인 중 교통사고로 인한 사고가 7건이다(머니투데이, 2015).

〈표 5-1〉 사고유형별 어린이집 안전사고 발생현황

단위: 건

연도	계	사고유형(부상)								
		부딪힘	넘어짐	끼임	떨어짐(추락)	이물질 삽입	화상	식중독 급식	통학벅스 교통사고	원인미상 기타
2009	3,646	1,225	1,358	111	124	54	76	6	48	644
2010	3,417	1,283	1,135	90	48	53	60	2	58	689
2011	2,992	1,137	1,047	118	93	65	50	9	47	426
2012	2,485	849	849	90	83	40	85	3	51	435
2013	4,196	1,588	1,563	136	121	85	83	4	52	564
2014	5,814	1,912	2,187	190	134	106	111	7	100	1,067

주: 기타에는 얼굴 긁힘, 베임, 탈구, 가시 찔림 등이 포함됨

자료: 보건복지부(2014). 지자체별 2014년 12월 어린이집 사고발생 현황, 보건복지부 2013년 국정감사 제출자료 (http://medicalworldnews.co.kr/news/ view.php?newsid=1381887288)를 참고하여 재구성함

이러한 통계를 접하면서 영유아의 권리가 존중되고 보육의 질이 높은 나라들에서 차량운행을 하는 경우가 드물다는 것을 참조할 필요가 있으며, 향후 차량 운행을 줄이고 근거리의 어린이집을 부모와 함께 걸어서 다니도록 하는 방안이 마련되어야 한다.

부모와 교사의 상호작용은 부모가 아이들을 데려다주고 데려올 때와 같은 매일의 일상적인 만남 속에서도 이루어진다. 많은 아이들이 셔틀버스로 등원을 하는 우리나라와 달리 스웨덴에서는 아침에 부모가 직접 아이들 데려다주는데, 현관 앞에서 아이의 외투를 벗기면서 교사와 날씨 이야기나 푀르스콜라 또는 자신의 직장에 관한 이야기를 나눌 수 있다. 또한 양친 가족의 경우 어머니와 아버지가 번갈아 가며 아이를 데려다줌으로써 교사는 부모를 모두 알 수 있게 된다(한유미 외, 2005).

프랑스 아동법에 따르면 법적 책임자(부모, 가족, 혹은 그로부터 지정된 다른 사람)는 영유아들을 직접 데려다주고, 데리러 가야 할 의무가 있다. 부모가 직접 아이를 데리러 올 수 없어서 다른 사람에게 맡겨야 할 경우에는, 관련 서류를 작성한 후에 가능하다(도남희 외, 2015).

어린이집에서 차량 사고가 발생하면 사고를 예방하는 방안으로 차량을 안전하게 운행하도록 관리하는 것에 집중되는데 그보다 차량 운행 자체를 금지하고 가급적 근거리에 있는 어린이집을 부모와 함께 다닐 수 있도록 하는 것이 필요하다.

또 어린이집 차량 사고…3살 남아 보육교사 차량에 치어 숨져
국민일보 | 2018.08.26. | 네이버뉴스
사고 당시 차량은 내리막길을 지나 어린이집 주차장으로 좌회전 중이었다. 담임교사가 신경을 쓰지 못한 사이 B군이 주차장 쪽으로 향했고 어린이집으로 진입하던 A교사의 차에 치인 것으로 추정된다. 교차 차량에
└ 당진 어린이집 사고, 3살 어린이 보… 아이뉴스24 | 2018.08.26. | 네이버뉴스

어린이집 통학차량 안전사고 막자… 대구시 안전교육 진행
세계일보 | 2018.08.28. | 네이버뉴스
대구시는 최근 빈번하게 발생하는 어린이집 통학차량 안전사고 예방을 위해 운전자들을 상대로 안전교육을 하고 있다고 27일 밝혔다. 통원차량 안전사고 예방 및 주의 촉구를...

'어린이집 통학차량' 사고 끊이질 않아 …'3살 여아' 2시간 후 구조
Queen | 2018.08.29.

[그림 5-3] 생존권과 어린이집 교통사고

3) 생존권과 현장학습

한국의 교사 대 아동비는 만 0세 1:3, 만 1세 1:5, 만 2세 1:7, 만 3세 1:15, 만 4세 이상 1:20이며 누리과정 보조교사나 영아반 보조교사가 배치되고 있으나 현재 모든 반에 배치되어 있는 것은 아니다. 어린이집 평가인증의 기준을 보면 실외놀이터가 없는 경우에도 실외놀이를 만 1세는 30분 이상, 만 2세부터는 1시간 이상 하도록 되어 있으며, 지역사회와의 연계 활동을 월 1회 이상 하도록 하고 있다.

이러한 활동은 영유아의 발달과 교육을 위해 반드시 필요한 활동이지만 교사 등 성인 인력이 충분치 못한 경우 영유아의 안전이 위협을 받는 상황이다. 그러나 안전하게 현장학습 등의 실외활동이 이루어졌는지에 대해서는 「영유아보육법」을 비롯하여 보육사업안내, 평가인증 등 어디에서도 언급하고 있지 않다. 다만 평가를 받을 때는 이러한 활동에 대한 평가 기준, 즉 활동의 횟수나 시간이 준수되었는지가 기록으로서 입증되어야 한다. 그러나 교사 1인이 영아를 5명, 7명씩 데리고 나가거나 15명, 20명의 유아들을 인솔하여 자동차가 다니는 외부로 나갈 경우 매우 위험한 상황에 빈번하게 노출될 수 있으며 사람이 많은 혼잡한 현장 학습지를 이용하는 경우 미아 발생의 위험이 항상 뒤따르게 된다. 사정이 이렇다 보니 영유아를 데리고 원외에서 활동하는 것을 기피하거나 활동을 하게 되더라도 영유아에게 충분한 탐색과 경험을 허용하기보다는 활동과정 내내 안전을 이유로 줄을 세워서 이동하는 등 통제하기에 급급한 모습을 보이게 된다.

이러한 외부 활동과 관련하여 뉴질랜드의 유치원과 어린이집(Early childhood education and care center)의 인가규정과 프랑스의 유치원 안전방침을 소개하고자 한다. 두 나라의 규정 모두 실외로 나갔을 때 영유아의 안전을 담보하기 위한 필수 조건인 교사 대 아동비에 대하여 언급하고 있다. 특히 뉴질랜드의 인가규정에서는 현장학습지의 위험을 진단하고 관리하도록 함으로써 위험 정도에 따라 성인 대 유아 비율을 정하도록 하고 있는데 외부 활동에서 안전의 가장 중요한 요소라고 할 수 있는 성인 대 유아 비율을 매우 중요하게 여긴다는 것을 알 수 있다. 또한 소풍이나 현장학습이 어디에서 이루어지는가에 따라 혼잡하고 위험 요소가 많은 현장견학지가 있는가 하면 상대적으로 안전에 대한 염려가 덜한 곳이 있기 때문에 아이들에게 미치는 위험의 정도가 다르다는 것을 고려한 현실적인 방안이라고 할 수 있다.

스웨덴의 경우 평균 교사 대 영유아 비율이 1:5.4이며, 유아의 경우에도 1:7의 기준에 의해 운영되므로 산책이나 현장학습과 같은 외부 활동을 하기에 무리가 없는 상황이며, 외부활동을 할 경우 영유아들이 눈에 잘 띄도록 형광색 조끼를 입도록 하는 경우가 많다.

뉴질랜드 인가규정(New Zealand Goverment Ministry of Education, 2008)

HS17

■ 아동이 소풍이나 견학을 갈 때면

- 위험에 대한 진단과 관리를 하며 그에 맞춰 성인 대 유아 비율을 정한다. 이 비율은 필수적으로 요구되는 성인 대 유아 비율(0~2세 1:5, 2~5세 1:10)보다 낮으면 안 된다.
- 견학을 가는 아동과 시설에 남는 아동 모두에게 HS25에서 요구하는 응급 처치를 받을 수 있도록 한다.
- 부모는 다음을 위해 아동의 참여와 비율 제안에 대해 사전에 동의한다.
  (ㄱ) 정기적인 소풍 및 견학(등록 시)
  (ㄴ) 특별한 소풍 및 견학(소풍이나 견학 전)
- 필수적으로 의사소통 시스템을 준비해서 아동이 어디에 있는지 알 수 있도록 하고 어른이 서로 소통할 수 있도록 한다.
  - 아동이 시설을 떠나 정기적/비정기적인 소풍 및 견학을 갈 경우 반드시 보호자의 동의를 받아야 하고, 지원 서류가 있어야 한다.

○ 필수 서류(documentation required)의 기록 내용

- 성인과 아동의 이름
- 소풍 일시
- 이동 장소와 방법
- 위험의 진단과 관리
- **성인 대 아동 비율**
- **정기적인 소풍과 견학의 성인 대 교사 비율에 대한 부모의 동의 서명**
- **특별한 소풍과 견학의 성인 대 교사 비율에 대한 부모 동의 서명**

HS18

■ 만약 아동이 시설에 있는 동안 자동차로 이동한다면

- 아동은 육상교통규정(land transport legislation)의 규제를 받는다.
- **필수 아동 비율을 유지해야 한다.**
- 이동 이전에 부모의 서면 동의를 받아야 한다.

프랑스 유치원의 안전 방침

프랑스 유치원의 안전 방침에 의하면 유치원은 교육기관 내에서 뿐만 아니라 바깥에서도(야외 활동 등 유치원에서 계획한 활동 시) 취학중인 아이들에 대한 책임이 있으며, **야외 수업 시 최소 두 명 이상의 성인이 아이들을 통솔해야 한다. 17명 이상의 아동이 있을 경우 최소 3명의 어른이 동반해야 한다**(도남희 외, 2015).

우리나라에서도 영유아의 발달권을 보장하기 위한 현장학습과 실외놀이가 원활하게 이루어지기 위해서는 우선 생존권 보장 차원에서 안전한 현장학습이 이루어질 수 있도록 적절한 성인 인력의 배치가 이루어져야 한다. 그러지 않고서는 영유아의 발달과 교육에 필수적이라고 할 수 있는 산책이나 현장학습과 같은 외부 활동이 안전하고 원활하게 이루어지는 것에 한계가 있다.

사례 1) 견학 및 산책 도우미 지원 사례

지역의 노인복지관으로부터 어린이집 장애아동에 대한 인력 지원이 있었는데 이때 파견되신 할머님이 견학에 동행하여 발달 장애가 있는 유아를 돌봐 주셔서 원활한 견학이 될 수 있었다. 발달 장애가 있는 유아의 경우 인력이 적었을 때는 돌출 행동 시 통제를 받을 수밖에 없는 상황이었으나 인력 보완으로 많은 통제를 받지 않아도 되는 의미 있는 견학이 이루어질 수 있었다.

이외에도 2017년에 서울시에서 추진했던 사업으로 구 육아종합지원센터에서 현장견학 도우미를 파견한 적이 있었다. 근본적인 인력 문제를 해결할 수는 없어 임시방편이기는 하나 이러한 인력 지원이 이루어질 경우 나이가 어린 영아의 산책 활동을 비롯하여 개별적 케어가 필요한 장애아동의 현장견학에 많은 도움을 받았다. 현장견학 도우미로 파견된 성인이 함께 동행함으로써 안전뿐 아니라 개별 영유아의 요구를 충족시켜 줄 수 있는 질적인 견학이 이루어질 수 있었던 것이다. 이외에도 부모나 외부의 자원봉사자를 모집하여 안전한 견학이 이루어질 수 있도록 운영하고 있는 어린이집도 있다.

안전한 견학을 위해 동행한 자원봉사자

장애아를 위해 동행한 견학 도우미

2. 발달권

1) 발달권과 바깥놀이

(1) 바깥놀이와 발달권 보장

영유아기는 충분하게 바깥놀이를 통해 신체활동과 탐색활동을 해야 하며, 어린이집의 일과를 운영하면서 영유아가 바깥놀이를 충분히 할 수 있도록 배려하는 것은 영유아의 발달권을 보장해 주는 가장 중요한 일이다.

그렇다면 왜 바깥놀이가 영유아의 발달권을 보장해 주는 가장 중요한 일일까? 이에 대한 해답은 영유아기의 뇌 발달 과정에서 찾을 수 있다. 영유아기의 감각과 운동 경험은 뇌 발달 과정에서 매우 중요하며, 감각과 운동 경험을 가장 효과적으로 제공해 줄 수 있는 것이 바깥놀이이기 때문이다. 특히 영아기의 뇌 발달에서 감각과 운동 경험은 더욱 중요한데 이는 신경회로가 왕성하게 형성되는 영아기에 대뇌피질의 대부분은 시각, 청각, 체감각과 같은 감각과 전운동영역, 보조운동영역 등과 같이 운동을 관장하는 영역이 차지하고 있으며, 유아기 이후 발달하는 전두엽, 측두엽, 두정엽과 같은 연합중추 또한 감각과 운동을 관장하는 영역들의 연합으로 이루어지기 때문이다(김영명, 2015).

바깥놀이를 통해 자연스럽게 이루어지는 다양한 감각 자극은 두뇌의 각성 상태를 유지시켜 줌으로써 다양한 감각의 입력과 반응이 효과적으로 이루어질 수 있도록 하며, 운동 경험은 몸의 혈액 순환을 도움으로써 시냅스의 형성과 수초화 등으로 공사장을 방불케 하는 영유아의 뇌가 필요로 하는 양분과 산소 등을 충분히 공급받을 수 있도록 한다. 이러한 점들을 보았을 때 영유아기에 감각 경험과 운동 경험을 통한 뇌의 발달은 단지 감각과 운동을 관장하는 뇌의 발달에 국한되는 의미가 아니라 뇌 발달 전체의 기초를 다지는 매우 중요한 역할을 한다고 볼 수 있다(김영명, 2015).

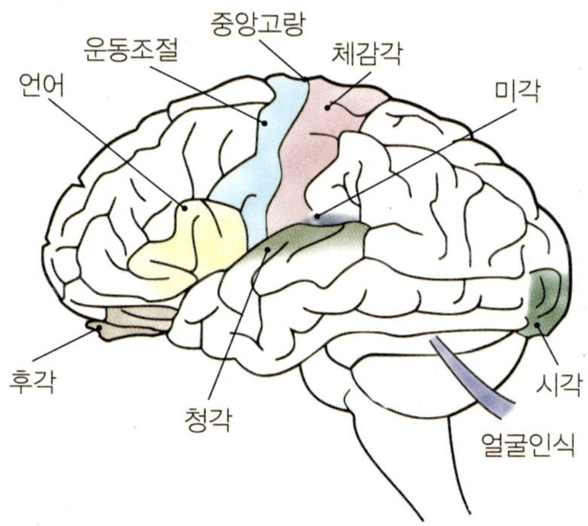

[그림 5-4] **각 영역별 뇌의 기능**

출처: 박문호(2008), p. 191.

(2) 바깥놀이가 충분히 이루어지지 못하는 이유

이러한 바깥놀이의 중요성에 비해 어린이집에 다니는 영유아는 바깥놀이를 충분히 하지 못하고 있는데 이는 무엇보다 불충분한 실외환경에 기인한다. 우리나라의 어린이집 중에는 실외놀이터가 없는 곳이 많으며 전국보육실태조사에 의하면 2009년 42.2%, 2012년 35%, 2015년 34.1%의 어린이집만이 실외놀이터를 갖추고 있는 것으로 나타났다(보건복지부, 2009; 2012; 2015). 또한 육아정책연구소(2016)의 실태조사에 의하면 전체 어린이집의 21.6%만이 자체 실외놀이터를 보유하고 있으며. 어린이집 유형별 보유 비율은 국공립 52.1%, 사회복지법인 80.0%, 법인·단체 66.3%, 민간 36.2%, 가정 1.1%, 부모협동 14.8%, 직장 50.5%로 조사되었다.

어린이집에 자체 실외놀이터가 없는 경우에 실외놀이를 하려면 인근의 놀이터로 나가야 하는데 교통사고의 위험이 높은 상황에서 외부의 놀이터를 이용하는 것도 쉽지 않아 영유아가 하루 종일 실내에서 지내야 하는 경우가 많다.

영유아의 뇌 발달에 미치는 감각과 운동 경험의 중요성을 고려했을 때 자라나는 영유아에게 바깥놀이와 신체활동은 밥과 같이 중요한 것이므로 다수의 어린이집이 바깥놀이가 가능한 여건을 갖추는 방향으로 정책이 나아가야 하며, 매일의 일과에서 바깥놀이를 보장하는 교사의 실천이 중요하다.

우리나라의 「영유아보육법」 제15조 제2항에는 50인 미만의 영유아를 보육하는 어린이집과 50인 이상이라 하더라도 인근 100미터 이내에 사용이 가능한 놀이터가 있는 어린이집은 실외놀이터를 설치하지 않아도 된다고 명시하고 있다. 실외놀이터에 관한 이러한 내용이 이전에는 시행규칙에 들어가 있었는데 2011년 법이 개정됨으로써 법 조항으로까지 승격된 것이다. 이는 영유아의 권리를 더욱 보장하고 증진하는 방향으로 나아가야 할 「영유아보육법」이 오히려 영유아의 발달권을 침해하는 쪽으로 나아간 경우이다.

「영유아보육법」

제15조의 2(놀이터 설치) ① 어린이집을 설치·운영하는 자는 놀이터를 설치하여야 하며 설치에 관한 기준은 보건복지부령으로 정한다. 다만, 다음 각호의 어느 하나에 해당하는 어린이집은 그러하지 아니한다.

1. 보육 정원 50명 미만인 어린이집
2. 100미터 이내에 보건복지부령으로 정하는 기준을 충족하는 놀이터가 설치되어 있는 어린이집

② 제1항에도 불구하고 특별자치도지사·시장·군수·구청장은 제6조 제1항에 따른 지방보육정책위원회의 심의를 거쳐 2005년 1월 29일 이전에 인가받은 어린이집이 도심지 및 도서·벽지 등 지역의 여건상 놀이터를 설치하기 곤란한 경우로서 보육상 지장이 없다고 인정하는 경우에는 놀이터를 설치하지 아니하거나 놀이터 설치 기준을 완화하여 변경 인가할 수 있다. [본조 신설 2011. 6. 7.]

■ 발달권 보장을 위한 입법 제안: 실외놀이터는 인가의 필수 조건

- 모든 어린이집에 영유아가 뛰어놀 수 있는 실외놀이터의 설치가 필요하므로 설치 시 인가 조건으로 법제화할 필요가 있음
- 유치원은 체육장 설치가 의무화되어 있는 데 반해 어린이집은 영유아보육법에 실외놀이터 설치가 50인 이상인 경우에만 의무화되어 있으며 50인 이상인 경우라 하더라도 인근 100m 이내에 있는 놀이터를 이용할 수 있음
- 기존의 어린이집은 물리적 환경인 실외놀이터를 현 시점에서 설치하는 데 한계가 있으므로 신설 어린이집의 인가 조건으로 실외놀이터 설치를 법제화해야 함
- 아파트형 가정어린이집은 단지 내 놀이터와 어린이집이 연접하는 조건으로 인가를 해야 함

(3) OECD 국가의 실외놀이터 면적 비교

[그림 5-5]는 OECD 국가의 실외놀이터 면적을 비교한 것이다. OECD 국가의 평균적인 유아 1인당 최소 실외공간은 유치원이 7㎡이고 보육시설은 8.9㎡이다. 한국은 영유아 1인당 3.5㎡의 실외놀이터 면적을 제공해야 하며, 뉴질랜드의 최소기준은 영유아 1인당 5.0㎡이다.

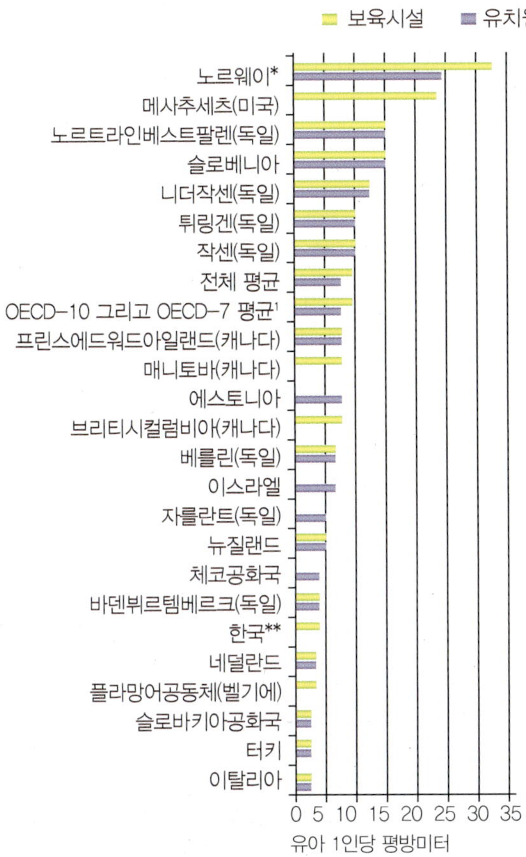

- 노르웨이의 경우 보육시설에 대한 사항은 0~3세에 대한 규정이며, 유치원에 대한 사항은 3~6세에 대한 규정임. 노르웨이의 최소 실외공간 요구조건은 실내공간 요구조건의 6배임
- 한국의 경우 보육시설의 유아당 공간 요구조건이 정해져 있음. 유치원의 공간 규정은 수식을 대입해야 하기 때문에 이 그림에는 보육시설에 대한 최소 요구조건만 표시되어 있음
- OECD-10 평균은 유치원의 실외공간 요구조건을, OECD-7 평균은 보육시설의 실외공간 요구조건을 나타냄
- OECD-10의 유치원 실외공간에 대한 최소 기준의 평균은 OECD 국가차원에서 보고된 자료에 기초한 것으로 지역차원에서 보고된 것은 제외하였음. 10개국은 다음과 같음: 체코공화국, 에스토니아, 이스라엘, 이탈리아, 네덜란드, 뉴질랜드, 노르웨이, 슬로바키아공화국, 슬로베니아, 터키
- OECD-7의 보육시설 실외공간에 대한 최소 기준의 평균은 다음의 국가들에서 보고된 자료에 기초함: 이탈리아, 네덜란드, 뉴질랜드, 노르웨이, 슬로바키아공화국, 슬로베니아, 터키
- 전체 평균은 각각의 그림에 포함된 모든 국가와 지역의 데이터에 기초함

[그림 5-5] **유치원 및 보육시설의 유아 1인당 최소요구 실외 공간(㎡)**

출처: OECD Network on Early Childhood Education and Care's "Survey for the Quality Toolbox and ECEC Portal", June 2011.

(4) 각 국의 실외놀이터 면적 비교 시 유의할 점

각 나라의 실외놀이터 면적에 대한 규정을 비교할 때 눈여겨 보아야 할 것은 예외조항인데, 영유아가 실외놀이를 할 수 있는 권리는 모든 영유아가 빠짐없이 누려야 할 중요한 권리이기 때문이다. 뉴질랜드의 인가규정에서는 가정보육(home-based education and care service)인 경우에도 반드시 실외 공간이 있어야 한다고 규정하고 있다(New Zealand Goverment Ministry of Education, 2008). 또한 규정 못지않게 실제 상황이 중요한데 규정은 최소 기준의 의미를 지니므로 실제 어느 정도의 면적을 어떤 방식으로 이용하느냐가 실제 규정보다 중요한 의미를 지닐 수 있다.

예를 들어 같은 면적의 실외놀이터를 가지고 있다고 하더라도 하루 종일 실내외의 구분이 없이 공간을 활용하여 생활하는 경우 실외 공간의 밀도가 높지 않아 개별 영유아가 이용할 수 있는 공간이 훨씬 넓을 수 있다. 예를 들어 뉴질랜드의 인가규정에는 '영유아를 효과적으로 감독하여 영유아가 허용된 장소(실내, 실외)를 접근하는 것이 불필요하게 제한되지 않도록 설비에 대한 디자인과 배치가 되어 있다(PF2)', '실외활동 공간은 실내활동 공간과 연결되어 있어 영유아가 쉽고 안전하게 접근할 수 있다'는 사항이 포함되어 있어 하루 종일 영유아가 실내외를 자유롭게 이동하면서 놀이와 생활을 할 수 있도록 배려하고 있다. 이런 경우 실내와 실외 활동 시간을 구분하여 사용하는 경우에 비해 실내외 공간의 밀도가 낮아져 영유아 1인이 사용하는 면적은 훨씬 더 확대될 수 있는 것이다.

공룡 옷을 입고 하루 종일 실내외를 넘나들며 놀이를 하고 있는 유아(뉴질랜드)

또한 같은 실외놀이터라 하더라도 어떤 환경을 제공하는가의 차이가 있는데 스웨덴에서는 푀르스콜라의 위치를 선정할 때부터 푀르스콜라 공간 안에 자연이 함께할 수 있고 자연을 찾아 쉽게 나갈 수 있는 곳인가의 여부가 중요하게 고려되고 있으며, 평지가 아닌 자연 그대로의 구릉과 나무 등이 있는 친환경적 공간에 입지하고 있는 곳이 많다(한유미 외, 2005). 이와 같이 영유아의 권리를 보장하는 양질의 보육·교육을 하는 나라들의 특징은 가장 기본적인 사항인 물리적 환경과 인적 환경을 갖추는 데 충실하다는 것이다.

자연 그대로의 구릉과 같은 친환경적 공간에 입지하고 있는 스웨덴의 푀르스콜라

(5) 스웨덴의 실외 놀이에 대한 관점과 실외놀이터 사례

스웨덴은 국가수준의 영유아교육과정에서 '푀르스콜라는 연령과 푀르스콜라에서 보내는 시간을 고려하여 균형 잡힌 하루의 리듬과 환경을 제공해야 한다(Skolverket, 2011). 다른 활동들뿐 아니라 보살핌과 휴식 사이에 균형이 이루어져야 하며 영유아는 일과 동안 활동을 전환할 수 있어야 한다. 푀르스콜라에서는 영유아 자신이 계획하고 상상력과 창의력을 발휘하는 놀이와 학습을 실내와 실외 둘 다에서 제공해야 하며 실외에서 보내는 시간 동안에는 계획된 환경과 자연 환경 모두에서 놀이와 다른 활동들을 위한 기회를 제공해야 한다.'고 밝히고 있다. 이와 같이 스웨덴의 푀르스콜라에서는 실내에서의 놀이뿐 아니라 실외에서의 놀이를 중요하게 여기고 있으며, 실외에서의 놀이가 계획된 놀이터 환경뿐 아니라 자연환경에서 이루어지도록 하고 있다. 이러한 교육과정을 반영하여 스웨덴의 푀르스콜라에서는 최대한 실외놀이 공간을 확보하기 위해 노력하고 있다.

스웨덴 독수리 어린이집의 넓은 유아용 놀이터

독수리 어린이집의 영아를 위한 놀이터

(6) 학교준비도 전통과 사회교육 전통의 실외놀이에 대한 관점의 차이

스웨덴과 같은 북유럽 국가에서 실외놀이를 강조하는 것은 한국의 평가인증 지표에서 실내 자유선택활동이 2시간 30분 이상인데 비해 실외놀이가 1시간 이상으로 언급되고 있으며 실외놀이 시설에 비해 실내놀이의 흥미 영역과 교재 교구의 배치가 보다 세분화되어 제시되어 있는 것과 같이 실외에서의 놀이보다 실내 활동에 좀 더 비중이 주어져 있는 것과 비교될 수 있다.

그렇다면 이러한 차이는 왜 나타나는 걸까? OECD(2006)에서는 '영유아를 위한 실내외 공간'에 대해 학교준비도 전통과 사회교육 전통의 북유럽 교육과정을 다음과 같이 비교하였으며, 한국의 표준보육과정과 누리과정은 학교준비도 전통에 더 가깝기 때문에 실외놀이의 비중에서 북유럽과 차이가 나타나는 것이라고 볼 수 있다.

- 학교준비도 전통: 실내를 주요 학습공간으로 여겨, 자원이 실내에 집중되어 있으며, 실외는 일반적으로 오락과 여가를 위한 장소, 즉 건강과 체육 활동에 중요한 장소로 여겨진다.
- 사회교육 전통: 실내와 실외는 교육적으로 똑같이 중요하며 실외공간의 조직화와 활용에 대하여 많은 고려와 투자가 이루어진다. 영유아들은 계절에 상관없이 실외에서 하루에 서너 시간을 보내게 되며 환경과 환경보호는 중요한 주제이다.

■ 신체활동 위주의 실외놀이터 구성

신체활동 위주로 단조롭게 구성된 실외놀이터

■ 신체활동을 비롯한 다양한 영역 활동이 함께 이루어지는 실외놀이터 구성

다양한 놀이와 신체활동이 함께 이루어지는 뉴질랜드 N차일드케어센터의 실외놀이터

N차일드케어센터의 실외에 있는 토끼장과 소꿉놀이가 이루어지는 모래놀이터

2) 발달권 보장을 위한 바깥놀이 확대 사례

다음은 바깥놀이를 확대하기 위해 어린이집에서 실천한 다양한 사례를 소개하였다. 숲유치원과 숲어린이집, 생태유아교육, 공동육아 등을 실행하고 있는 소수를 제외하고는 대다수의 어린이집이나 유치원에서는 바깥놀이 시간이 충분하게 진행되지 못하고 있는 상황이므로 각 어린이집이나 유치원의 여건이나 상황에 맞게 바깥놀이를 조금이라도 더 확대할 수 있는 방안을 찾는 것이 필요하다.

사례 1) 다양한 바깥놀이를 위한 실외환경 개선

바깥놀이를 알차게 진행하기 위해서는 바깥놀이터의 물리적 환경 또한 매우 중요한 요소이다. 이 어린이집에서는 8년 가까이 바깥놀이가 다양하고 재미있게 진행될 수 있도록 바깥놀이터 환경의 다양한 변화를 시도해 왔다. 같은 물리적 환경을 가지고 있다고 하더라도 영유아의 바깥놀이에 대해 어떠한 생각을 가지고 어떻게 접근하느냐에 따라 다른 환경을 제공하게 될 것이다.

■ 모래놀이터 확장

첫 번째로 시도한 것은 모래놀이터를 확장한 것이다. 모래놀이터가 있기는 하지만 공간이 없는 것도 아닌데 모래놀이터가 너무 작아 다수의 영유아가 함께 마음껏 놀이를 하는 데 어려움이 있었기 때문에 모래놀이터를 확장하였다.

■ 놀잇감 창고 만들기

이전에는 놀잇감 창고가 없었는데 바깥놀이가 활발하게 이루어지게 하기 위해서 앞으로 구비해야 하는 놀잇감을 보관하기 위한 놀잇감 창고를 만들었다. 놀잇감 창고는 최대한 크게 만들어서 바깥놀이를 위한 충분한 양의 놀잇감을 보관할 수 있도록 하였다.

실외놀이를 위한 놀잇감 창고

창고의 내부 모습

■ 소꿉놀이, 물놀이와 결합되는 모래놀이터로의 변화

모래놀이는 소꿉놀이, 물놀이와 결합되면 재미가 더해진다. 모래놀이터에서 소꿉놀이가 이루어질 수 있도록 놀이집과 데크, 테이블과 의자, 놀잇감 정리대 등을 설치하고 놀이집 안에 싱크대도 마련하였다.

본래 영유아가 즐겨하던 모래놀이지만 놀이집, 테이블 등을 설치하여 모래놀이터를 보완하고 나서 모래놀이가 더욱 더 다양하고 재미있게 이루어질 수 있었다. 또한 모래밭에 수돗물이 나올 수 있도록 간단하게 수도를 설치하면서 모래밭과 수도가 떨어져 있을 때보다 모래와 물이 결합된 놀이가 더욱 활발하게 이루어질 수 있었다. 바깥놀이 중 신체활동 이외에도 다양한 놀이가 이루어질 수 있도록 그에 걸맞은 물리적 환경을 구성할 필요가 있다.

소꿉놀이와 결합될 수 있도록 놀이집과 데크, 테이블, 싱크대 등을 설치

■ 텃밭 상자 바꾸기

초기에는 재정적인 어려움으로 깊이가 깊지 않은 플라스틱 텃밭상자를 대량 구매하여 텃밭 활동을 하였다. 이후 텃밭 활동이 보다 왕성하게 이루어질 수 있도록 다량의 흙을 담을 수 있는 깊이가 깊고 커다란 텃밭 상자로 교체하였다. 텃밭 상자를 교체할 때 대량의 흙이 필요한 상황에서 각 가정의 도움을 받아 거름과 흙을 마련할 수 있었고 유아들과 텃밭 상자에 흙과 거름을 담는 작업을 함께 하였다.

활발하게 이루어지고 있는 텃밭 가꾸기 활동

■ 미술 활동 등 다용도로 사용할 수 있는 데크와 테이블 설치

특별한 용도는 없이 텃밭 상자를 놓아두었던 놀이터 한쪽 공간에 텃밭 상자를

다른 곳으로 옮기고 미술 활동, 간식 먹기 등 다용도로 이용할 수 있도록 테이블, 의자 등을 마련하였다. 테이블을 수도시설과 결합하여 미술활동을 할 수 있도록 하였으며 그림 그린 것을 붙이거나 종이를 붙여 그림을 그릴 수 있도록 나무 벽면을 설치하였다.

실외에서 간식을 먹는 아이들

그림, 점토 놀이 등 다양한 미술활동을 하는 실외테이블

■ 뒷마당의 데크와 테이블, 수도 설치

시멘트 바닥이어서 안전 등의 이유로 자주 사용하지 못하던 뒷마당에 방부목을 깔아 데크를 설치하고 테이블과 의자, 수도 시설을 마련하였으며, 데크의 한쪽 벽면에는 종이를 붙여 그림을 그릴 수 있도록 나무 벽면을 설치하였다. 테이블에서는 미술 활동을 비롯한 다양한 대소그룹 활동이 이루어지며 간식이나 점심을 먹기도 한다. 데크에서는 이외에도 사계절 다양한 신체 활동과 물놀이, 텃밭 가꾸기가 이루어진다.

뒷마당의 데크는 유아반의 출입문과 바로 연결되어 있어 교사와 누리교사가 함께 있는 시간에는 유아들이 실내외 놀이를 자유롭게 선택하여 할 수 있게 하였다. 이러한 물리적 환경의 보완과 누리교사가 함께하게 된 인적 환경의 보완은 바깥놀이를 확대해서 실행하는 것을 좀 더 원활하게 할 수 있는 여건이 되었다.

신체활동과 미술활동, 물놀이 등 다양한 놀이가 이루어지는 뒷마당의 변화

사례 2) 계절에 따른 바깥놀이 활성화하기

이 어린이집에서는 봄부터 겨울까지 사계절 동안 바깥놀이가 활발하게 진행되고 있다.

■ 봄부터 가을까지 텃밭 가꾸기

봄부터 가을까지 다양한 텃밭 활동이 이루어지고 있는데 만 3세부터 5세까지의 유아반이 반별로 담당을 정하여 텃밭을 가꾸고 있다. 텃밭에서 나는 상추, 깻잎, 방울토마토 등을 나눠 먹고 가지나 오이 등을 가지고 요리 활동을 하기도 한다. 영아는 텃밭에서 자라나는 채소를 관찰하면서 물을 주거나 방울토마토, 딸기 등 열매를 따먹는다.

텃밭을 가꾸는 유아들

물을 주고 열매를 따서 먹는 유아의 텃밭 활동

■ 여름철 물놀이

여름에는 놀이터에서 샤워기로 물 뿌리기, 물총놀이 등 다양한 물놀이가 이루어지며 바깥놀이터에 간이용 풀을 설치해 물미끄럼틀 타기 등의 물놀이가 신나게 이루어질 수 있도록 하고 있다. 무더운 여름 실내에서의 놀이보다는 바깥에서 신나게 물놀이를 하는 것은 아이들이 가장 좋아하는 놀이이며 무더위를 잊고 건강하게 여름을 지낼 수 있는 놀이이기도 하다. 물놀이할 때 교사의 수고를 덜기 위해 부모들 중 자원봉사자를 모집하여 간이용 풀을 설치함으로써 물놀이가 좀 더 자주 충분하게 이루어질 수 있는 여건이 되었다.

부모들이 자원하여 물놀이 풀 설치하기

호스로 미끄럼틀에 물을 뿌리는 물미끄럼틀 놀이

■ 겨울철의 바깥놀이와 썰매놀이

추운 겨울에도 혹한이나 미세먼지 농도가 높은 날이 아니면 하루에 한 번 바깥놀이가 이루어진다. 눈이 오는 날에는 어린이집 앞 비탈길에서 썰매를 타고 눈싸움, 눈사람 만들기 등 눈을 가지고 할 수 있는 놀이를 하며 추운 겨울을 춥지 않고 신나게 보낼 수 있는 다양한 놀이를 한다. '이런 날씨에 바깥놀이를 하면 아이들이 춥지 않을까?' 하는 생각이 드는 날도 아이들은 춥다고 움츠러들기보다는 바깥에서 신나게 뛰어 논다. 특히 영아들은 세상에 태어나서 많이 경험해 보지 못한 하얀색의 신기한 세상을 마음껏 탐색하며 즐겁게 놀이를 한다.

눈썰매를 타는 아이들

꼬마눈사람을 만드는 영아

눈 위에서 구르기

사례 3) 바깥놀이 확대를 위한 바깥놀이의 날 (만 2세)

이 어린이집에서는 평소 늘 바깥놀이를 하고 있지만 어린이집에서 장시간 생활하면서 바깥놀이와 신체활동이 부족한 것을 보완하고 바깥놀이를 좀 더 풍부하게 진행하기 위해 한 달에 이틀을 바깥놀이의 날로 정해서 진행하고 있다.

바깥놀이의 날에는 등원하면서부터 바깥놀이를 바로 시작하거나 오전 간식을 먹은 후 바로 바깥놀이를 하도록 함으로써 평소보다 충분한 바깥놀이가 이루어질 수 있도록 한다. 또한 바깥놀이의 날에는 활동 주제와 관련 없이 평소 영아들이 가장 재미있어하는 놀이를 함으로써 훨씬 신나는 바깥놀이가 이루어질 수 있도록 하고 있다. 다음은 '바깥놀이의 날'을 진행한 교사의 기록이다.

> 바깥놀이를 평소보다 충분하게 진행하기 위해 마련한 '바깥놀이의 날'을 진행하기 위해 오전 간식을 먹은 후, 바로 실외로 이동하였다. 간식을 먹으면서 어떤 놀이를 하고 싶은지에 대해 이야기를 나누었으며 영아들이 말한 '색깔얼음으로 그림그리기' 놀이를 할 수 있도록 놀잇감을 제공해 주었다. 대부분의 영아들이 색깔얼음 놀이에 참여하였다. 준이는 교사가 색깔얼음으로 그림 그리는 것을 제안했지만 미끄럼틀 타기, 텃밭에 물주기 놀이를 즐겨하였다. 그리기 놀이를 하던 새싹반 친구들은 색깔얼음을 하나씩 들고 아이스크림 가게 놀이를 하였다.
>
> 색깔얼음 놀이를 하던 재이가 "분무기 뿌리는 거 하고 싶어요."라고 말해 분무기를 주자 많은 영아들이 분무기 놀이에 참여하였다. 분무기 놀이를 하는 영아들은 친구들과

서로에게 물을 뿌리며 놀았으며 후문, 벽 등에도 물을 뿌려 보았다. 은이와 지우는 "방울토마토 많이 자랐네."라고 말하며 텃밭의 식물에 물을 주었다. 씨앗반 동생들도 마당으로 나와 동생들과도 물을 뿌리며 놀았다.

내가 하고 싶은 놀이를 새싹반 친구들이 제안하며 놀이가 진행되었던 바깥놀이의 날, 평소 바깥놀이 시간에도 친구들의 흥미와 요구를 반영한 놀이가 진행되지만 바깥놀이의 날에는 보다 충분한 시간이 있어 영아들이 이야기한 여러 가지 놀이를 오랜 시간 동안 재미있게 할 수 있어서 좋았다. 영아들이 다양한 놀이를 제안하지는 못하지만 어떤 놀이를 하고 싶은지 물어보면 비눗방울 놀이, 물놀이 등 평소 좋아하는 놀이를 말하는 모습을 볼 수 있다. 영아들이 평소 좋아하는 놀이를 잘 알아두었다가 바깥놀이의 날에 제안해 보고 의견도 물어봄으로써 영아들의 의견을 바탕으로 함께 진행하는 바깥놀이의 날을 보낼 수 있도록 해야겠다.

텃밭에 물주기

분무기로 물 뿌리기

동생들과 분무기로 물 뿌리며 놀기

3) 발달권과 인적 환경

(1) 보육 상황과 인적 환경

영유아의 발달권을 존중하는 데는 무엇보다도 영유아를 보육하고 있는 인적 환경이 중요하며 교사 대 영유아의 비율이 개선되어야 한다. 스스로 식사를 하기 어려운 만 0~1세 영아의 점심 시간에 교사는 이 아이 저 아이의 식사를 도와주기 위해 눈코 뜰 새가 없고 그러다 보면 밥이 어디로 들어가는지 모르게 혼자서 밥을 먹고 있는 영아의 모습도 흔히 접하게 된다. 아직 숟가락을 제대로 잡지 못해 입으로 밥과 반찬을 넣지 못하고 흘리는 영아, 반찬을 먹지는 않고 장난만 하는 영아, 밥을 먹다 말고 돌아다니는 영아, 국그릇을 엎는 영아들로 혼란스러운 상황도 자주 발생한다.

그런가 하면 유아들이 생활하는 반에서는 아이들이 저마다 교사에게 하고 싶은 말을 건네지만 교사는 여러 아이들과 동시에 이야기를 나눌 수 없기에 아이들의 요구나 질문에 제대로 답을 해 주기 어렵다.

유아 1: 선생님! 내가 놀던 블록을 민찬이가 가져갔어요. 민찬이가 내 것 안 줘요.

유아 2: 선생님! 올챙이가 죽었나 봐요… 올챙이가 움직이지 않아요… 선생님 이리와 봐요.

유아 3: 선생님! 색종이 다른 색으로 하고 싶은데 없어요.

유아 4: 선생님! 친구한테 집에 놀러 가고 싶다고 쓰고 싶은데 어떻게 써요?

유아 5: 선생님! 화장실 가고 싶어요.

보육 현장에서 자주 겪게 되는 위와 같은 장면뿐 아니라 산책이나 현장학습 등 다양한 실외활동 상황에서 교사 대 영유아 비율은 영유아의 발달권을 존중하는 질 높은 보육을 하는 데 있어서 매우 중요한 요소이다. 그동안 개선이 이루어져왔지만 현재 우리나라의 교사 대 영유아 비율은 우리가 보육현장에서 체감하고 있듯이 아직도 영유아 개별의 욕구를 충족시켜 주기에는 미흡한 상황이다.

우리나라 어린이집의 교사 대 영유아비 기준은 만 0세 1:3, 만 1세 1:5, 만 2세 1:7, 만 3세 1:15, 만 4세 이상 1:20으로 여타의 보육선진국에 비해 법정 기준이 비교적 높은 편인데 지방자치단체에 따라 전체 정원 기준 내에서 초과보육이 허용되고 있어 만 1세는 1:6, 만 2세 1:9, 만 3세 1:18, 만 4세 이상 1:23까지 보육이 가능한 상황이다. 여러 보육선진국들의 예에서 보다시피 영유아의 발달권을 보장하는 양질의 보육이 이루어지기 위해서는 우리나라의 법정 교사 대 영유아의 비율이 좀 더 개선되어야 하며, 특히 초과보육의 허용은 영유아의 발달권을 심각하게 침해하고 있는 정책이라고 할 수 있다.

(2) 보육선진국의 교사 대 영유아비

그렇다면 영유아의 발달권이 존중되고 있는 보육선진국의 교사 대 영유아 비율은 어느 정도인지 살펴보자. 스웨덴이나 핀란드, 덴마크, 호주, 뉴질랜드, 영국 등 많은 나라가 3명에서 6명 정도의 영아를 교사 1명이 보육하도록 하고 있으며, 유아의 경우 스웨덴이나 핀란드, 덴마크는 유아 7~8명에 교사 1명이 배치되고, 호주, 뉴질랜드, 독일은 유아 10명 정도에 교사 1명이 배치된다. 보육선진국의 교사 대 영유아 비율을 살펴보았을 때 대체로 양질의 보육이 이루어지기 위해서 영아는 교사 한 명이 3~6명 정도를 보육하고 유아는 10~15명을 넘지 않는 것이 바람직하다고 볼 수 있다. 국제연합 국제아동구호기금인 유니세프(2008)에서 권장하고 있는 만 4~5세의 교사(교육받은 보조교사 포함) 대 영유아 비율 또한 최소 1:15 이하이며 집단크기는 24명 이하이다.

〈표 5-2〉 각 국의 교사 대 영유아 비율

국가	교사 대 영유아비
스웨덴	국가 수준의 규제 없음/4~6(1~2세) 6.4(3~6세)
핀란드	4.0(0~3세) 7.0(3세 이상)
노르웨이	8.0(3세) 11.4(3~5세)
덴마크	3.3(0~2세) 7.2(3~5세)
벨기에	1:7(0~5세)
호주	5.0(0~2세) 10.0~11.0(2세~5)
뉴질랜드	4.0~5.0(0~2세) 6~8(2~5세)
캐나다	5.5(0~1세) 8.5(2~3세) 8~15(4~6세)
영국	3.0(0~2세) 4.0(2~3세) 8.0(3~5세)
독일	국가 수준의 규제 없음/10.3(3~6세)
프랑스	국가 수준의 규제 없음/5.0(0~2세) 8.0(2~3세) 21.6(3~5세): 보조교사 제외(보조교사 포함 15.0)

출처: OECD(2012). starting strong Ⅲ.
OECD (2010). Quality of child care and early education services, OECD Family Database, 2010.7. 1. 업데이트(http://www.org/els/soc/37864559.pdf).
서문희(2007). 호주의 보육정책; 한유미 외(2005). 스웨덴의 아동보육제도.

그런데 각 나라의 교사 대 영유아비를 비교할 때 유의할 점은 양질의 보육을 하고 있는 보육 선진국일수록 법정 기준은 최소기준(National Minimum Standards)의 의미를 지니는 것으로 실제 상황은 영유아와 교사가 크게 스트레스를 받지 않으면서 생활할 수 있도록 인력 여건을 마련해서 운영하고 있다는 점이다. 예를 들어 스웨덴의 경우 발달이 지연되는 영유아에 대한 인력 지원 시스템이 잘 갖추어져 있어 반 운영이 보다 원활하게 이루어질 수 있다.

필자가 스웨덴의 푀르스콜라를 방문했을 때 만 2세까지의 영아가 1:5, 만 3세 이상의 유아가 1:7인 교사 대 영유아 비를 접하고 나서 영아와 유아의 교사 대 영유아 비율에 격차가 크지 않은 이유에 대해 질문을 하였다. 원장은 유아의 경우 신체발달과 이동 운동 능력의 발달로 행동반경이 넓어지며, 언어와 인지가 발달하면서 성인과 말로 하는 의사소통에 대한 욕구가 많아지기 때문에 유아에게도 영아 못지않게 다수의 교사가 필요하다는 이야기를 하였다. 유아의 이동이나 활동에 대한 욕구, 의사소통에 대한 욕구를 충족시켜 주기 위해서는 충분한 수의 교사가 배치되어야 한다는 이야기는 유아를 성인의 행동반경을 중심으로 머무르게 하고 성인의 입장에서 얼마나 유아가 잘 관리될 수 있느냐의 기준으로 보는 것이 아니라는 점에서 교사 대 영유아비에 대한 역발상으로까지 느껴져 신선한 충격이었다. 어린이집에서 성인과 소통하고 싶어 하는 유아들의 욕구를 제대로 충족시켜 주지 못하는 상황을 접할 때 늘 안타까움을 느껴왔기에 철저히 유아의 입장에서 유아의 욕구를 수용하는 방향으로 교사를 배치한다는 이야기는 꽤 인상 깊게 들렸다.

스웨덴 푀르스콜라의 실내외에서 놀이를 하고 있는 교사와 아이들

(3) 교사의 보육과정 운영과 영유아에 대한 집중도

영유아의 발달권을 존중하는 인적 환경에 대한 고려에서 또 하나 빼놓을 수 없는 것은 같은 교사 대 영유아비라 하더라도 얼마만큼 교사가 일과를 운영하면서 영유아에게 집중할 수 있느냐 하는 점이다. 교사가 보육과정 운영에 전념하면서 영유아와 편안하고 여유 있게 상호작용할 수 있는 여건이 마련되지 않는다면 발달권을 비롯한 다양한 영유아의 권리 존중은 제대로 실천되기 어렵다. 이것은 보육교사의 업무량과 직결되는 문제인데 어린이집에서 교사가 각종 평가와 모니터링, 지도점검 등에 대비하기 위해 문서 기록을 포함한 많은 업무를 해야 한다면 또한 영유아에게 집중하기보다는 활동의 과정과 성과에 대해 부모에게 보고하는 데 더 치중한다면 비록 같은 수의 교사가 보육을 하고 있는 상황이라고 하더라도 실제 영유아가 체감하는 인적 환경은 매우 다를 것이다.

현재 우리나라의 어린이집에서 일하고 있는 교사는 평가와 모니터링, 지도점검을 비롯한 각종 안전 및 위생 점검에 대비하기 위한 업무뿐 아니라 일상적으로 보육과정 운영과 행사, 부모에 대한 활동 보고, 청소, 차량지도 등 많은 업무를 수행하고 있다. 여러 다른 나라의 보육 및 유아교육기관을 참관해 왔던 필자의 경험에 비추어 보았을 때 영유아의 권리를 존중하고 보육의 질이 높은 어떤 다른 나라들에 비해 한국의 보육교사가 수행해야 하는 업무의 양은 많다고 생각되며, 이러한 과다한 업무로 인해 영유아의 보육에 집중하기 어려운 환경이 조성되고 있다고 생각한다.

또한 과중한 업무는 교사가 받는 스트레스의 원인이 되어 영유아의 발달권을 침해하는 경우까지 발생하게 되는데 서울과 수도권의 보육교사를 대상으로 한 김영명 외(2015)의 조사에서 교사의 스트레스 원인으로 과중한 업무(28.5%)와 장시간 근무(16.9%)가 문제행동을 하는 영유아(33.3%) 다음으로 높게 나타났다. 같은 조사에서 대다수의 교사가 적절하지 않은 교사 대 영유아비뿐 아니라 과다한 업무량이 영유아의 권리 침해와 관련이 있다고 보고 있으며, 영유아의 권리를 존중하기 위해 교사의 업무량을 줄일 수 있는 업무축소 방안과 인력 지원이 필요하다고 응답하였다.

4) 발달권과 영아 보육

(1) 영아 보육 실태

2012년 3월부터 영아 무상보육이 전면적으로 실시되면서 보육을 받는 영아의 수가 급증하였다. 2009년에 비해 2012년의 영아보육 증가율은 만 0세 65.3%, 만 1세 61.8%, 만 2세 39.1%로 영아 무상보육 정책의 엄청난 효과를 보여 주고 있다.

〈표 5-3〉 영아보육 증대

연령	년도	보육아동 수	증가율
만 0세 아	2009	107,525	
	2012	177,757	65.3%
	2014	138,563	-22.0%
	2015	137,117	-1.0%
만 1세 아	2009	198,831	
	2012	321,716	61.8%
	2014	342,056	6.3%
	2015	308,227	-11.0%
만 2세 아	2009	268,038	
	2012	372,811	39.1%
	2014	409,954	10.0%
	2015	419,252	2.3%

출처: 보건복지부(2009, 2012, 2014, 2015). 보육통계.

이후 어린이집에서의 아동학대 관련 보도의 증대와 가정에 지급하는 양육 수당이 확대되면서 영아 보육의 증가율은 둔화되거나 감소하고 있지만 2014년 만 0세 아 138,563명(전체 만 0세 아의 33%), 1세 아 342, 056명(전체 만 1세 아의 78.0%), 만 2세 아 409,954명(전체 2세 아의 84%)으로 여전히 높은 비율을 유지하고 있다.

우리나라의 영아 보육시설 이용률은 2014년 66.1%(보건복지부, 2014년)로 OECD 국가의 평균 영아 보육시설 이용률인 30%의 두 배가 넘으며, 2012년 기준으로 영아를 둔 여성의 취업률(33.2%)보다 영아 보육시설 이용률(48.7%)이 높은 유일한 나라라는 지적을 받기도 하였다(프레시안, 2015). 또한 영아의 보육시설 이용률이 50%를 넘는 곳인 덴마크(83%)와 스웨덴(66%)과 비교해 보았을 때도 영아의 어머니 취업률이 덴마크는 72%, 스웨덴은 76.5%에 달하고 있어 우리나라의 경우 불가피한 사유가 없음에도 불구하고 영아의 장시간 보육이 이루어지고 있다는 문제가 제기되고 있다(연합뉴스, 2012).

OECD는 만 2세 미만 영아는 가정보육이 바람직하며 시설이용률은 30% 미만이 적정하다고 권고하고 있다. OECD 국가 가운데 만 2세 이하 영아 시설 이용률이 50%를 넘는 곳은 덴마크(83%), 스웨덴(66%) 두 곳뿐이다. 두 나라는 영아 어머니의 취업률이 각각 72%, 76.5%에 달하지만 우리나라는 29.9%에 불과해 부모의 책임성 논란이 예상된다. 불가피한 사유가 없음에도 상당수 가정이 영아를 장시간 보육시설에서 키우고 있기 때문이다(연합뉴스, 2012).

(2) 보육선진국의 영아 보육 상황

스웨덴의 경우 영아를 둔 취업모의 비율이 76.5%에 달하며, 만 2세 이하 영아의 어린이집 이용률이 66%에 달하고 있지만 양육과정에서 보다 세심한 보호와 주의가 필요한 만 0세 아는 부모가 1년에서 1년 6개월의 육아휴직을 사용하도록 함으로써 육아휴직 기간에는 어린이집을 이용하지 않도록 하고 있다. 또한 부모가 직장에서 근무를 하지 않는 시간에는 영유아가 보육을 받지 않도록 하고 있는데 스웨덴의 푀르스콜라에서는 부모가 지자체에 보육 지원을 요구할 때부터 보육이 필요한 시간에 한 해 이용 신청을 하고 있으며 교사나 원장은 부모의 퇴근시간을 정확하게 알고 있음으로써 근무시간 외에는 반드시 부모가 양육을 하도록 하고 있다.

뉴질랜드에서는 맞벌이가 아닌 경우 영아는 보육료 지원을 하지 않는다. 영아가 보육을 받을 경우 고가의 보육료를 부담하게 함으로써 반드시 필요한 경우가 아니면 가급적 보육을 받지 않도록 하고 있는 것이다. 일본의 경우 맞벌이 가정이 아닌 경우 보육시설을 이용하는 것 자체가 허용되지 않고 있으며, 보육시설을 이용하지 않는 영유아와 부모를 위한 지역 자녀 양육 지원 서비스가 활발하게 이루어지고 있다.

영유아 부모를 위해 어린이집에서 이루어지는 지역자녀양육지원 서비스(일본)

그렇다면 왜 영유아의 권리를 존중하는 나라들에서 영아 보육에 대한 지원을 반드시 필요한 경우에 한정하고 있으며, 가정에서의 양육을 권장하고 있는 것일까? 영아의 경우 발달과정의 특성을 보았을 때 주 양육자와의 애착 관계를 형성하는 것이 무엇보다 중요한 시기이며, 먹고 자는 것과 같은 기본적인 신체 리듬이 월령에 따라 편차가 크기 때문에 어린이집에서 개별적인 요구를 수용하고 배려한다고 하더라도 단체 생활을 하기에 부적합한 요소가 많기 때문이다.

또한 영아는 아직까지 의사소통 능력과 인지 능력이 충분히 발달하지 못했기 때문에 다른 사람을 배려하면서 다수의 또래와 함께 생활하는 것에 어려움이 있으므로 장시간 단체생활을 할 경우 많은 스트레스를 경험하게 된다. 영아반에서 자주 발생하는 영아들끼리 물고 때리고 할퀴거나 장난감을 빼앗는 문제는 영아의 발달적 특성에 맞지 않게 단체 생활을 함으로써 발생하는 것이며, 영아의 이러한 행동을 통제하다 보면 물리고 빼앗기는 영아 못지않게 통제를 당하는 영아 또한 많은 스트레스를 경험할 수밖에 없다.

따라서 영아의 발달권을 존중하는 나라들에서는 불가피하게 보육을 받아야 하는 경우에는 영아의 발달 특성과 발달권을 존중할 수 있도록 인적, 물리적 환경에 대한 지원을 강화함으로써 양질의 보육이 이루어지도록 하며, 반드시 보육을 받지 않아도 되는 경우에는 가정 양육에 대한 지원을 강화하는 방향으로 정책이 이루어지고 있는 것이다.

(3) 영아의 발달권을 보장하는 보육 및 육아정책 방향

유니세프(UNICEF)에서 아동의 권리보호를 위한 최저 기준으로 발표한 10개의 지표 중 첫 번째는 '임금이 보장된 육아 휴직'으로 '부모 중 한 명이 월급의 50% 이상을 받으면서 출산휴가를 포함하여 최소한 1년의 육아 휴직을 보장'받는지의 여부이다(나정, 2010). 존 베넷(John Bennett, 2008)이 제시한 '유아기 서비스를 위한 15개의 지표' 중 사회가족 맥락 영역에서도 일하는 부모가 자녀 출생 이후 임금의 50% 이상을 받으며, 1년간의 육아 휴직을 법적으로 보장받는지의 여부가 포함되어 있다. 아이의 출생 후 받는 1년간의 육아 휴직은 세심한 보살핌이 필요한 영아의 발달권과 직결되는 정책이라고 할 수 있으며, 우리나라에서 어떠한 제한도 없이 실시되고 있는 0세 아의 보육과 관련하여 반드시 확대되어야 하는 정책이라고 할 수 있다.

따라서 영아를 둔 가정에 대한 양육수당 지원 강화, 취업모 또는 부의 육아 휴직 이용 의무화, 가정양육 지원 강화와 같은 영아의 보육률을 낮추기 위한 보다 근본적인 해결 방안의 실천에 박차를 가하는 것이 필요하다. 2016년 7월부터 0~2세반의 영아를 대상으로 맞춤보육이 실시되고 있다. 현재의 12시간 종일반 외에 맞춤반 서비스가 도입된 것이다. 그러나 이 또한 맞벌이 가정이 아니더라도 6시간 동안 보육을 받을 수 있도록 되어 있는데 영아의 발달 특성과 발달권에 비추어보았을 때 6시간의 보육이 과연 적절한지 검토되어야 할 사항이다.

영유아와 관련된 정책을 실시할 때는 정책을 실시하기 전에 영유아에게 미치는 영향을 조사한 후 실시하여야 한다. 2012년부터 실시되었던 영아 무상보육의 전면 시행은 이러한 점에서 많은 예산이 들면서도 정작 정책의 최종 수혜자라고 할 수 있는 영아에게 바람직하지 못한 결과를 낳은 정책이라고 할 수 있다. 그러나 맞벌이 등 가정의 여건으로 인해 영아 보육이 불가피한 경우 영아의 발달 특성을 고려하여 현재의 불충분한 인적, 물적 환경을 개선함으로써 영아의 발달권을 제대로 보장할 수 있는 보육정책이 이루어지도록 해야 한다.

정부 보육 대책은 왜 모두에게 비판받나?

(생략) 보육은 취업이나 건강 등의 이유로 아이를 직접 돌볼 수 없는 가구에 제공되는 사회적 지원이다. 보편적인 보육서비스의 기준은 소득이 아니라 필요다. 보호자의 취업, 학업, 건강, 열악한 보육환경 등의 이유로 필요한 만큼의 보육서비스를 이용할 수 있어야 한다. 필요에 따른 보육은 0~2세 영아와 3~5세 유아를 구별한다. 세계적으로 3~5세 유아에 대한 보편적 보육서비스는 아동발달에 유익한 조기 교육으로 간주되어 보호자의 취업 여부와 무관하게 장려되는 추세다. 그러나 0~2세 영아의 경우 일하는 부모라도 육아휴직을 통한 보육이 권장된다. 하지만 우리나라는 영아 보육시설 이용률이 62%로 OECD 국가의 평균 영아 보육시설 이용률 30%의 두 배가 넘는다. 뿐만 아니라 2012년 기준으로 영아를 둔 여성의 취업률(33.2%)보다 영아보육시설 이용률(48.7%)이 높은 유일한 나라이기도 한다. 아동에게 양질의 보육과 일하는 부모에게 충분한 보육서비스를 보장하기 위한 섬세한 보육정책 대신 획일적인 12시간 종일제 시설이용을 기준으로 보육료만 지원해 온 보육정책의 결과다(프레시안, 2015).

5) 발달권과 안전(김영명, 2014)[1]

영유아가 안전하게 생활하는 것은 매우 중요한 사항이다. 그럼에도 불구하고 2004년 「영유아보육법」이 개정되기 이전의 보육 상황은 안전에 관하여 매우 취약한 상황이었다. 2004년 「영유아보육법」이 개정되면서 어린이집에서의 안전 관련 사항이 보완되었으며, 이후 10여 년간 지속적으로 안전에 대한 규정과 실천이 강화되어 왔다. 그러나 때로는 지나치게 안전이 강조되는 상황을 접하면서 '과연 이것이 영유아의 성장과 발달에 정말 필요한 것인가?'라는 생각이 들기도 하며 영유아의 안전과 관련된 몇 가지의 대비되는 장면이 떠오른다.

- 아이들이 놀이터나 숲의 나무에 기어 올라가 자유롭게 노는 모습과 산책을 하면서 나뭇가지를 가지고 노는 것을 다른 아이를 찌를 수 있다고 하여 통제하는 모습
- 목공놀이를 하면서 실제로 사용하는 연장을 아이들이 직접 자유롭게 사용하

1) '5) 발달권과 안전'의 내용은 필자가 2014년 대한아동복지학회·한국방과후아동지도학회의 공동추계학술대회에서 주제 발표한 내용 중 일부를 발췌한 것이다.

는 장면과 위험해 보이는 어떠한 것도 제공하거나 자유롭게 사용해서는 안 되는 상황

- 테이블 위에 놓여 있는 선인장을 탐색하는 아이들과 깨진 조개껍데기, 장미, 선인장 등과 같이 자연물일지라도 조금이라도 위험한 요소를 가지고 있는 것을 제공해서는 안 되는 상황

뉴질랜드 차일드케어센터의 목공놀이 영역

나무에 올라가서 노는 유아들

아이들과 생활하면서 또 다른 나라의 보육과 유아교육기관을 방문하면서 오랫동안 의구심을 가져오던 장면들이다. '모두가 안전을 중요하게 여기면서도 왜 이렇게 다른 장면이 나타나는 것일까?' 또 '아이들에게는 과연 어떠한 환경이 권리를 보장할 수 있는 바람직한 환경일까?'

평가인증 지표에 밤송이, 장미, 선인장, 깨진 조개껍데기, 화분 안에 있는 작은 돌 등 위험해 보이는 모든 자연물을 실내외에 두지 못하게 함으로써 조금이라도 위험 요소가 있다고 생각되는 자연물을 제거하고 있어 영유아가 자연물을 탐색하는 것에 제약을 받고 있다. 이러한 상황을 접하면서 많은 원장과 보육교사가 지표의 문제점을 인식하고 있으나 현실은 지표가 개선되기보다는 원장과 보육교사가 감점을 받지 않기 위해 화분이나 자연물 등 문제가 될 만한 것을 미리 제거하는 방향으로 나아가고 있다. 한편에서는 도시화된 환경에서 아이들이 자연을 자주 접하지 못하고 자연과 점점 괴리되는 상황을 극복하고자 자연친화적인 교육이나 생태교육이 강조되고 있지만 또 다른 편에서는 평가와 안전의 이름으로 영

유아가 자연을 접하고 탐색할 수 있는 작은 기회조차 박탈당하고 있는 것이 우리의 현실이기도 하다.

이뿐이 아니라 우리 아이들이 생활하는 일상 속에서는 안전을 이유로 수도 없이 해서는 안 되는 것이 있으며, 교사는 끊임없이 통제를 하게 된다. 물론 교사 개인의 성향에 따라 조금씩 차이는 있지만 돌봐야 할 영유아가 많은 상황에서 일일이 위험한 순간에 눈길이 주어지지 않는 경우가 많은 데다 아이가 조금이라도 다치면 항의하는 부모를 여러 명 겪게 되다 보면 아이들을 통제하지 않던 교사나 원장도 어느새 통제하는 방향으로 나아가게 된다. 조금이라도 높은 곳에 올라가면 떨어질까 안 되고, 나뭇가지나 돌멩이는 다른 친구를 다치게 할까 봐 안 되고, 작은 놀잇감은 삼킬까 봐 안 되고, 뛰는 것은 부딪힐까봐 안 되고… 이렇게 조금은 숨이 막힐 것 같은 일상을 살아가고 있는 것이 우리 아이들의 현실이다.

아이들의 안전에 대해 똑같이 강조하고 염려하면서도 나라에 따라 다른 상황이 나타나는 것에 대해 그 이유를 생각해 봄으로써 그동안 우리가 안전을 강조하면서도 간과해 왔던 영유아의 안전에 대한 관점을 재검토하고 영유아의 안전에서 어떠한 관점을 취하는 것이 영유아의 발달권을 보장하는 길인지 다시 한번 생각해 보자.

(1) 아동의 안전과 안전 교육에 대한 두 가지 관점: 미국과 유럽

① 아동의 행동에 대한 기대감과 능력에 대한 믿음의 차이

미국의 주디스 와그너 교수는 북유럽과 미국의 유아교육을 비교하는 연구를 했는데 그중에서 영유아의 안전과 안전교육에 대하여 다음과 같이 이야기한다.

> 나는 유치원생들이 케이크를 만들기 위하여 과도로 사과를 깎고 있는 모습을 담은 사진뿐만 아니라, 같은 반 친구들이 요새를 만들기 위하여 진짜 톱과 드릴을 사용하는 동안 4세 유아들이 내 머리 위 높이의 나뭇가지에 무릎으로 매달려 있는 모습을 담은 사진들을 가지고 있다. 성인들은 그들과 가까운 곳에 있지만 그들 주위를 어슬렁거리거나 간섭하지 않는다. 나는 4세와 5세 유아들이 학급 마스코트인 낡은 곰 인형의 생일

을 축하해 주기 위하여 레이스가 달린 천, 진짜 도자기, 크리스털 컵, 생화, 불 켜진(!) 양초로 책상을 꾸미던 모습을 기억한다. 이 사진들 가운데 몇 장은 매력적이지만 다른 것들은 당황스러우며, 어떤 것들은 솔직히 아직도 무섭다. 그것들은 마치 다른 세계에서 일어난 일처럼 느껴졌으며, 유아, 유아기, 유아 교육에 관하여 전형적으로 미국적인 것과 개성적인 북유럽식 사고 사이의 근본적인 차이점이라고 할 수 있다(Einarsdorrir & Wagner, 2006).

뉴질랜드에서 방문했던 한 차일드케어센터에는 목공놀이 영역이 있고 늘 망치나 톱과 같은 연장과 못이 놓여 있다. 목공놀이 영역에서는 만 3~4세 아이들이 실제 망치나 톱, 못과 같은 연장을 가지고 자유롭게 목공놀이를 하는데 교사가 특별히 곁에서 지도하는 모습을 보기는 어렵다. 그런가 하면 이스라엘에 있는 유아 교육기관의 놀이터는 마치 고물상같이 온갖 잡동사니들로 가득 차 있고 아이들이 놀이를 할 때도 망치질을 하는 것뿐 아니라 다소 위험해 보이는 놀이가 이루어지고 있어 도무지 우리가 현재 강조하는 수준의 안전은 전혀 염두에 두지 않는다는 생각을 하게 된다.

잡동사니로 가득한 이스라엘의 공립유치원과 키브츠 유치원

이와 같이 우리나라의 어린이집에서 평가인증 과정에서 마주하는 현실과는 다른 상황들이 곳곳에서 발견된다. 주디스 와그너(2006)는 유아들이 '성인들의 간섭을 받지 않고 관심 가는 대로 실내외를 뛰어다니며, 나무에 오르거나 날카로운 칼, 성인들의 전동 공구 따위를 사용하는 것과 같은 위험해 보이는 활동(미국 사람의 눈으로 볼 때는)에도 참여하는 것'에 대해 전형적으로 미국적인 것과 북유럽식 사고 사이의 근본적인 차이점이라고 말한다.

그렇다면 왜 이러한 차이가 나타나는 것일까? 필자도 오랫동안 궁금하게 여겼던 이러한 차이에 대해 연구자로서 북유럽을 서른 번 이상 방문한 주디스 와그너(2006)는 유럽과 미국에서 나타나는 이러한 차이점은 유아의 행동에 대한 기대감과 유아의 능력에 대한 믿음이 근본적으로 다름을 보여 주는 것이라고 말한다.

> 덴마크 아동이 칼에 손을 베이지 않는 이유는 위험을 감수하고 칼을 사용하는 경험을 하기 때문인데, 칼을 사용하는 경험을 한 결과로 아동은 능력을 갖추게 될 것이라는 문화적 기대를 충족시킬 수 있다. 사실, 미국 아동은 손가락을 잘 베는데, 이는 칼을 한 번도 사용해 본 적이 없기 때문이며, 아동이 무슨 위험한 일을 시도하면 끔찍한 일이 일어날 것이라는 두려움으로 가득 찬 심리적 환경 때문이다(Einarsdorrir & Wagner, 2006).

그런데 이와 관련하여 또 다른 현실적 이유는 미국의 유아 교육자들은 유아들이 다쳤을 때 부모가 자신들을 고소할지도 모른다는 두려움을 가지고 있으며, 북유럽 사람이라면 걱정하지 않아도 될 보험료와 법률 소송에 대한 경제적 고려가 영향을 미치고 있다는 것을 간과할 수 없다는 것이다(Einarsdorrir & Wagner, 2006). 그러나 현재 우리나라는 미국에 비해 건강보험 체계가 잘 갖추어져 있으며, 거의 모든 어린이집이 안전공제회에 가입함으로써 사고의 처리와 책임이 다양한 측면으로 복잡해지는 대형 사고가 아니라면 별도의 의료비 부담을 갖지 않아도 되는 상황이다. 그럼에도 불구하고 위에서 언급한 바와 같이 안전사고를 염려하여 영유아의 행동을 점점 더 강하게 통제하게 되는 것은 건강보험 체계는 유럽과 같은 상황인데 우리가 준수하는 안전과 관련된 규정은 미국의 영향을 받고 있기 때문이라고 생각하며 우수하다고 평가받는 건강보험 체계를 가지고 있으면서도 안전사고를 우려하여 영유아를 점점 더 강하게 통제하는 추세는 아이러니한 일이 아닐 수 없다.

② 아동의 권리와 책임에 대한 인식 차이

어느 정도의 위험이 따를 때조차 독일 등 중부유럽이나 북유럽 아동은 행함으로써 배우는 것이 허용되거나 권장되기도 하지만, 미국 아동은 시도해 보는 것도 허용하지 않는 경우가 많다. 북유럽 교사들의 실천에 대해 미국의 교사들은 성인의 감독이 소홀한 것으로 볼 것이며 반대로, 미국의 교사들이 적절한 감독과 보호라고 보는 실천 활동을 북유럽의 교사들은 지나친 감독과 과잉보호로 볼 것이다(Einarsdorrir & Wagner, 2006). 그렇다면 이러한 차이는 어디서 오는 것일까? 이들 사회에는 아동의 권리와 책임에 대한 뿌리 깊은 인식의 차이가 존재하는데 북유럽에서는 아동 자신의 권리와 책임이 지속적으로 강조되는데 비해 미국에서는 부모나 교사와 같은 성인이 아동에 대한 권리와 책임을 갖는다고 생각한다.

북유럽에는 '베개 방(pillow rooms)'이라는 공간이 있어서 유아들이 교사들의 경계하는 눈빛을 피해 배게 싸움이나 거친 신체 놀이를 할 수 있는 방이 있다. 독일의 수도인 베를린의 방과 후 보육인 슐라라덴을 방문했을 때도 '베개 방'에서 아이들이 불을 꺼 놓고 다양한 크기의 쿠션을 가지고 놀고 있는 것을 보았는데 이 방은 아이들만의 방이라는 인식이 있어서 들어갈 때는 노크를 하고 허락을 받아야만 출입이 허용되는 곳이었다(김영명, 2001). '베개 방'뿐 아니라 베를린의 시립 킨더가르텐에는 초등학생과 유아들이 들어가서 활동할 수 있는 작은 방이 있어 교사의 시선을 벗어나 아이들끼리 자유롭게 활동하는 모습이 종종 눈에 띄었다. 그뿐 아니라 독일이나 뉴질랜드의 킨더가르텐에서는 아이들이 동시간대에 실내외의 공간을 자유롭게 이용하다 보니 교사의 시선을 벗어난 곳이나 교사가 함께 있지 않은 공간에서 아이들이 자유롭게 노는 모습은 자연스러운 것이었다.

그러나 미국의 경우 거의 모든 주의 유아교육기관과 보육시설 인가 규정에 따르면, 성인들이 감독하거나 관찰할 수 없는 공간은 설치할 수 없다(Einarsdorrir & Wagner, 2006). 미국의 미국 유아교육협의회(NAEYC)에서 제시하고 있는 인증 기준에도 '실내 환경은 항상 아이들을 감독할 수 있도록 설계되었는가?'를 평가하고 있으며, L자형이거나 시야를 가로막는 벽이 있는 등 교사가 아이를 볼 수 없는 경우 감점이 된다. 이러한 기준은 실외놀이 공간에도 똑같이 적용되는데 교사가 아이들을 직접 보거나 소리를 들으면서 감독하는 것을 중요하게 여기고 있다는 것을 알 수 있다. 우리나라의 평가인증 지표에도 '모든 영유아는 일과 중 항상 성인의 보호하에 있어야 하며, 보육교사는 영유아가 어디에 있는지 수시로 확인하고, 실내외에서 일어나는 상황을 항상 주시하여 영유아들의 안전사고를 예방하여야 한다'는 내용이 있다.

영유아의 안전을 고려했을 때 이러한 문항은 너무나 당연한 것이라고 할 수 있지만 앞에서 말한 바와 같이 모든 나라가 같은 관점을 가지고 있는 것은 아니다. 영유아의 안전을 위한 교사의 감독에 대하여 나라에 따라 조금씩 다른 관점이 존재하는데 뉴질랜드의 평가 지표에서는 어린이집의 물리적 환경에서 성인의 감독이 효과적으로 이루어질 수 있도록 공간을 디자인하고 배치함으로써 아동이 실내외 장소에 접근하는 것을 불필요하게 제한하지 않도록 하고 있다. 이는 교사가 아동을 감독하는 것 못지않게 아동의 공간에 대한 접근권과 이동권을 중요하게 여기는 것으로 뉴질랜드의 많은 어린이집과 유아교육기관에서는 하루 종일 실내와 실외를 자유롭게 오가면서 놀이가 이루어지도록 하고 있다. 북유럽이나 뉴질랜드의 아동에 대한 관점에서 아동은 보호를 받아야 하는 대상일 뿐 아니라 교사의 감독을 받지 않는 상황에서 자신의 책임하에 활동할 수 있는 책임의 주체이기도 하다.

③ 안전한 환경과 안전 교육에 대한 인식 차이

영유아의 보호권·발달권과 관련하여 아동에게 제공해 주어야 하는 안전한 환경과 안전 교육에 대해서도 사회나 문화 간 인식의 차이가 존재한다. 독일, 덴마크 등 중부유럽과 북유럽의 놀이터 안전전문가, 부모들은 아이들에게 안전한 환경을 제공해 주어야 하지만 동시에 아이들이 어느 정도의 위험을 경험하고 대처해 봄으로써 자신이 스스로 위험에 대처할 수 있는 능력을 키워야 한다는 것에 대해 강조한다. 따라서 놀이터를 디자인할 때도 아이들에게 안전을 기반으로 도전과 위험을 함께 제공함으로써 아이들이 위험에 대처할 기회를 마련해 주어야 한다는 것이다.

유럽에서 놀이터 안전성을 규정하는 기준이며 안전규정의 핵심이 되는 EN1176(European Standard 1176)의 서문에 보면 놀이터는 위험성을 주기 위해 만들어진다고 하며, 유럽안전규정의 다양한 기준들은 놀이터에서 경험할 수 있는 위험이 아이들의 발달에 도움이 될 수 있도록 하고 있다. 이는 위험을 제공함으로써 아이들이 위험에 대처할 기회를 마련해 주는 것인데 그럼에도 불구하고 철저하고 세세한 안전 규정을 기반으로 놀이터를 제작하기 때문에 심각한 사고를 예방할 수 있어 독일을 포함한 유럽 전체에서 심각한 수준의 사고가 발생하는 비율은 오히려 적은 편이다(EBS, 2013).

또한 그들은 만약 어른들이 위험성을 미리 제거해버린다면 아이들은 스스로 안전을 지켜내는 능력을 배울 기회를 가지지 못하게 될 것을 우려한다. 부모들 또한 아이들의 안전에 대해 부모라면 당연히 걱정이 되는 것이 사실이지만 부모로서 아이들이 안전하게 놀고 때로는 다치기도 하면서 다양한 경험을 하도록 할 의무가 있으며, 그게 삶이라고 말한다(EBS, 2013).

(2) 아동의 안전과 안전 교육을 위한 대안

① 안전에 대한 관점 재정립: 안전한 환경과 안전하게 생활하는 능력의 균형

안전에 대한 관점과 관련하여 제안하고 싶은 것은 안전한 환경을 제공하는 것과 더불어 안전하게 생활하는 능력을 키우는 안전 교육의 관점이 공존할 수 있도록, 균형을 잡아야 한다는 것이다. 이는 영유아를 성인에 의해 안전한 환경을 제공받기만 하는 수동적 존재에서 스스로 안전하게 생활하는 능력을 지닌 능동적 존재로 바라보는 관점이며, 영유아가 위험에 대처할 수 있는 능력, 안전하게 생활할 수 있는 능력을 길러 주는 관점이다.

만일 모든 안전사고를 예상하여 영유아의 탐색과 경험을 제약한다면 이러한 제한이 영유아의 발달에는 더 큰 위협이 될 것이다. 따라서 영유아의 경험을 제약하는 것에 대해서는 신중을 기해야 한다. 아이들을 데리고 산에 오르는 활동을 하는 경우 부모들이 가장 먼저 우려하는 것은 안전에 대한 것이다. 그러나 아이들이 자주 산에 오르는 경험을 하다 보면 다치는 경우는 많지 않으며, 설사 다친다 하더라도 위험한 코스만 아니라면 그다지 큰 부상을 입게 되지 않는다. 오히려 위험하다고 산에 오르는 경험을 하지 못했던 유아들이 어쩌다 산에 올랐을 때 다치는 경우가 많으며, 설사 산에 오르지 않더라도 신체의 균형을 잡고 조정하는 능력이 떨어짐으로써 평지에서 넘어지더라도 자주 다치게 된다. 무엇인가 위험한 요소가 있을 때 그것을 제거하는 것이 하나의 방법이라면 생활 속에서 위험한 것을 컨트롤할 수 있는 능력을 길러 주는 것은 또 하나의 방법일 것이다.

② 치명적인 위해와 '회복 가능한 피해'의 구별

사람의 생명을 위협하는 돌이킬 수 없는 치명적인 위해와 관련된 안전은 아무리 강조해도 지나치지 않으며, 이러한 것에 대해 기준을 마련하고 규제하고 실천하는 것은 어느 나라나 양질의 보육 및 양육 환경을 지닌 사회에서는 보편적인 것이다. 그러나 주관적 판단이 개입될 여지는 있으나 회복이 불가능한 치명적인 위해와 '회복 가능한 피해'의 구별이 이루어져야 한다.

앞서 놀이시설에 위험한 요소가 들어가 있어야 한다는 언뜻 매우 위험한 제안을 하는 것처럼 보이는 독일의 경우에도 아동의 교통안전과 관련해서는 일찍이 매우 철저한 규정을 두고 실천해 왔다. 교통안전공단(2008)의 자료를 보면 독일의 경우 어린이 보호 장구(카시트) 착용률은 96%에 이르며, 독일의 도로교통법에서는 12살 이하 키 1m 50cm 이하의 어린이는 차량 내 어느 자리에 앉건 반드시 카시트를 착용한 채 안전띠를 매도록 하고 있다. 이는 영유아의 건강한 발달을 위해 어느 정도는 감수해야 할 성질의 회복 가능한 피해와 치명적인 위해를 구분하여 적용하는 사례라 할 수 있다.

그동안 어린이집의 안전관리와 교사·영유아의 안전 교육은 눈에 띄게 강화되어 왔으나 여전히 해결되지 않고 있다고 느끼는 것은 실외놀이나 산책, 현장학습과 같은 실외활동 상황이다. 회복이 어려운 치명적 위해를 줄 수 있는 교통사고나 미아 발생의 위험이 큼에도 불구하고 우리나라에서는 산책이나 현장학습 등 외부로 나가는 경우 교사 대 아동비가 어떠해야 한다는 것에 대한 주의를 요하는 규정이 없다. 평가인증이나 표준보육과정, 누리과정에서는 실외놀이나 산책, 지역사회연계 활동 등을 강조하고 있음에도 불구하고 인솔하는 성인의 비율에 대한 규정 및 이를 지원하는 방안에 대해서는 의외로 논의가 이루어지지 않고 있는 것이다.

영유아의 건강한 심신의 발달을 위해 무엇보다도 중요한 실외놀이와 산책, 현장학습은 반드시 이루어져야 한다. 그러나 안전하게 이루어질 수 있는 방안이 마련되어야 하며 이를 위해 실외놀이터를 구비하도록 법규가 강화되어야 하며, 외부 활동 시 안전한 활동이 보장될 수 있도록 인력 여건이 개선되어야 한다.

③ 보육과 유아교육기관, 가정, 사회의 안전에 대한 소통과 기준 마련

영유아의 안전은 보육과 유아교육기관과 같은 기관만의 책임이 아니며 아동의 안전을 위한 최선이 무엇인가를 가정과 사회가 함께 합의하고 소통해 나갈 필요가 있다. 보육과 유아교육기관에서 영유아가 조금만 다쳐도 교사와 원장은 이유여하를 막론하고 무조건 사과를 해야 하는 것이 현실이다. 연령의 특성이 있어 아이들이 자유롭게 뛰어놀고 어울리다 보면 다칠 수 있음에도 불구하고 보육과 유아교육기관에서는 아이들이 조금이라도 다쳐서는 안 된다는 생각이 기관과 가정 사이에 통념으로 자리 잡아 가고 있다. 교사나 원장이 아이들의 자유롭고 활발한 놀이와 행동을 제약하는 데는 이러한 상황이 많은 영향을 미치고 있다. 이러한 통념은 개선되어야 하며, 아이들이 활동적으로 놀이하는 가운데 불가피하게 발생하는 상처나 부상은 영유아의 발달을 위한 선택일 수 있다는 점에 대해 전체 사회 구성원이 공감을 형성할 수 있어야 한다.

북유럽에서는 탐색하고 놀이를 할 수 있는 아동기의 자유에 대한 관점이 자리를 잡고 있는데 북유럽의 부모와 교사들은 중압감을 주거나 쓸데없이 구속하는 성인의 감독과 개입에 구애받지 않으면서 놀이하고 탐색하는 과정에서 유아들에게 부여된 권리와 자유의 결과로서 타박상이나 멍이 드는 것을 기꺼이 받아들인다(Einarsdorrir & Wagner, 2006).

6) 영유아의 발달권과 다양한 보육 상황

영유아가 어린이집에서 생활하는 가운데 나타날 수 있는 영유아의 권리 존중과 관련된 다양한 상황을 살펴봄으로써 어린이집에서 영유아의 권리를 존중하는 관점이 어떻게 구체적인 상황에서 적용되어야 하는지, 영유아의 권리를 존중하는 교사의 실천은 어떻게 이루어져야 하는지 알아보고자 한다.

어린이집에서 경험하게 되는 영유아의 권리 존중과 관련된 교사와 영유아의 상호작용은 단편적인 상호작용이 아니라 어떠한 상황과 맥락 속에서 이루어지는 경우가 많으므로 상황 자체의 변화 없이 상호작용의 개선만으로는 영유아의 권리를 존중하는 데 한계가 있다. 따라서 영유아의 권리 존중 관점에서 다음의 상황을 어떻게 봐야 하는지, 적절한 개선 방안은 어떠해야 하는지 진지하게 생각해 보았으면 한다.

(1) 영유아의 적응과정과 발달권

영유아의 권리를 존중하는 관점에서 어린이집의 적응 과정은 어떠해야 할까? 영아는 말로 의사표현을 하지 못하는 경우가 많지만 울음이나 몸짓으로 자신의 의사를 강하고 명료하게 표현하기도 한다. 어린이집에 적응을 해야 하는 영아 중에는 부모가 자신을 혼자 떼어놓고 갔을 때 완강하게 거부하는 의사를 울음이나 몸짓으로 표현하는 경우가 있다. 그러나 성인의 필요에 의해 아주 오랫동안 영아의 의사표현은 무시되어 왔고, 애착을 형성하는 시기의 영아에게 양육자 즉 애착대상에 변화가 생기는 과정임에도 불구하고 적응과정은 영아에게 강한 심리적 충격과 스트레스를 주는 방식으로 진행되는 경우가 많았다.

이는 영아기가 애착을 형성하는 시기이며, 정서발달이 이루어지는 시기라는 점을 고려했을 때 발달권을 존중하지 않는 것이며, 더불어 영아의 의사표현을 존중하지 않는 상황이라고 할 수 있다. 영아는 아무리 자신의 의사를 강하게 울음으로 표현해도 바뀌지 않는 상황 앞에서 좌절하고 체념하고 말 것이다. 그렇다면 어떻게 해야 할까? 어느 날 낯선 곳, 낯선 사람에게 던져진 듯한 영아의 심리적 충격과 스트레스를 완화시켜 주기 위해서는 익숙한 양육자와 함께 낯선 교사나 환경에 서서히 적응해 나갈 수 있는 기회를 주어야 한다. 성인의 필요에 의해 영아가 어린이집에서 보육을 받아야 한다 하더라도 최대한 영아의 발달권을 보장하고 영아의 의사표현을 존중해 주는 방식으로 적응과정이 진행되어야 한다. 표준보육과정에서도 영아의 적응에 대해 보다 세심하게 배려해야 한다고 제시하고 있으며, 적응과정에 양육자가 영아와 함께 보육실에 머무는 어린이집이 점점 많아지고 있다는 것은 참으로 다행스러운 일이다.

그동안 많은 어린이집에서 1주일 이상 또는 한 달 가까운 기간 동안 울면서 거세게 저항하는 영아의 의사표현을 존중하지 않는 채 다소 폭력적이라고까지 할 수 있는 적응과정을 진행해 왔다. 그러나 최근 몇 년간 부모 등 양육자가 적응과정에 직접 영아와 함께 참여하는 경우가 많아지고 있으며, 이러한 적응과정의 변화는 영아의 의사표현이 존중되는 바람직한 상황이라고 할 수 있다.

부모가 함께 참여하는 영유아 적응과정

영유아의 발달권을 존중하는 적응과정 사례

① 스웨덴 푀르스콜라

푀르스콜라에서는 첫 2주 동안 부모와 모든 활동을 함께 함으로써 아동은 초기 적응을 보다 쉽게 할 수 있고, 부모들은 자녀가 지내는 푀르스콜라의 전반적인 상황을 이해하고 교사와 긴밀한 관계를 맺을 수 있게 된다. 또한 교사의 입장에서는 장차 부모의 협력을 이끌어내기 위한 준비 단계가 될 수 있다. 적응 프로그램에는 어머니뿐 아니라 아버지 역시 적극적으로 참여하는 모습이 흔히 관찰된다(한유미 외, 2005).

"우리는 아이들이 이곳에 왔을 때 안정감을 느낄 수 있도록 하는 것을 중요하게 여깁니다. 그래서 아이들이 천천히 이곳 생활에 적응할 수 있도록 2주일 동안의 적응기간을 둡니다. 첫째 날에는 아이들이 엄마나 아빠와 함께 약 1시간 동안 이곳에 머물다 함께 집에 가고, 둘째 날에는 2시간 동안 함께 있도록 배려합니다. 이런 식으로 우리는 아이들이 천천히 이곳 생활에 적응하도록 하죠. 이것은 아주 중요합니다(한유미 외, 2005)."

유아의 적응 기간에 부모가 참여하고 있는 스웨덴의 푀르스콜라

② 독일 킨더가르텐

첫날은 한 시간 동안 그냥 함께 크리페에 있는다. 친구네 집을 방문한 것처럼 한 시간 동안 아이를 데리고 앉아서 다른 부모나 선생님하고 이야기를 하거나 이리저리 둘러본다. 그러고는 그냥 집에 간다. 둘째 날도 또 그렇게 한다. 선생님 말로는 아이는 우선 그 공간에 익숙해져야 한다는 것이다. 일반 가정집이라는 제한된 공간에서 시설의 넓은 공간에 익숙해지기 위한 시간이 필요하다고 했다.

그다음 주가 되면 크리페에 머물러 있는 시간을 늘린다. 밥 먹기 직전까지 두 시간 남짓 크리페에 머물러 있는다. 아이는 벌써 여기가 어디고 누가 매일 와 있는 사람인지 안다. 엄마와 아이는 크리페의 하루 일과가 어떻게 돌아가는가를 함께 지켜본다.

삼 주째가 되면 밥을 함께 먹는다. 늘 긴장되어 있어 보이던 아이의 얼굴이 어느새 약간 부드러워져 있다. 선생님은 부드럽게 자근자근 계속 말을 함으로써 말도 못 하고 말도 못 알아듣는 아이들을 한 자리에 앉혀서 밥을 먹인다.

사 주째, 그동안 아이가 별 탈 없이 그간의 과정을 따라왔다면 이제 슬슬 떨어져 볼 준비를 한다. 첫날은 15분을 부모가 옆방에 가 있다. 가기 전에 물론 아이에게 엄마는 이제 잠시 나갔다가 곧 돌아올 것이라고 말해 준다. 아이가 울어도 일단 떨어지는 것으로 결정된 것이면 뒤돌아보지 말고 단호하게 방을 나가라고 한다. 만일 아이가 계속 심하게 울면 바로 연락이 가니까 걱정하지 말라고 엄마를 안심시킨다. 그렇게 해서 엄마는 지금 가지만 항상 다시 돌아온다는 것을 알게 하고 신뢰를 쌓는다. 아이가 십오 분의 시간에 어느 정도 적응이 됐다 싶으면 시간을 삼십 분으로 늘린다. 아이는 처음에 좀 울지만 점점 진정하고 선생님한테 안겨 있는 데 맛을 들인다. 이제는 삼십 분이 지나서 아이에게 가 보면 아이는 울지 않고 놀고 있다. 그다음 날은 사십오 분을 시험해본다. 잘되면 다음 날은 식사가 끝날 때쯤 해서 온다.
그런 식으로 한 달이 지나면 선생님이 이제 재워 보자고 한다. 며칠은 엄마나 아빠가 옆에서 머리도 쓰다듬어 주고 옆에 누워도 있어 주면서 재운다. 이것도 한 이 주 동안은 아이가 깨어나는 시간, 그러니까 두 시쯤에는 엄마 또는 아빠가 크리페에 와 있어야 한다. 그러고 나면 부모는 아이를 서너 시까지 크리페에 맡길 수 있게 된다.

출처: 나유신(2005). 중앙보육정보센터 사이트.

(2) 발달권과 낮잠

하루 종일 이른 아침부터 저녁때까지 어린이집에서 생활하는 영유아는 낮잠을 자야 하며, 낮잠은 영유아의 발달에 반드시 필요한 것이다. 그렇다면 낮잠과 영유아의 권리 존중은 어떤 관계가 있는지 영유아의 발달권을 존중하는 관점에서 어린이집에서의 낮잠과 낮잠을 잘 수 있는 수면 공간에 대해 생각해 보자. 영유아의 가장 기본적인 생리적 욕구인 낮잠과 관련하여 어린이집에서는 흔히 두 가지 종류의 문제에 부딪히게 된다.

첫 번째는 낮잠을 충분히 재우지 않는 것인데 영유아가 충분한 수면을 취하는 것이 중요하다는 것을 미처 잘 알지 못하거나 학습 압력으로 인해 영유아가 다양한 프로그램에 참여하다 보니 낮잠 잘 시간을 확보하기 어려운 것이다. 2006년 이후 평가인증 제도가 자리 잡기 전까지 어린이집에서 흔히 경험할 수 있는 상황이었다. 그러나 최근까지 특별활동이나 집에서 잠을 잘 안잔다고 말하는 부모의 요청으로 낮잠을 재우지 않는 경우가 왕왕 있으며, 특히 부모의 요청으로 인해 재우지 않는 경우가 두드러진다.

낮잠을 재우지 않는 것에 대한 교사들의 이야기

- 저녁 6시가 넘어서 데려가시면서 낮잠을 안 재워요. 아무리 부모님이 안 재우길 원한다지만… 오늘 5시 넘으니까 혼자 휴식영역 가서 자더라고요. 너무 안쓰러워서… 집에 가면 잠 안 잔다고 재우지 않는 건 좀 너무한 거 같다는 생각이 드네요. (만 3세)
- 낮잠 재우지 말라고 밤에 안 잔다고 절대 못 자게 해달라고 신신당부하는 학부형 봤어요. 애는 낮잠시간에 졸려서 픽픽 쓰러지는데 깨우려니 너무 안쓰럽더라고요. (만 2세)
- 퇴근 후 식사하고 쉬려고 애들 낮잠을 조금만 재우라고 하거나 재우지 말라고 하시는 분 많이 봤네요. 작년 옆 반 5세는 절대 재우지 말라고… 수업시간에 졸고… 애들이 불쌍해요.
- 낮잠시간이 너무 짧아서 바쁘고 힘들어요. 1주에 4번 특활을 하는데 특활 끝나고 이불 깔고 자려고 누우면 1시 30분이 넘어요. 일어나는 시간도 2시 40분이라 아이들이 거의 한 시간도 못 자요. (만 2세)

출처: http://www.kidkids.net

두 번째는 낮잠을 무조건 재우는 것으로 개인의 신체 리듬, 수면 욕구 등이 고려되지 못한 채 만 4세 이하 영유아는 모두 낮잠을 자야 하는 경우다. 물론 개별 영유아의 여건을 고려하여 낮잠 시간을 융통성 있게 진행하도록 하고는 있으나 어린이집의 충분치 못한 공간과 인력이 결부되어 개별 영유아의 욕구에 대한 배려가 제대로 이루어지지 못하는 것이다. 낮잠 때문에 어린이집에 오기 싫다는 영유아가 왕왕 있으며, 때로는 오전에 늦게 등원해서 점심을 먹고 낮잠을 잔 후 곧바로 하원을 하는 영유아도 있다. 이 또한 만 4세 이하의 영유아는 반드시 낮잠을 재우도록 한 평가인증 제도의 영향을 받아왔으며, 낮잠을 재우지 않는 것과 마찬가지로 낮잠을 무조건 재우는 상황 또한 영유아에게 스트레스를 줌으로써 발달권을 제대로 존중하기 어렵다.

특히 영아는 낮잠을 잘 수 있는 수면실 등의 공간과 관련된 어려움이 있는데 영아반에 별도의 수면 공간이 없는 경우 잠을 자야 하는 시간이 저마다 다른 영아의 개별적 수면 욕구를 충족시켜 주기 어렵다. 한편에서는 친구들이 소란스럽게 놀고 있는데 한편에서는 졸리기는 한데 어수선한 상황에서 잠을 못 이루고 힘들어하는 영아가 있다.

낮잠을 자기 어려운 영유아에 대한 교사들의 이야기

- 엄마들은 집에서 짜증내니 재워달라고 하시고 자꾸 안 자려고 버티고… 잠을 재우는 데만 1시간이네요. 그러니 당연히 깨울 때도 전쟁이고요. (만 2세)
- 재우다 한 시간은 그냥이고… 안 자는 아이는 그냥 조용히… 그렇게 밖에 못하죠. 우리 입장에서는 안 자는 아이를 억지로 재울 수 없고 부모한테도 같은 시간 3달을 연속으로 해야 아이들도 따라온다고 이야기하죠.
- 저도 아이들 낮잠 재우는 게 제일 힘들어요. 싸우는 것보다도… 오늘도 한 명 안 자고 한 명은 두시에 자고… 에휴, 힘들어요 .

출처: http://www.kidkids.net

이와 같이 자고 싶은데 제대로 잠을 이루기 어려운 영유아, 자기 싫어도 억지로 자야 하는 영유아, 늦게 와서 일찍 귀가를 하기 때문에 필요하진 않지만 반드시 낮잠을 자야 하는 영유아에 대해 왜 개별적인 배려가 이루어지기 어려운지 생각해 보자.

어린이집의 물리적 환경을 보면 별도의 수면실이나 수면공간이 마련되어 있지 않아 영유아의 개별적인 수면 욕구를 충족시키기 어려운 곳이 다수다. 물리적 환경부터 개별적인 영유아의 수면 욕구에 대한 배려가 미흡한 상황이라고 할 수 있다.

또한 어린이집에서의 일과는 맞벌이 가정의 영유아를 대상으로 종일제 보육을 기준으로 설정된 것인데 현재 어린이집은 맞벌이 가정의 영유아가 아닌 경우에도 다수가 이용을 하고 있으며, 맞벌이 가정이라고 하더라도 점점 더 부모의 근무 형태가 다양해지고 있다. 영유아의 생활 여건이 다양함에도 불구하고 장시간 근무를 하는 맞벌이 가정 영유아를 기준으로 진행되는 일과가 모든 영유아에게 그대로 적용되고 있는 것이다. 그렇다면 개별 영유아의 저마다 다른 수면 욕구를 해결하기 위한 방법은 무엇일까? 영유아의 권리를 존중하는 낮잠 시간 운영은 어떻게 이루어져야 할까?

영유아의 권리를 존중하는 다른 나라의 경우, 수면실 또는 수면 공간이 있어서 개별 영유아의 수면 욕구에 맞춰 낮잠을 자야 하는 영유아가 조용하고 편안하게 잠을 잘 수 있도록 한다. 이러한 차이는 왜 나타나는 것일까? 무엇보다 수면 공간에 대한 인가 규정에서부터 차이가 나타나는데 예를 들어 뉴질랜드의 종일제 차일드케어 센터에서는 영아의 경우 별도의 수면실이 있어야 하며, 유아는 수면 공간이 필수적으로 갖추어져 있어야 한다. 물론 우리나라의 어린이집에도 간혹 수면실을 갖춘 곳이 있지만 우리나라 「영유아보육법」의 인가규정에는 수면 공간에 대한 별도의 규정이 없다.

낮잠이라는 영유아의 생리적 욕구를 존중하기 위해서는 우선 「영유아보육법」의 인가규정에 수면실 또는 수면 공간에 대한 규정이 되어 있어야 한다. 그러나 인가규정이 미흡하고, 물리적·인적 환경이 부족한 상황에서라도 영유아 개별의 생리적 욕구를 존중하기 위해서는 원장과 교사가 해야 하는 역할이 있다. 별도의 수면 공간이 없지만 넓지 않은 복도 공간을 활용해서 낮잠에 대한 개별 욕구를 존중하는 것은 원장과 교사가 문제를 해결하기 위해 고심한 결과이기도 하다. 이러한 사례를 통해 영유아의 권리를 존중하기 위해서는 정책적으로 해결해야 하는 과제와 원장과 교사가 해야 할 역할이 함께 있다는 것을 생각해 볼 수 있다.

▩ 낮잠과 권리 존중 사례

낮잠을 자기 싫어서 어린이집에 가기 싫다는 영유아가 많으며 특히 연령이 높아질수록 많아집니다. 그러나 만 3세까지 어린이집에서의 낮잠은 의무적으로 준수해야 하는 사항이기도 합니다. 이런 경우 어떻게 해결할 수 있을까요?

이 반에는 감각이 유난히 예민하여 넓은 공간에서 많은 아이들과 함께 잠자는 것을 힘들어 하는 유아들이 있었습니다. 이에 대한 대책을 강구하기 위해 좁은 공간이기는 하지만 복도를 활용하여 어느 정도의 시간이 지나도 낮잠을 이루기 힘든 유아들이 복도에 나와 있도록 했으며 누리 교사가 조용하게 책을 읽어 주었습니다. 다른 반에서도 낮잠을 이루기 힘들어하거나 일찍 깨어난 친구들이 복도에 나와 책을 보거나 조용한 놀이를 하게 되었습니다. 평소 통로로 이용되고 있는 좁은 공간이지만 낮잠 시간에는 비어 있는 복도를 활용하여 낮잠을 자기 어려워하는 영유아의 어려움을 해결함으로써 낮잠에 대한 개별 영유아의 요구를 존중하게 된 것입니다.

낮잠에 대한 이 사례는 낮잠을 자기 어려운 영유아의 생리적 욕구를 존중하는 의미와 함께 영유아가 스트레스를 받지 않고 심신이 건강하게 자랄 수 있도록 한다는 점에서 보호권과 발달권 존중, 영유아의 낮잠에 대한 의사표현을 존중한다는 점 등 다양한 영유아 권리 존중의 의미를 담고 있습니다. 그러나 공간과 인력이 충분치 못할 때, 교사가 낮잠 시간에 해야 할 일이 많을 때 개별 영유아에 대한 배려는 어렵게 됩니다.

(3) 발달권과 정리 정돈: 분리되지 않는 좁은 생활공간

어린이집에서 영유아는 하나의 좁은 공간에서 먹고 자고 활동하며 생활해야 하기 때문에 하루에도 여러 번 정리 정돈을 해야 한다. 연령에 맞지 않게 정리 정돈을 빈번하게 해야 하는 상황은 영유아에게 과도한 스트레스를 줌으로써 영유아의 발달권을 침해한다. 인가규정에서 규정하고 있는 영유아 1인당 보육실 면적(보육실, 거실, 공동놀이실 포함)은 2.64㎡ 이상, 1인당 실내 면적은 4.29㎡ 이상으로 넓지 않다. 수면 공간도 별도로 마련되어 있지 않은데다 평가인증지표에서는 흥미영역을 연령에 따라 4~6개로 구분하도록 하고 있다. 또한 실내에 신체활동을 위한 유희실 공간을 두는 것이 인가 사항이 아니다 보니 유희실이 없는 곳이

다수이다. 이러한 여건 속에서 영유아와 교사는 하루 종일 먹기 위해서, 자기 위해서, 활동하기 위해서 하루에도 여러 차례 정리 정돈을 해야 하는 어려움을 겪고 있다. 특히 실내공간이 여러 개의 흥미영역으로 나뉘어져 있다 보니 낮잠을 자는 시간이나 실내에서 신체활동을 해야 하는 경우 교구장과 책상을 밀고 치우는 것을 반복해야 하는 일과가 운영되고 있다.

정리 정돈이 표준보육과정이나 평가인증에서 제시하는 바와 같이 '영유아의 기본생활습관을 바르게 길러 준다'는 교육적 의도를 실행하는 것을 넘어서서 영유아가 반드시 수행해야 하는 매우 중요한 일과로 자리 잡고 있는 경우가 많으며, 정리 정돈은 영유아와 교사에게 많은 스트레스를 주는 일과이다. 정리 정돈으로 인해 영유아와 교사가 스트레스를 많이 받는 경우 교사는 정리 정돈을 잘하는 '착한 아이'와 자신의 책임을 다하지 않고 꾀를 내며 정리 정돈을 잘 하지 않는 '뺀질거리는 아이'라는 두 부류의 아이에 대한 인식을 가지게까지 된다.

또한 교사의 수가 충분치 않은 상황에서 지속되는 정리 정돈의 업무를 수행하다 보면 특히 영아 교사의 경우 허리 통증 등의 질환으로 치료를 받아야 하는 경우가 많다. 사정이 이렇다 보니 하루에도 수차례 반복되는 정리 정돈을 힘겨워하는 영아에게 정리 정돈을 강제하는 상황이 발생하게 되며, 때로는 정리 정돈의 부담을 덜기 위해 놀잇감을 충분하게 제공하지 않는 경우까지 생기게 된다.

표준보육과정에서 제시하는 정리 정돈 활동 지도

영아는 유아와는 달리 교사가 대부분을 정리하고 영아들은 보조적인 역할을 하지만, 영아가 스스로 정리할 수 있는 기회를 점차 늘려 주는 것이 중요하다. 교사가 정리 전에 미리 정리할 시간을 알려 주고 정리 음악을 들려주거나 노래를 부르면서 정리를 하게 하여 정리 시간을 재미있게 이끌어 준다. 정리 정돈 장소를 정해 두고 놀잇감의 그림이나 사진을 붙여 두어 영아가 쉽게 정리하도록 한다. 정리를 무리하게 강요하지 않으며 너무 많은 놀잇감 정리는 영아가 힘들어할 수 있으니, 영아가 할 수 있는 적절한 양의 놀잇감을 정리해 볼 수 있도록 한다(여성가족부, 2007).

평가인증에서 제시하는 정리 정돈 활동 지도

- 정리 정돈, 옷 입고 벗기 등 자조 능력 키우기, 예절과 질서 지키기 등의 기본생활 관련 활동을 영유아 발달 수준에 맞게 반복적으로 즐겁게 경험하도록 하는 경우이다.
- 기본생활 관련 활동은 반복적이지만 교사가 주로 지시하는 식으로 경험되지 않아야 한다. 교사가 지시를 하게 되면 영유아는 자신이 스스로 그 일을 할 수 있다고 생각하기보다는 교사의 지시가 있을 때만 수동적으로 움직이게 된다(보건복지부, 2016).

정리 정돈에 대한 교사들의 이야기

- 처음에는 정리를 잘 못 하니까 교사가 노래를 부르며 도와주기도 하고 정리 잘하는 아이에게 상으로 마이쮸라도 주면 잘하게 돼요. (만 2세)
- 저는 "선생님이랑 우리 누가 먼저 정리하는지 해 볼까?" 이런 식으로 이야기해요. 그리고 정리를 잘한 아이들은 폭풍 칭찬이나 사탕을 주죠. (만 2세)
- 너무 많은 교구는 아이들이 정리하기 힘들어요. 정리를 잘하는 친구부터 교구를 정리하도록 해 주시고 뺀질대는 영아는 교사가 바구니를 들고 정리하도록 유도하면 잘하더라고요. (만 2세)
- 초반에는 장난감 종류를 줄이는 것도 좋은 거 같아요. 저도 몇 개 빼놨어요. 정리에 익숙해지면 하나씩 꺼내 주는 것도 괜찮을 듯싶네요. (만 2세)
- 아기들은 정리하기가 힘들지요. 최소한의 놀잇감만 내놓으시고 나머지는 교구장을 돌려놓으셔요. 그래야 좀 깔끔하고 정리도 쉬워진답니다. (만 1세)
- 만 1세 담임입니다. 몇 명의 영아들이 교구를 엎거나 집어 던져요. 물론 하루에 몇 번이고 정리 정돈은 하는데 정리 정돈으로 기운이 빠지고 오후에 부모님께서 데리러 오실 때 교실이 정리 정돈이 안 되어 있어 꼭 폭탄 맞은 것처럼 난장판일 때가 많아요. 하루에 몇 번이고 영아들에게 지도하나 정리하는 친구는 하고 막상 던지거나 쏟는 친구는 안 해요. (만 1세)
- 다 그런가 봅니다. 정말 정리 안 해요. 선생님이 함께해도 다른 영역에서 놀잇감을 꺼내는 아이들… 정말 울고 싶을 때가 한두 번이 아니에요. "도와주세요."라고 하면 "도와줘요?" 하며 몇 개 집어서 바구니에 넣어 줘요. (만 2세)
- 전 정리를 신경 써서 해서 평소 애들 놀이하는 거 주시해서 보면서 정리 안 한 채 다른 영역 가면 바로 불러서 정리하고 가도록 지도해요. 놀잇감은 다른 영역과 섞어서 놀이하지 않도록 하고요. (만 2세)

http://www.kidkids.net

위 내용은 영아를 보육하고 있는 교사들이 영아들과 생활하면서 경험하고 있는 정리 정돈의 고충과 나름대로 자신이 취하고 있는 방안에 대해 쓴 것이다. 정리 정돈을 잘 하지 않는 영아들에게 젤리나 사탕과 같은 먹을 것을 주어서 정리 정돈을 하게 하는 경우가 있는가 하면 영아에 대해 '뺀질거린다'라고 하는 표현이 나오기도 하고 놀잇감의 수를 줄여서 제공하거나 교구장을 돌려놓는다는 이야기도 한다. 우리가 이론적으로 알고 있는 바와 같이 편안한 분위기에서 충분한 탐색과 놀이가 이루어지도록 하기보다는 놀이를 하고 난 후 놀잇감을 정리하는 것에 보다 많은 노력을 기울여야 하는 양상이 나타나기도 한다. 영아의 발달에 맞는 놀이가 이루어질 수 있도록 다양하고 풍부한 놀잇감을 제공해야 하는 원칙도, 영아의 연령과 발달에 맞게 편안한 분위기에서 즐겁게 정리 정돈을 하도록 기본생활습관 교육이 이루어져야 한다는 원칙도 지켜지기 어려운 가운데 정리 정돈으로 인해 어려움을 겪고 있는 교사가 많다는 것을 알 수 있다.

그렇다면 영유아에게 정리 정돈으로 인한 스트레스를 많이 주지 않고 정리 정돈이 올바른 기본생활습관을 길러 주는 자연스러운 일과로 자리 잡게 할 수 있는 방법은 무엇일까? 우선 영유아가 먹고 자고 활동하는 공간이 어느 정도 분리될 필요가 있다. 물론 먹는 공간, 자는 공간, 활동하는 공간이 다 분리될 수 있다면 좋겠지만 그 정도는 아니더라도 그중 한 가지는 분리된 공간이 있거나 공간이 넓어서 먹는 공간이나 자는 공간 중 하나라도 활동 공간과 분리될 수 있다면 영유아와 교사가 훨씬 스트레스를 덜 받게 될 것이다. 예를 들어 영아의 보육실 공간이 넓어서 놀이를 하다가 한 편에 있는 식탁에 앉아 간식이나 점심을 먹을 수 있다면 굳이 놀잇감을 다 치우고 나서 급간식을 먹지 않아도 될 것이다. 또한 별도의 수면 공간이 있다면 낮잠을 자기 위해 정리를 하고 교구장과 책상을 밀어서 잠잘 자리를 마련하지 않아도 될 것이다. 반에 따라 다소의 차이는 있지만 영유아의 보육 상황에서는 간식을 먹기 전, 집단 활동을 하기 전, 바깥놀이를 하러 나가기 전, 점심을 먹기 전, 낮잠을 자기 전, 오후 간식을 먹기 전, 통합보육을 받으러 가기 전, 귀가하기 전 등 다양한 상황에서 하루에도 여러 차례 정리 정돈을 해야 한다.

이와 같이 다양한 상황에서 어린 영유아가 여러 차례 정리 정돈을 하는 것은 힘겨운 일이며, 활발하게 놀이를 하는 것 또한 방해를 받게 된다. 그렇다고 교사가 대부분의 정리를 도맡아 한다는 것도 매우 힘든 일이다. 그러다 보니 영유아의 놀이나 기본생활습관 교육에 대해 이론에서 제시하는 것과는 다른 양상이 보육 상황에서 나타나게 되는 것이다. 한국의 어린이집 유아 1인당 최소 요구 실내 공간은 OECD국가들에 비해 작은 편에 속하며, 전체 평균이 4㎡인데 비해 한국의 경우 2.64㎡에 불과하다(OECD, 2011).

놀잇감을 그대로 둔 채 보육실 한 쪽의 식탁에서 간식을 먹는 호주 차일드케어센터의 영아

(4) 발달권과 재롱잔치(발표회)

어린이집에서 이루어지는 재롱잔치(발표회)를 영유아의 발달권을 존중하는 관점에서 다시 생각해 보기 위해 다음의 질문에 대해 진지하게 생각해 보자.

- 영유아를 긴 기간 연습시킨 후 무대에서 발표를 하게 하는 것은 영유아의 권리를 존중하는 것일까?
- 충분히 의미를 공감하기 어려운 영아나 또 무대에 서는 것을 어려워하는 영유아에게 재롱잔치(발표회)는 꼭 필요한 것일까?
- 때로는 영유아의 연령에 맞지 않는 성인이 부르는 가요나 춤을 추게 하는 경우가 있는데 이러한 것은 영유아의 권리를 존중하는 것일까?
- 영유아의 권리를 존중하는 재롱잔치(발표회)가 되려면 어떻게 해야 할까? 영유아의 교육에 대해 부모와 소통하는 다른 방안은 없을까?
- 영유아의 권리를 존중하는 관점에서 보았을 때 재롱잔치(발표회)는 꼭 필요한 것인가?

부모와의 교육적 소통을 위해 마련되는 모든 재롱잔치(발표회)가 영유아의 권리를 침해하는 것은 아니다. 또한 어린이집에서 이루어지는 모든 일에서 영유아의 권리만 존중될 수는 없다. 그러나 준비 과정에서 영유아의 권리가 존중되지 못한다면, 행사의 내용이 영유아의 발달에 부적절하여 발달권을 침해한다면 영유아가 관련된 모든 일에서 영유아의 이익을 최우선으로 두지는 못하더라도 최소한 영유아의 권리가 침해되는 방향으로 활동이 이루어져서는 안 된다는 것을 상기해야 한다. 따라서 영유아의 권리를 존중할 수 있는 방향으로 재롱잔치(발표회)의 내용이나 준비 과정이 개선되어야 하며, 재롱잔치(발표회)가 영유아에게는 어떤 의미를 지니는지, 영유아의 권리를 존중하기 위해서 재롱잔치(발표회)는 꼭 해야 하는 활동인지 다시 한번 생각해 봐야 한다. 다음은 재롱잔치(또는 발표회)를 하는 보육 · 교육의 현장에서 아동학대가 발생하여 문제가 되었던 기사와 교사들의 이야기이다. 아동학대까지 발생되는 것은 아니라 하더라도 재롱잔치나 발표회를 준비하는 과정에서 영유아와 교사가 많은 스트레스를 받는다면, 준비과정이 영유아의 발달에 적합한 보육 · 교육 과정이 아니라면, 또한 재롱잔치를 준비하는 과정에서 영유아의 권리가 침해를 받고 있다면 재롱잔치를 폐지함으로써 영유아의 권리가 존중되는 방향으로 상황을 개선하는 것이 필요하다.

> 지금 보시는 화면은 음악발표회를 준비하는 한 유치원의 모습입니다. 그런데 교사들이 어린이들을 때리고 심지어 장구를 내던지기도 하는데요, 멋진 무대를 위해 철저하게 준비하는 거라 볼 수도 있겠지만 부모들은 심정이 무너집니다. 재롱잔치 하면 실수도 있고 어설픈 게 매력일 텐데 지나치게 완벽함을 추구하면 아이도 교사도 모두 부담일 수밖에 없습니다. 그래서 재롱잔치를 없애거나 축소하는 곳들도 늘고 있습니다.
> 지난해 11월 충북의 한 유치원 7살 어린이들이 음악발표회를 앞두고 연습이 한창입니다. 일사분란하게 북을 치는 어린이들, 그런데 갑자기 지도교사 한 명이 한 아이의 머리를 내리치더니 자리를 옮겨 다른 아이의 얼굴을 때립니다. 어린이들은 힘없이 넘어질 듯 뒤로 밀리는데, 이번엔 다른 교사가 뒷줄에 있는 어린이의 북채를 빼앗아 그대로 찌릅니다. 장구 연습시간엔 연주 중이던 아이의 장구를 사정없이 내던집니다.
>
> 출처: KBS NEWS(2016. 01. 29.).

준비나 발표 과정에서 영유아에게 많은 스트레스를 주는 재롱잔치(발표회)는 어떤 경우에는 트라우마(정신적 충격)로 남기까지 한다.

> "전 재롱잔치 트라우마가 있어요. 그래서 재롱잔치 없앴으면 좋겠어요. 그 선생님 심정은 알지만 단순히 답답해서 화내고 한 행동이 트라우마가 될 수 있더라구요. 틀린 기억도 다 나고… 재롱잔치도 아이들한테 일종의 스트레스이고 아이들한테 수업 도중 학대를 안 하더라도 재롱잔치 자체가 트라우마가 되니 안했으면 좋겠어요."
>
> http://www.kidkids.net

재롱잔치(발표회)는 영유아에게 많은 스트레스를 주는 과정임과 동시에 재롱잔치(발표회)를 준비하는 교사에게도 많은 스트레스를 주는 것으로 알려져 있으며, 교사가 받는 스트레스는 그대로 영유아에게 전가되기도 한다. 또한 재롱잔치(발표회)의 준비 과정이나 내용이 영유아의 발달에 적합한 보육과정에 위배됨으로써 발달권을 침해하게 된다. 아래의 사례는 재롱잔치(발표회)뿐 아니라 작품전시회의 경우에도 보육과정을 침해하고 있다는 것을 말해 주고 있다. '아이들과 즐겁게 놀이하고 웃으며 자유롭게 놀이하듯 활동하는 그런 하루를 보내고 싶습니다'라는 교사의 소박한 희망이 '행복하게 아이들과 생활하고 싶다'는 간절한 희망이 이루어지는 것이야말로 진정으로 영유아의 권리가 보장되는 것일 것이다.

> "작품전시회를 치르면서 너무 너무 힘든 하루를 보낸 교사입니다. 작품 전시회를 만 1세반도 한다는 게 이해가 안갑니다. 최근 일어나는 아동학대 사건을 계기로 재롱잔치나 작품전시회도 달라지거나 없어지길 바랍니다. 수업은 뒷전이고 행사 준비로 시달리는데… 왜, 누구를 위한 재롱잔치이고 작품전시회인지… 보여 주기식의 행사들은 모두 없어지길 바랍니다. 한 교실을 가득 채울 작품 준비로 밤 10시, 12시가 되도록 퇴근도 못한 채 일하고 부모들은 내 아이가 만든 거라고 좋아하시며 사진을 찰칵 찰칵 열심히 찍는데 대부분 교사가 만든 작품이란 것을 안다면 그래도 좋아할지… 보여 주기식 행사는 모두 없어지길 바랍니다. 결과물이 제대로 나오는 연령이 아니건만… 아이들과 즐겁게 놀이하고 웃으며 자유롭게 놀이하듯 활동하는 그런 하루를 보내고 싶습니다. 행복하게 아이들과 생활하기 위해서라도 정말 그러고 싶습니다."
>
> http://www.kidkids.net

아이들과 함께 생활하면서 누구보다도 재롱잔치(발표회)의 문제점을 잘 인식하고 있는 교사들은 보여 주기식의 재롱잔치(발표회)나 작품전시회 같은 행사를 금지시켰으면 좋겠다는 바람에 대해 강하게 이야기하고 있다.

> "재롱잔치 그거 도대체 왜 하는 거죠? 부모들은 생각 없이 재롱잔치 좋아하는데 전 정말 부모로서도 제 아이 재롱잔치 연습하는 것 싫더라구요. 재롱잔치 금지시켰으면 좋겠어요. 누구도 행복하지 않은 보여 주기식 행사…"
>
> "재롱잔치 솔직히 애 잡는 행사!! 올해 들어간 원이 재롱잔치를 안 해서 아이들이나 교사에게나 얼마나 다행인지 몰라요. 솔직히 재롱잔치하면서 애들한테 짜증내고 화낼 수밖에 없는 거 같아요. 재롱잔치를 즐겁게 한다는 게 말이 안 되죠."
>
> "재롱잔치나 운동회 같은 행사들 모두 정부에서 못 하게 했으면 좋겠어요. 그냥 법으로 다 금지시켜 버려야 해요."
>
> http://www.kidkids.net

어린이집에 다니는 영유아의 권리 존중은 어쩌면 그다지 멀리 있는 것은 아니라는 생각이 든다. 영유아의 일상을 정확하게 알고 있는 다수의 교사가 요구하고 있듯이 재롱잔치(발표회)와 같은 행사를 폐지하거나 개선하는 것만으로도 영유아의 권리 존중은 한 발짝 나아가게 될 것이다.

(5) 발달권과 과도한 사진 찍기: 부모에게 보여 주기

어린이집에서 놀이를 하거나 현장학습을 갔을 때 활동이 제대로 이루어지기 어려울 정도로 과도하게 사진을 찍는 경우가 있다. 현장학습을 간다고 하면 영유아는 전날부터 한껏 부풀어 있다 설레는 마음으로 등원을 한다. 그런데 현장학습지에서 여러 차례 사진을 찍고 사진을 찍기 위해 순서를 기다리느라 많은 시간을 지루하게 보내게 된다면 영유아의 발달에 도움이 되는 적절한 교육이 이루어지지 못하는 것이며, 영유아가 원하는 것이 고려되지 못한 채 사진을 찍기 위해 포즈를 취해야 하는 것은 영유아의 의사가 존중되지 못하는 상황이라고 할 수 있다.

현장학습지에서 영유아의 발달권을 존중하는 교사의 역할은 어떤 것이어야 하는지, 영유아가 현장학습을 하는 것은 영유아에게 어떤 의미를 지녀야 하는지를 제대로 모르는 교사는 없을 것이다. 그런데 왜 이런 상황이 발생하게 되는 걸까?

현장학습지에서 뿐 아니라 평소에도 사진을 찍기 위해 영유아의 활동을 중단시키고 포즈를 취하게 하는 경우가 왕왕 있으며, 최근 들어 스마트폰을 이용한 부모와의 교류 및 부모에 대한 정보 제공이 활발해지면서 일상적 상황에서 개별 아동의 사진을 찍어서 제공하는 일이 더욱 더 많아지고 있다. 교사들은 활동에 몰입해 있는 영유아에게 활동을 중단하고 사진을 찍기 위한 포즈를 취해 줄 것을 요구하는 등 영유아의 놀이와 활동을 지원하는 것에 집중하기보다는 부모에게 사진을 보내는 일에 보다 더 신경을 써야 한다. 부모에게 보낼 만한 그럴듯하고 흡족한 사진이 안 나올 경우 영유아의 놀이나 활동보다는 사진에 더 신경을 써야 하는 이러한 상황에 대해 교사는 자조 섞인 푸념을 한다.

어린이집에서 영유아의 놀이와 활동 상황을 사진에 담는 것 자체가 문제가 될 수는 없을 것이다. 그러나 놀이와 활동을 방해할 정도로 사진을 찍는 것은 본말이 전도된 상황임에 틀림없다. 교사가 활동의 기록을 남기기 위해서 사진을 찍어야 한다면 최소한의 사진을 영유아의 활동을 방해하지 않고 자연스러운 상황에서 찍는 것이 바람직할 것이다.

사진에 대한 교사들의 이야기

- 돌쟁이 영아들 사진 찍는 동안 다른 아이들은 방치되는데 사진 안 찍고 아이들 잘 보는 게 더 중요한 거 아닌가요?
- 만 1세 영아반인데 아이들이 스스로 할 수 있는 거 같은 경우에는 빠른 시간 내에 사진 찍고 아이들이 집중을 더 할 수 있게 도와주는 편이에요. 그리고 부모님한테는 사진을 다 찍을 수 없다고… 사진 찍는 시간에 아이들 한 명 한 명에게 더 집중하고 활동할 수 있게 도와줄 거라고 사전에 이야기했어요.
- 사진 찍어서 보냈는데 아이가 슬퍼 보인다고 해서 난감했어요. 연출을 해야 하나 봐요. 되도록이면 표정이 안 보이는 걸 찍어야 하는데 신경 쓰여서 사진 찍다가 시간이 다 가네요.

- 어떤 상황에서 사진을 찍는지 생각을 못하는 것 같아요. 무조건 자기 아이 얼굴 크게 찍어 달라고 하시고.
- 저희도 앱을 사용하고 있는데요. 사진을 매주 올려야 하니 그것에 신경 쓰여 무조건 사진을 찍어야 된다는 생각만 드네요. 특히 소풍갈 때 애들 인증샷 위주이니… 충분히 즐겼다는 느낌을 못 받아요.

http://www.kidkids.net

위에서 제시한 다양한 상황들은 모두 영유아의 발달권과 관련이 있는 것으로 개선이 요구된다. 교사와 영유아의 바람직한 상호작용을 저해하는 이러한 상황들에 대해 다시 한번 더 생각해 보고 발달권을 침해하는 상황의 개선을 위해 노력하는 것이 영유아의 발달권을 존중하는 기본적인 접근이 될 것이다.

7) 발달권과 일상에서의 스트레스

(1) 스트레스와 뇌 발달

위에서 제시한 영유아의 발달권과 관련된 다양한 상황은 영유아에게 스트레스를 줄 수 있는데 스트레스 호르몬의 증가는 해마, 대상회, 편도체 등으로 이루어진 변연계에 위협적일 수 있다. 어른 쥐에서 스트레스 호르몬이 과도하게 증가하면 해마 뉴런이 외부 자극에 의해 쉽게 손상되며, 스트레스 호르몬 농도가 증가된 기간이 길수록 기억을 담당하는 해마 뉴런들이 영구적으로 손상될 가능성도 증가하는데 사람의 해마도 쥐와 마찬가지로 스트레스 호르몬의 영향을 받는다(L. Eliot, 2000).

영유아가 경험하는 부정적이거나 심각한 심리적 상처는 스트레스 호르몬인 코르티솔(cortisol)의 농도를 높일 수 있으며 과다하게 분비되는 코르티솔은 대사, 면역체계 및 두뇌에 영향을 준다. 코르티솔은 뉴런을 파괴하고 변연계와 대뇌피질의 시냅스 수를 줄임으로써 두뇌 자체를 위축시키는데 두뇌가 형성되는 시기인 3세까지 코르티솔 분비량이 증가되는 상태가 지속되면 '경계·각성'을 담당하는 두뇌 부위의 활동이 증가함으로써 두뇌의 신경회로는 사소한 자극에도 극도로 긴장하고 경계하는 반응을 보이도록 구성된다(김유미, 2002).

스트레스 상황에서는 생존을 담당하는 부위들만 활성화되고 대뇌피질 부분은 거의 활성화되지 않게 되는 것이다. 뇌간과 같이 생물학적 생존과 관련되는 즉각적인 반응을 담당하는 두뇌 부위만 지나치게 발달할 경우 문제해결과 같은 대뇌피질의 기능이나 공감과 같은 변연계의 기능이 충분히 발달하지 못하게 된다. 즉 과도한 스트레스는 영유아의 전두엽에 영향을 주어 인간다운 특성이나 고차적인 능력이 개발되지 못하게 하며 생존 지향적이게 되는 것이다. 반면 이완 상태일 때는 대뇌피질이 전체적으로 활성화된다(김유미, 2002). 구나(Gunnar, 1998)도 스트레스를 많이 받는 환경에서 자란 아이들은 코르티솔 수준이 높고, 그 결과 주의집중력이나 자제력이 약하다고 하였다(김유미, 2002, 재인용).

영유아가 적절한 정도를 넘어서는 스트레스를 받게 될 때 변연계와 대뇌피질이 손상을 받게 되므로 과도한 스트레스를 받는 상황은 뇌 발달이 왕성한 시기인 영유아의 발달권을 침해하는 결과를 낳게 된다. 학습을 하더라도 과도한 스트레스를 받는 상황이라면 뇌 발달에 부정적 영향을 미치게 되므로 영유아의 발달에 적합하지 않은 대집단 활동이나 선행학습, 지루한 학습 활동 등으로 인해 영유아가 스트레스를 많이 받지 않도록 주의해야 한다. 발달에 맞지 않는 학습이나 준비되지 않은 지루한 활동을 하는 것보다 영유아가 자유롭게 실내외에서 충분히 뛰어노는 것이 영유아의 발달에는 훨씬 더 이롭다는 것이 필자의 견해이다. 우리나라는 영유아기부터 가정이나 영유아 보육·교육기관에서 발달에 맞지 않는 과도한 학습 압력을 받는 영유아가 많은 상황이므로 학습 압력이 뇌 발달에 부정적 영향을 미침으로써 발달권을 침해하지 않도록 특히 주의가 요구된다.

유엔아동권리위원회(2005)는 생존과 신체적인 건강을 보장하는 것이 우선이지만 「유엔 아동권리협약」의 6조는 발달의 모든 측면을 포함하고 있으며, 유아의 건강과 심리사회적 복지는 많은 측면에서 상호의존적임을 상기해야 한다고 강조하고 있다.

(2) 일상에서의 스트레스 해결 사례

사례 1) '화장실에 벨을 달았어요': 하나의 벨이 또 다른 벨이 되고

이 어린이집의 유아반 화장실은 교실로부터 멀리 떨어져 있으며 긴 복도를 지나야 갈 수 있다. 그런데 새로 온 신입 원아가 화장실에 가서 대변을 보고 나서 교사를 계속 불렀는데도 오지 않아서 울었다는 것을 알고 유아들이 화장실에서 교사를 부르고 싶을 때 누를 수 있는 벨을 달게 되었다. 벨을 설치하고 나서 첫날, 많은 아이들이 호기심에 벨을 눌렀다. 그리고 3일째부터는 호기심으로 벨을 누르는 아이는 없었다고 한다(아이들이행복한세상 공모전 '구립은화어린이집' 사례).

S어린이집도 화장실과 교실이 떨어져 있는데 화장실에 가서 대변을 본 유아들이 대변을 다 보고 나서 교사를 불렀을 때 교사가 부르는 소리를 듣지 못하는 상황이 있었다. 이러한 문제를 어떻게 해결해야 할지 고심하던 차에 은화어린이집의 사례를 듣고 나서 S어린이집에서도 화장실에 무선벨을 설치함으로써 유아들이 불안해하지 않고 대변을 볼 수 있게 되었다.

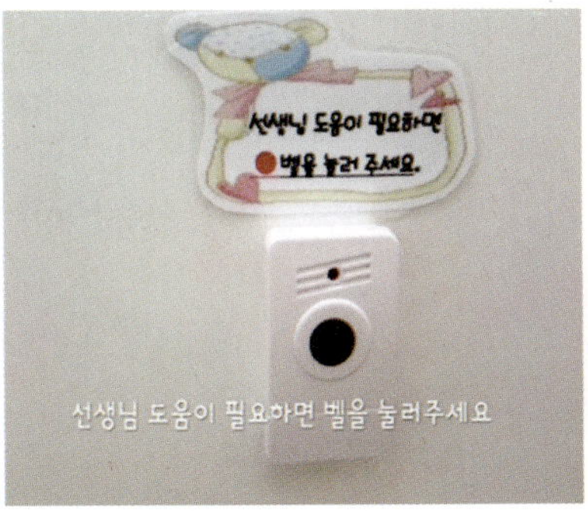

화장실에 벨을 달았어요

이 사례를 듣고
다른 어린이집에 설치한 벨

사례설명

영유아의 권리를 존중하는 데는 영유아를 불안과 스트레스로부터 벗어날 수 있게 하려는 원장과 교사의 의지와 실천이 필요하며, 생활하는 가운데 들리는 아이들의 울음소리에 민감하게 귀를 기울여야 한다. 또한 이 사례에서와 같이 한 어린이집에서 실천하고 있는 작은 사례가 비슷한 어려움을 겪는 다른 어린이집에 소개됨으로써 또 다른 실천을 낳게 되고 영유아의 권리를 존중하는 어린이집과 유치원이 확대될 수 있는 것이다.

사례 2) **'작은 물컵으로 바꿔 줘요'**

1세 반 영아들이 물을 마시다가 물컵에 남은 물을 실수로 교실 바닥에 쏟거나, 일부러 바닥에 물을 따라보는 행동이 잦아졌다. 그때마다 교사는 바닥에 쏟는 것이 아니라고 알려 주었으나, 고쳐지지 않고 오히려 즐거운 물놀이가 되어 교사를 번거롭게 했다. 말로 해도 듣지 않는 영아들을 관찰한 결과, 물컵의 사이즈가 영아가 한 번에 마실 물의 양보다 크다는 것과 영아들이 물을 컵에 가득 담기를 원한다는 사실을 알게 되었다. 그래서 컵을 영아가 한 번에 마실 양의 물을 담을 수 있는 작은 컵으로 구입하여 바꿔 주자 쏟거나 하는 일이 줄어들어 영아와 불필요한 실랑이가 사라졌다(방앗골어린이집 사례).

사례설명

이 사례는 영아가 커다란 물컵을 사용하면서 물을 쏟거나 물을 가지고 장난을 할 때마다 주의를 줌으로써 스트레스를 받게 하기보다는 작은 컵으로 바꿔 줌으로써 필요 이상의 주의를 받고 스트레스를 경험하지 않도록 한 사례이다.

영유아가 어린이집에서 단체 생활을 하다 보면 필요 이상의 통제를 받게 된다는 것을 고려하여 가급적 주의나 통제를 받지 않도록 배려함으로써 자존감을 잘 형성해 나갈 수 있도록 하는 것이 필요하다.

영유아의 권리 존중과 권리 침해 예방을 위한 개선 방안 연구 결과(2015, 김영명 외)

ㅁ 어린이집의 **보육과정 및 일과 운영 상황**이 영유아의 권리를 침해하는 것과 어느 정도 관련이 있다고 생각하는지에 대해 '높다'와 '매우 높다'라는 응답이 '안전사고에 대해 과민하게 반응하는 부모로 인해 영유아의 행동을 과도하게 통제하는 상황' 92.8%(751명), '보육과정을 운영하지 못하고 장기간 재롱잔치(발표회) 준비만 해야 하는 과정' 89.5%(724명), '연령에 맞지 않는 과도한 학습 압력과 활동' 88.2%(720명), '안전사고에 대해 과민한 교사가 영유아의 행동이나 활동을 과도하게 통제하는 상황' 87.9%(709명), '다양한 활동을 소화하기 위해 바쁘게 진행되는 하루 일과' 87.6%(715명), '견학지에서 견학 활동보다는 사진 촬영만 주로 하다 오는 상황' 85.5%(696명), '영유아의 흥미와 관심을 고려하지 않고 계획안에 의해서만 진행되는 지루한 활동' 83.9%(682명), '실외놀이 없이 하루 종일 실내에서 생활하는 상황' 83.7%(679명) 등으로 나타남. 〈표 5-4〉

- 영유아의 권리 침해와 높은 관련이 있다고 보는 보육과정 및 일과 운영은 쉽게 개선될 수 없는 어떤 상황이 있기 때문에 지속되어 왔다고 할 수 있으나 원장과 보육교사의 개선을 위한 노력 여부에 따라 개선 가능성이 있는 부분임.
- 그러나 안전사고에 대한 과민 반응, 재롱잔치, 과도한 학습 압력, 견학지에서의 사진 촬영 등 다수의 문항이 부모의 인식이나 요구와 맞물려 있는 사안이므로 부모의 인식 개선이 병행되지 않고서는 쉽게 개선이 이루어지거나 개선의 효과가 나타나기 어려운 사안임.

〈표 5-4〉 보육과정 및 일과 운영 상황의 영유아 권리 침해와의 관련

단위: %(명)

번호	생활상황	매우 낮다	낮다	높다	매우 높다	계(수)
1	연령에 맞지 않는 과도한 학습 압력과 활동	1.8 (15)	9.9 (81)	57.8 (472)	30.4 (248)	100.0 (816)
2	다양한 활동을 소화하기 위해 바쁘게 진행되는 하루 일과	0.9 (7)	11.5 (94)	54.4 (444)	33.2 (271)	100.0 (816)
3	충분한 자유선택활동이 진행되지 못하는 대집단 활동 위주의 일과(특별활동 포함)	1.8 (15)	21.8 (178)	57.4 (468)	19.0 (155)	100.0 (816)
4	영유아의 흥미와 관심을 고려하지 않고 계획안에 의해서만 진행되는 지루한 활동	1.4 (11)	14.8 (120)	61.0 (496)	22.9 (186)	100.0 (813)
5	실외놀이 없이 하루 종일 실내에서 생활하는 상황	2.0 (16)	14.4 (117)	50.4 (409)	33.3 (270)	100.0 (812)
6	정리 정돈의 횟수가 많은 일과 운영	1.8 (15)	28.0 (228)	53.7 (438)	16.4 (134)	100.0 (815)
7	낮잠을 자야 하는 영유아를 재우지 않고 특별활동이나 학습활동을 진행하는 경우	2.7 (22)	16.7 (136)	51.9 (422)	28.7 (233)	100.0 (813)
8	낮잠을 자고 싶지 않은 영유아도 일률적으로 자야 하는 상황	2.5 (20)	24.3 (197)	56.8 (461)	16.4 (133)	100.0 (811)
9	지나치게 많은 여러 어린이집의 원아가 모여 함께 활동하는 캠프, 견학 등의 외부 활동	4.2 (34)	28.3 (229	49.3 (399	18.3 (148	100.0 (810)
10	견학지에서 견학 활동보다 사진촬영만 주로 하다 오는 상황(줄서서 기다리며 사진 찍는 상황)	2.6 (21)	11.9 (97)	50.7 (413)	34.8 (283)	100.0 (814)
11	보육과정을 운영하지 못하고 장기간 재롱잔치(발표회) 준비만 해야 하는 과정	2.1 (17)	8.4 (68)	43.0 (348)	46.5 (376)	100.0 (809)
12	3월에 다수의 영아가 입소하여 개별적 배려가 이루어지지 못한 채 진행되는 적응 프로그램	2.6 (21)	17.3 (140)	55.6 (449)	24.5 (198)	100.0 (808)
13	장시간 등하원 차량에 탑승해 있어야 하는 영유아	4.3 (34)	18.3 (145)	48.5 (384)	28.8 (228)	100.0 (791)
14	안전사고에 대해 과민하게 반응하는 부모로 인해 영유아의 행동을 과도하게 통제하는 상황	0.9 (7)	6.3 (51)	43.9 (355)	48.9 (396)	100.0 (809)
15	안전사고에 대해 과민한 교사가 영유아의 행동이나 활동을 과도하게 통제하는 상황	1.1 (9)	11.0 (89)	53.2 (429)	34.7 (280)	100.0 (807)

Chapter 06

의사 존중 및 참여의 원칙

의사 존중 및 참여의 원칙은 '영유아가 자신의 의견을 표현하고 자신의 삶에 영향을 주는 문제들에 대해 발언권을 가진다.'는 원칙이다. 어린 영유아의 의사를 존중하고 참여를 보장한다는 것이나 어린 영유아가 자신의 삶에 영향을 주는 문제들에 대해 발언권을 갖는다는 것은 다소 생소하게 들릴 수 있다. 그러나 영유아도 자신의 삶에 영향을 주는 문제들에 대해 발언권을 갖는다는 말을 다시 생각해보면 영유아기에 뇌 발달의 기초가 잘 이루어지는 것은 영유아의 일생에 매우 큰 영향을 미치는 일이므로 영유아가 뇌 발달에 필요한 바깥놀이를 하고 싶어 하는 것 또한 자신의 삶에 영향을 주는 문제에 대해 의사를 표현하는 것이라고 할 수 있다. 다시 말해 충분한 실외놀이를 통해 영유아의 뇌 발달이 잘 이루어지도록 하는 것이야말로 영유아의 삶에 지대한 영향을 미치는 문제이기 때문에 바깥놀이를 좋아하고 오랫동안 바깥놀이를 하고 싶어 하는 것은 영유아가 자신의 삶에 영향을 주는 문제에 대해 분명하게 의사를 표현하는 것이라고 할 수 있다. 어린이집에서 바깥놀이를 마치고 들어가자고 했을 때 짧은 바깥놀이가 아쉬워 더 놀겠다는 아이들과의 실랑이는 흔히 경험하는 것이며 실내에서의 놀이가 아무리 재미있어도 실외에서의 놀이를 더 좋아하기에 바깥놀이 시간이 되면 아이들은 신바람이 나는 것이다.

1. '영유아'에 대한 관점의 변화

의사 존중 및 참여의 원칙을 수용하고 실천하기 위해서는 영유아라는 존재에 대한 관점의 변화가 필요하다. 유엔아동권리위원회(2005)는 영유아기를 미성숙한 존재에서 성숙한 성인의 상태로 가는 사회화의 단계로 주로 인식하는 전통적인 관념을 탈피해야 하며, 영유아도 인격체로서 자신의 권리를 존중받아야 한다고 밝히고 있다. 영유아도 그들 자신의 관심사와 이익, 관점을 가진 가족 및 공동체, 사회의 적극적인 구성원으로서 인정되어야 한다는 것이다.

사회교육 전통(social pedagogy tradition)의 관점을 가지고 있는 노르웨이에서는 영유아기를 삶에서 본질적인 가치를 가진 단계라고 보면서 행복, 자율성 및 자유에 대한 영유아의 권리를 분명히 인정하고 있으며, 아동기는 단지 되도록 빨리 성인 공동체에 참여하기 위해 지식과 기술을 습득하는 단계가 아니라고 본다(OECD, 2006). 사회교육의 전통을 유지하면서도 최근 몇 년간 교육에 상당한 비중을 두고 있는 스웨덴에서도 어린이집은 역량 있는 존재로서 아동에 대한 이미지를 가지고 아동의 말에 진지하게 귀 기울여 주며 그들의 생각과 관점, 꿈을 존중해 주는 실천 장소가 되어야 한다고 여기고 있다(OECD, 2006).

이와 같이 사회교육의 전통을 가진 나라들은 영유아를 스스로의 학습을 주도하고 세상에 참여하고자 하는 역량 있는 사람으로서 신뢰하며, 교육과정의 운영에서는 아동과의 공동구성과 아동의 자유로운 선택 및 관심사를 존중하는 태도를 강조한다〈표 6-1〉. 다음은 영유아에 대한 이러한 관점이 잘 반영되어 있는 사례인데 스웨덴의 교육부 장관이 어린이집의 아이들에게 엽서를 보내 좋은 어린이집에 대한 아이들의 생각을 묻는다.

> 이건 장관님이 모든 스웨덴의 어린이집과 아이들에게 보낸 엽서인데요. 그녀는 여기서 이렇게 말합니다. '안녕하세요. 저는 리나 할린글렌이에요. 저는 스웨덴의 어린이집을 담당하는 장관으로 정부에서 일하고 있죠. 저는 스웨덴의 어린이집들이 한층 더 좋은 곳이 되길 바라요. 때문에 여러분의 도움이 필요한데 어떤 시설이 좋은지 여러분의 생각, 그림들을 보내 주세요. 그러면 제가 일하는 데 여러분이 보내 준 것들을 사용할 수 있을 거예요.' 그래서 그녀는 매일 많은 그림들을 받아볼 수 있었는데 그중 몇몇 아이들은 그룹 활동을 많이 하고 싶지 않다고 말하고, 다른 아이들은 어린이집의 가장 좋은 점은 다른 아이들과 매일 함께 놀 수 있는 것이라고 말합니다. 또 다른 몇몇은 '더 많은 아이스크림을 원해요.'라고도 하죠(울산방송, 2004).

사회교육의 전통(social pedagogy tradition)을 지니고 있는 북유럽과 중부유럽 국가들에서는 영유아교육이 평생 학습의 기초이자 삶에 대한 전반적인 준비과정으로 여겨지며, 주안점은 아동들의 발달과업과 흥미를 지원해 주는 데 있다. 교육을 넓은 개념으로 받아들여 아동에 대한 보호와 양육, 학습을 위계 없이 모두 결합하는 것이라고 생각한다. 반면 학교 준비도(school readiness)식의 접근을 채택하고 있는 영어권 국가와 프랑스에서는 영유아기의 인지발달을 중요시하고 아동들이 학교 수업의 결과로 얻게 되는 지식과 기술, 자질의 습득에 초점을 두고 있으며, 초등 및 유아교육의 내용과 교육 방법은 전반적으로 교사중심의 학문적 접근에 기반하여 서로 밀접하게 관련되고 있다. 〈표 6-1〉

〈표 6-1〉 두 가지 교육과정의 특징(학교준비도 전통과 북유럽 전통)

	학교 준비도 전통 (Readiness for school tradition)	북유럽 전통(사회교육 전통) (The Nordic tradition)
아동 및 아동기에 대한 이해	· 성장해야 할 어린 사람, 미래 사회에 대한 투자로서의 아동 · 생산적인 지식 근로자, 온건한 시민, 호의적이고 실용적인 접근법 · '유용한' 학습과 학교 준비도에 초점을 맞춘 교육 · 실내학습을 선호하는 경향	· 자율성, 행복, 자신의 고유한 전체에 따라 성장할 권리를 지닌 권리의 주체로서의 아동 · 자신의 학습을 주도하는 존재로서의 아동 · 자연스러운 학습 및 연구전략이 풍부한 아동 · 또래 및 성인들로 구성된 보호공동체의 구성원으로서의 아동 · 즐거움과 자유를 위한 실외학습에 초점 · 아동기는 다시 반복될 수 없음
영유아 기관	· 일반적으로 기관은 개인의 욕구에 기반한 서비스이며, 개별 부모에게는 '선택'의 문제로 여겨짐 · 기관은 발달, 학습, 교육의 장소로 간주됨 · 아동은 미리 정해진 발달 및 학습 수준에 도달하도록 기대됨	· 기관은 지역사회의 관심뿐 아니라 개별 부모의 관심까지도 고려해야 하는 공공 사회교육기관으로 여겨짐 · 삶의 공간이자 아동과 교육자가 함께 존재하고 배우며, 일하고, 살아가는 공간으로 받아들여짐 · 기관의 목표는 아동의 발달과 학습을 지원하고 민주적 가치를 경험하도록 하는 것 · 아동은 일반적인 목표를 향해 나갈 것으로 기대되므로 부담을 느끼지 않음

	학교 준비도 전통 (Readiness for school tradition)	북유럽 전통(사회교육 전통) (The Nordic tradition)
교육과정 개발	· 목표와 성과를 구체적으로 설정해 놓은 교육부 차원의 교육과정인 경우가 많음 · 교육받는 집단이나 기관에 관계없이 교육과정이 개별 교사에 의해 표준화된 방식으로 '전달'된다고 봄	· 폭넓은 국가지침, 교육과정의 세분화 및 시행권한을 지방자치단체와 교육기관에 위임함 · 교육의 책임은 기관 교사에게 있으며, 동료 간의 협동심, 아동이 무엇을 배우고자 하고, 어떻게 배우는지를 연구하는 풍토
프로그램의 초점	· 특히 학교준비에 유용한 분야의 학습과 기술에 초점을 맞춤 · 주로 교사의 지도에 따름 · 교사당 아동의 수가 많고 교육과정의 세부 목표를 달성해야 하므로 교사와 아동의 관계가 도구화될 수 있음	· 전인적 아동 및 가족을 대상으로 교육을 수행하는 데에 초점을 맞춤(학습뿐 아니라 발달 목표도 추구) · 프로그램은 아동 중심으로 구성됨 · 교사 및 또래와의 상호작용이 장려되며, 기관 내에서 생활의 질이 매우 중요
교육적 전략	· 아동주도활동과 주제별 학습이 균형을 이룬 교육이 권장되며, 일반적으로 교사가 교육을 관장함 · 국가 교육과정은 정확하게 '전달'되어야 함 · 개인의 자율성과 자기조절을 중시함	· 국가 교육과정은 교육 주제와 프로젝트 선택을 지도하는 역할을 함 · 아동의 학습 전략과 흥미를 신뢰함. 즉, 관계와 놀이, 적절한 순간의 교사 지원을 통한 학습을 신뢰함

출처: OECD(2006). starting strong Ⅱ 재인용.

2. 아동의 연령과 성숙도에 따른 정당한 비중의 존중이란?

의사 존중 및 참여의 원칙에서 영유아는 무조건적, 무제한의 권리를 갖는다는 것이 아니라 영유아의 연령과 성숙도가 고려된 정당한 비중의 존중이 주어져야 한다는 것을 기억해야 한다. 영유아의 권리 존중에 대해 처음 접했을 때 자칫 '영유아는 권리만 가지고 있고 책임을 지지 않는 존재'라고 생각하는 것과 같이 영유아의 권리에 대해 과대하게 해석하여 많은 부담을 갖기도 한다. 그러나 '영유아의 연령과 성숙도가 고려되어야 한다'는 것은 책임을 질 수 있는 능력이 함께 고려되어야 한다는 것을 의미하며 교사나 부모가 영유아의 의사만 존중할 수 없는 현실을 고려한 것이기도 하다.

유엔아동권리위원회(2005)에서는 영유아는 생명의 시작에서부터 특별한 이익과 능력 및 취약성을 가지는 사회적 행위자로서 인식되어야 한다고 하는데 이는 영유아는 아동권리협약에 부여되어 있는 모든 권리의 보유자임과 동시에 영유아기는 특별한 보호 조치를 받을 자격이 있는 독특한(distinct) 시기이며, 따라서 그들의 능력 발달에 따라 그들의 권리를 점진적으로 행사할 권리가 있다는 것이다(유엔아동권리위원회, 2005). 그렇기 때문에 영유아의 권리를 존중하는 사회에서는 영유아가 책임을 질 수 있는 능력을 키워 주는 것이 강조된다. 즉 영유아의 권리를 존중하고 확대해 나가기 위해서 아무리 어린 영유아라 할지라도 스스로 할 수 있는 것은 스스로 하게 함으로써 자립할 수 있는 능력을 키워 주는 것과 자신의 행위와 선택에 대해 책임을 지는 것이 강조되는 것이다.

> '혼자 스스로 어떻게 자립할 수 있는가' 거기서부터 시작하는 것 같아요. 1살이 넘게 되면 옷 입는 방법, 혼자 밥 먹는 방법, 신발 신는 방법… 그런 아주 간단한 것에서부터… (울산방송, 2004)

그런데 여기에서 한 가지 더 생각해 봐야 할 것은 그동안 우리는 영유아가 어리다고 생각하여 아예 영유아에게 그들의 견해를 물어보려 하지 않았다는 것이다. 영유아는 그들의 환경에 상당히 민감하며 자신의 정체성에 대한 인식과 함께 생활을 하면서 마주하는 사람, 장소 및 일상을 빠르게 이해하는 능력이 있으며, 그들은 말과 글로 의사소통이 가능하기 훨씬 이전부터 다양한 방식으로 자신의 감정, 생각과 희망을 다양한 방법으로 표현한다(유엔아동권리위원회, 2005). 그러나 성인의 입장에서 성인을 중심으로 영유아가 능력이 있다고 생각하지 않음으로써 영유아가 자신의 의사를 표현하고 의사결정에 참여할 수 있는 일에서도 영유아의 의사를 묻거나 의사결정 과정에 참여시키지 않았으며, 의사를 표현해도 존중하지 않은 것이다. 스웨덴의 어린이집에서는 교사들이 유아의 의사를 일상생활에서 다음과 같이 존중한다.

아이들이 원하는 게 가장 중요해요. 더기스(프리스쿨)에서 일할 때도 선생님의 생각보다는 아이들한테 항상 물어보거든요. "너희들, 오늘 뭐하고 싶니?"라고 물어서 "나가서 놀고 싶어요." 그러면 그렇게 해 주고 "그림 그리고 싶어요" 그러면 그림 그리게 해 주고… 아이들이 하고 싶어 하는 것을 하게 하는 것… 그런데 선생님은 그 옆에서 아이들을 돕는 역할을 많이 하거든요. 그림 그릴 때 옆에서 돕고 선생님은 도움자 역할이 더 큰 것 같아요. 아이들이 자기 의견을 내면 선생님이 그것을 도와주는 것…(울산방송, 2004)

따라서 영유아의 의사를 존중하고 참여권을 확보하기 위해 성인은 아동중심적인 태도를 취하고 영유아에게 귀를 기울이며 그들의 존엄과 개별적인 견해를 존중해야 한다. 또한 성인은 인내심과 창의성을 발휘하여 영유아의 관심과 이해 수준, 선호하는 의사소통 방식에 눈높이를 맞춰야 한다(유엔아동권리위원회, 2005). 이러한 과정을 통해 영유아가 자신의 견해와 감정을 표시할 권리가 가정 및 공동체에서의 일상생활 속에서 자리 잡도록 해야 한다.

그러나 학교준비도 전통에 가까운 우리나라의 영유아 교육과정은 대체로 교사의 사전 계획에 따라 진행되는 경우가 많아 사회교육 전통의 교육과정을 운영하는 나라들의 상황이 다소 생소하게 다가오며 현실적 제약 또한 많다고 생각할 수 있다. 그러나 한국의 영유아 교육과정 또한 영유아의 흥미와 관심, 의사에 따라 다양한 확장 활동이 진행될 수 있으며, 계획 단계에서도 이전 활동에서 보여 준 영유아의 흥미나 의견 등을 포함하는 평가를 반영하여 계획을 수립할 수 있다.

3. 영아의 의사표현 존중

영유아의 의사표현은 말로만 이루어지는 것이 아니라 울음과 웃음, 소리, 행동, 표정, 손짓, 그림, 만들기 등 다양하게 이루어지므로 양육자는 이러한 영유아의 의사표현에 민감하게 반응해야 한다. 특히 영아에 대한 이해나 민감성이 부족한 교사나 양육자의 경우 영아의 의사표현에 대해 제대로 인식하지 못하고 성인의 의도대로 일방적인 상호작용을 하는 경우가 있는데 말로 분명하게 의사표현을 하기 어려운 영아라 하더라도 자신의 의사를 울음과 웃음, 표정, 손짓, 행동 등 다양한 방법으로 표현한다는 것을 숙지하고 영아의 의사를 반영해 줄 필요가 있다.

간단한 말이나 소리지만 영아의 이야기에 귀를 기울임으로써 영아의 의사를 존중할 수 있으며, 영아가 눈길을 보내고 손가락으로 가리키는 것, 집중해서 바라보거나 한참동안 집중해서 놀이하는 것을 주의 깊게 바라봄으로써 영아의 흥미와 관심이 무엇인지 알 수 있다. 영아의 울음에 귀를 기울임으로써 영아가 무엇을 불편해하고 무엇을 힘들어하는지에 대해 알 수 있으며, 영아가 환하게 웃을 때 교사도 마음을 기울여 가슴으로 함께 느낌으로써 영아가 무엇을 좋아하고 신나하는지 무엇을 진정으로 원하는지 알 수 있게 된다.

"무우! ~무우!~" 물이 고여 있다고 알려주는 영아

꽃을 손가락으로 가리키는 영아

4. 의사 존중 및 참여의 원칙 사례

의사 존중 및 참여의 원칙을 실천하기 위해서는 무엇보다도 교사와 원장 등 모든 교직원이 영유아가 어떤 생각을 하고 있는지 무슨 이야기를 하고 싶어 하는지를 알기 위해 먼저 아이들의 이야기에 귀를 기울여야 한다. 또한 영유아가 자신의 의사를 다양한 방법으로 표현할 수 있는 기회를 주어야 하며, 의사결정에 참여할 수 있는 역량이 되는 사안에서는 영유아의 연령과 성숙도에 따라 의사결정 과정에 참여할 수 있도록 해야 한다. 더불어 영유아가 함께 해결할 수 있는 문제에는 문제해결의 주체로서 참여할 기회를 주어야 한다. 다음은 이러한 네 가지 사항이 어린이집의 구체적 상황에서는 어떻게 실천해야 하며 어떻게 실천되고 있는지 사례를 통해 살펴보고자 한다.

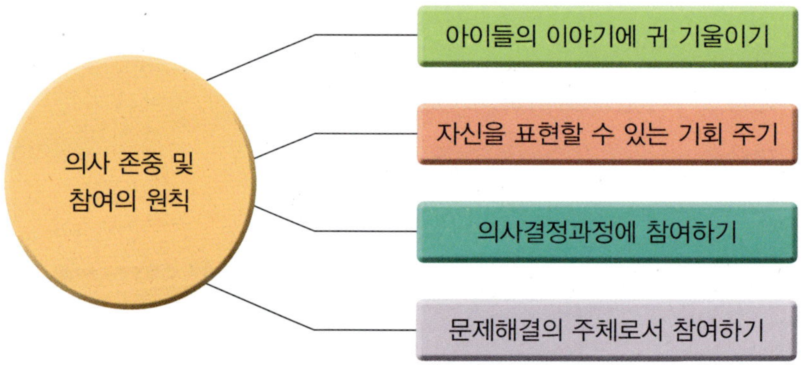

[그림 6-1] 의사 존중 및 참여의 원칙 실천 내용

1) 아이들의 이야기에 귀 기울이기

(1) 영아의 이야기에 귀 기울이기

사례 1) 동물원 호랑이(만 1세)

어린이집 원장이 만 1세 반 영아들과 동물원에 갔을 때의 일이다. 영아가 한참을 돌아다녀도 자신이 보고 싶었던 호랑이를 보러 가지 않자 '호랑이'라는 한 마디를 말함으로써 호랑이를 보고 싶다는 자신의 의사를 표현하였다. 그런데 이 영아는 아직까지 입소해서 4개월 간 조금이라도 낯선 사람 앞에서는 말을 하지 않았기 때문에 원장도 말하는 것을 들은 적이 없었는데 호랑이가 너무 보고 싶은 마음에 용기를 내어 한마디 했던 것이다.

동물원에 가서 호랑이를 보는 영아들

사례설명

견학지에서 둘러보는 코스를 정하는 것은 교사나 원장과 같은 성인들의 역할이라고만 여겼던 원장은 영아가 말하는 '호랑이'라는 한마디를 듣고 어린 영아라도 동물원에 올 때는 자신이 꼭 보고 싶은 것이 있다는 것을 깨달을 수 있었다.

영아도 간단한 의사표현은 말로 할 수 있으므로 영아가 자신의 의사를 표현할 수 있는 것은 영아에게 물어봄으로써 영아의 의사를 존중하는 것이 필요하다고 할 수 있다. '동물원에 가서 무엇을 보고 싶어?', '동물원에서 제일 보고 싶은 것은 뭐야?'라고 물어보면 영아도 자신의 생각을 이야기할 것이다.

사례 2) 씨앗반에 커다란 상자가 생겼어요!(만 1세)

영아들이 크기가 다양한 상자를 가지고 여러 가지 방법으로 탐색하고 놀이를 하였다. 영아가 2~3명 들어갈 수 있는 커다란 상자에 처음에는 교사가 제시한 끼적이기를 하더니 상자에 들어가 놀이하는 것을 더 좋아했다. 상자를 함께 나르는 영아, 상자에 쏘옥 들어가서 앉아 있는 것을 즐기는 영아, 강아지풀을 들고 상자에 들어가서 친구들에게 나누어 주는 영아, 교사가 상자에 테이프 붙이는 것을 돕는 영아, 커다란 상자 뒤에서 까꿍놀이를 하는 영아, 상자에 블록을 담는 영아 등 놀이나 활동방법을 구체적으로 제시하지 않아도 영아들은 다양한 방법으로 놀이를 이어나갔다.

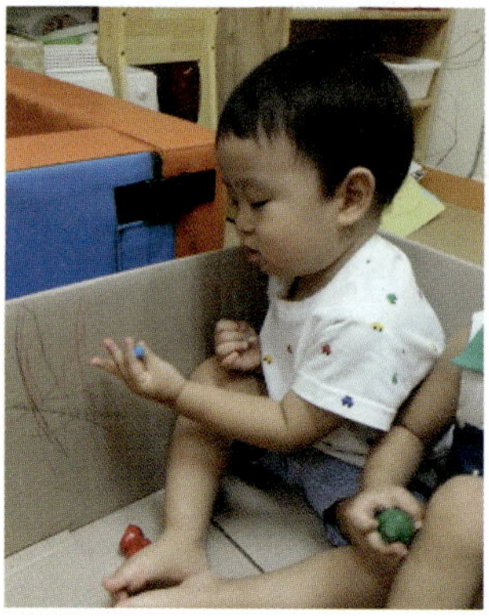

크레파스로 끼적여 보아요

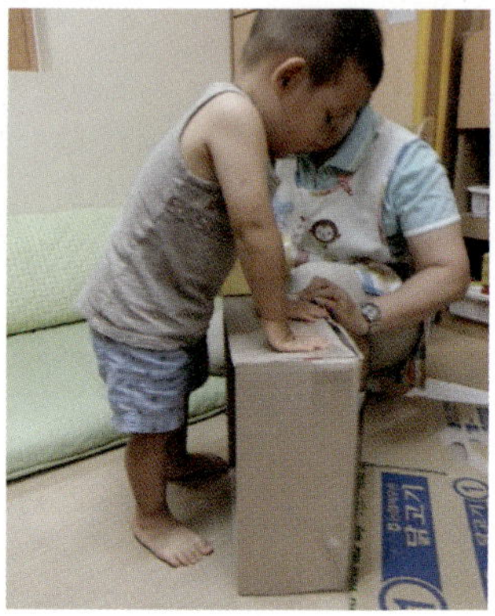

상자에 테이프 붙이는 것을 도와요

상자에 블록을 담는 영아

사례설명

영아는 구체적인 행동을 통해 자신의 흥미와 생각을 표현하고 교사는 영아가 자신의 방식으로 다양한 놀이를 할 수 있도록 활동 자료를 제공하고 영아의 놀이 과정을 수용적인 태도로 지켜보면서 적절한 지원을 하는 것은 영아의 이야기에 귀를 기울이는 과정이다. 이때 교사가 제공하는 놀잇감은 기능이나 놀이 방법이 분명하게 정해져 있는 것보다 빈 상자나 보자기, 커다란 블록 등과 같이 다양한 방법으로 놀이를 할 수 있는 자료가 바람직하다.

사례 3) 동물 모형을 목욕시켜요(만 1세)

씨앗반 교실에서 처음 만나는 여러 동물 모형을 만져 보고 동물 소리도 내며 재미있게 놀았다. 진이는 얼룩말을 손에 쥐고 요리조리 살펴보더니 얼룩말을 내려놓고 "타요" 하며 얼룩말 위에 앉는다. 환이는 코끼리를 가지고 놀던 장난감 자동차 위에 태워 주고, 등원하자마자 동물 모형이 들어있는 바구니로 향한 준이는 표범을 손에 쥐고 "어흥~" 하더니 사자를 들고 있던 훈이와 함께 서로 "어흥~ 어흥~" 하며 놀이를 한다. "경이 옷에도 있는 코끼리는 어디 있을까?" 하니 경이가 코끼리 모형을 번쩍 들고 환이도 경이에게 다가와 똑같다며 경이 옷에 그려져 있는 코끼리를 가리킨다.

교실에서 동물 모형을 가지고 즐겁게 놀이를 한 후 가지고 놀던 동물 모형을 가지고 공원에 나가서 놀이를 했다. 채이도 조그만 말 위에 앉아 말을 타는 흉내를 내고 진이는 코끼리 모형을 실수로 한 번 떨어뜨리더니 재미있는지 의자에서 떨어뜨리는 것을 반복하면서 놀이를 한다. 흙과 풀 위에서 즐겁게 놀이를 한 후 더러워진 동물 모형을 목욕시키면서 씨앗반 친구들도 시원하고 즐거운 시간을 보냈다.

조그만 말 위에 타려는 진이

코끼리를 자동차에 태워 주는 환이

표범을 들고 어흥하는 준이

동물 모형을 가지고 놀이하기

코끼리를 떨어뜨리며 놀이하는 진이

물로 씻어 주는 영아들

사례설명

영아들의 이야기에 귀를 기울인다는 것은 영아들이 무엇을 좋아하는지 어떤 것에 관심을 가지고 어떻게 놀이하는지 등 영아들의 행동과 놀이, 표정, 눈빛, 말에 마음을 기울여야 한다는 것을 의미한다. 교사가 영아에게 무언가를 가르치려고만 하거나 계획한 활동을 그대로 실행하려고 하다 보면 영아가 정말로 무엇을 원하는지 영아의 마음에 귀를 기울이기 어렵다. 교사는 영아와 함께 영아의 마음이 되어 생활하고 놀이하면서 영아가 무엇을 보는지 느끼는지 무엇을 즐거워하는지 영아의 입장이 되어야 영아의 의사를 존중할 수 있게 된다.

사례 4) 선생님을 도와서 점심 준비를 해요(만 2세)

점심시간이 되자 영이가 책상을 닦겠다고 해서 행주로 책상을 닦도록 했으며, 지우와 영, 준이는 그릇 나르는 것을 도와주겠다고 이야기하여 셋이 교사를 도와 그릇과 국자 등을 옮겨 주었다. 연두부와 양념장이 함께 있는 것을 보고 "이게 뭐예요?"하고 묻는 영아들이 있어 교사가 "이거 재이가 좋아하는 두부네?"라고 하니 재이는 "그치요~" 하면서 관심을 보이며 자리에 앉는다.

사례설명

식사를 준비하는 과정에 참여하겠다고 영아들이 자신의 의사를 표현했을 때 교사는 영아가 할 수 있는 일을 나누어 주었고 영아들은 점식 식사 준비에 참여하였다. 영아들은 늘 배식을 받아 점심 식사를 하던 수동적 상황에서 벗어나 일과 진행에 적극적으로 참여하게 된 것이다.

또한 반찬으로 나온 연두부가 궁금하여 무엇인지 묻는 영아의 질문에 답을 하는 교사의 모습에서도 영아의 궁금해하는 의사표현을 존중하는 모습을 볼 수 있다. 영유아의 의사표현을 존중한다는 것은 이와 같이 일상의 간단한 상황 상황에서 이루어질 수 있다.

사례 5) 풀잎에 맺힌 빗방울을 찾아봐요(만 2세)

아이들과 공원에 가면서 나뭇잎을 살펴보았다. 비가 내린 뒤라 나뭇잎에 고인 빗물과 풀이나 나뭇잎에 떨어져 있는 빗방울도 눈여겨 보았다. 재이가 "여기에도 빗방울이 있어요."라고 말하며 잔디밭의 풀을 가리켰다. 교사가 "정말 풀잎에도 빗방울이 있네. 풀잎을 건드려 보면 어떨까?" 하고 묻자 재이가 풀을 손으로 쳐 보았다. 빗방울이 떨어지는 것을 보고 재이가 "떨어졌다!"라고 말하며 다른 풀잎의 빗방울도 떨어뜨려 보았다. 빗방울의 움직임을 살펴보며 여러 곳에서 빗방울을 찾아보았다.

공원에서 세 개의 갈림길이 나와 교사가 "오늘은 어느 길로 가 볼까?"라고 묻자 윤이가 화장실 뒤쪽 길을 가리키며 "여기요!"라고 말하였다. 경이는 계단이 있는 곳을 가리키며 "여기로 가요."라고 하였다. 교사가 "윤이는 뒷길로 가고 싶어 하고 경이는 계단 길로 가고 싶구나. 그럼 빗물로 계단이 미끄러우니까 계단 길은 올라올 때 가는 건 어때?" 하고 묻자 경이가 "올라올 때 갈래."라고 답한다.

영아가 가고 싶어 하는 길로 산책하기

사례설명

비가 온 뒤 산책을 하면서 잔디밭의 풀을 가리키며 "여기에도 빗방울이 있어요."라고 말하는 영아의 말에 교사가 "정말 풀잎에도 빗방울이 있네. 풀잎을 건드려 보면 어떨까?"라고 호응하면서 다른 풀잎에 있는 빗방울도 떨어뜨려 보고 여러 곳에서 빗방울을 찾아보았다. 교사가 영아의 이야기에 귀를 기울임으로써 산책을 하면서 교사가 주도하는 놀이나 활동만 하는 것이 아니라 영아의 이야기나 영아가 하고 싶어 하는 것이 자연스럽게 놀이와 활동으로 이어진다.

공원을 산책하면서 세 갈래의 길이 나타나자 교사는 "오늘은 어느 길로 가 볼까?"라고 물었고 영아들이 자신이 가고 싶은 길을 말하자 교사는 영아들의 각기 다른 의견을 중재하였다. 늘 이루어지는 산책이지만 어느 길로 산책을 가는 것이 좋을지 영아들이 선택해 보게 하는 것도 일상에서 영아들의 작은 선택권이 존중되는 상황이다.

사례 6) 지렁이를 찾아봐요(만 2세)

오전에 비가 왔지만 곧 그쳐 공원으로 산책을 나갔다. 문 앞에 가자 영아들이 "새싹반 모여라~"라고 친구들을 부른다. 공원으로 가는 길에 빈이가 "지렁이 있나?" 하기에 교사가 "그러게. 지렁이 있나 찾아볼까?" 하였더니 새싹반 친구들이 "네~!" 하면서 주변에 지렁이가 있는지 찾기 시작했다. 얼마 안가 지렁이를 발견하여 모두 관심 있게 보았다. 교사가 "뭐하는 걸까?" 하니까 준이가 "맘마 먹나봐"라고 한다. 준이의 이야기를 듣고 몇몇 친구들이 주변에 풀을 가져다가 지렁이에게 먹으라고 준다. 한동안 보다가 이따가 다시 보러 오자고 하며 공원으로 함께 나섰다.

공원에서 놀이를 하고 난 후 어린이집으로 돌아오는 길에 아까 보았던 지렁이를 보았는데 준이가 풀이 그대로 있는 것을 보면서 "안 먹었어."라고 하여 교사가 "왜 안 먹었을까?"라고 하니 세이도 "그러게요."라고 말하며 호기심을 가지고 지렁이를 한참 동안 보았다. 산이는 나뭇가지로 지렁이를 건드려 보기도 하였다. 교사가 지렁이를 사람들이 밟지 않도록 옮겨 주자고 제안하여 잔디 쪽으로 옮겨주고 돌아왔다. 오는 길에 바닥에 떨어진 풀잎들을 보고 빈이는 "이거 지렁이 같다!"라고 말한다. 영아들이 요즘 산책을 하면서 점점 더 자연에 많은 관심을 보인다.

산책길에 지렁이를 살펴보는 영아들

사례설명

산책을 하면서 "지렁이가 있나?"라고 말하는 영아의 이야기를 교사가 귀담아 듣고 지렁이를 찾아보자고 제안하여 아이들과 산책하는 동안 지렁이를 찾고 관찰하였다. 늘 어린이집 주변과 공원을 산책하지만 이와 같이 영아들이 특별히 더 관심을 보이는 것, 제안하는 것에 교사가 호응하면 여느 때와는 다른 보다 특별한 산책 활동이 이루어지게 된다. 공원까지 가는 것만을 목표로 서둘러 가기보다는 영아들이 어떤 것에 관심을 보이며 이야기를 하는지 유심히 듣고 호응함으로써 교사의 관심사나 교사가 영아에게 가르쳐 주고 싶은 것 위주가 아닌 영아들이 관심을 가지고 있는 활동이 자연스럽게 이루어졌고 다른 친구들의 흥미와 관심 또한 자연스럽게 이끌어낼 수 있었다.

사례 7) 교실보다 바깥에서 놀고 싶어요(만 2세)

도경이가 등원할 때 울면서 등원하였다. 교실에 들어오기를 거부하였고 "나 밖에 나갈래. 안 들어가. 엄마랑 나갈래~"라고 하며 울었다. 그래서 교사가 "도경아! 바깥에서 놀까? 선생님하고 바깥놀이 나갈까?"라고 하니까 교사에게 안겨 "엄마 보고 싶어."라며 훌쩍였다. 교사가 "도경아! 선생님하고 바깥놀이 나가자. 뭐하고 놀까?" 하자, 도경이는 "엄마가 보고 싶어."라고 한다. 교사가 "엄마가 보고 싶어? 그랬구나. 우리 재밌게 놀고 나면 오후에 엄마 보니까 그 전에 친구들하고 재미있게 놀자"라고 하면서 도경이와 먼저 바깥놀이를 나갔다. 다른 교사와 함께 교실에 있는 친구들도 바깥놀이를 하고 싶으면 놀이터로 나오도록 하였다.

요즘 도경이가 등원할 때마다 울면서 등원하는데 엄마와 헤어지기 힘들어하면서도 막상 헤어지고 나면 곧 울음을 그치고 놀이에 몰입도 잘하고 즐겁게 노는 편이다. 아빠와 등원할 때는 그래도 나은 편인데 엄마와 등원하는 날은 엄마와 함께 있고 싶어 하고 집에 있는 동생 때문인지 동생도 어린이집에 보내라는 이야기를 하기도 한다.

오늘도 울면서 등원한 도경이가 금방 적응할 수 있도록 도경이의 이야기에 귀를 기울이니 바깥에 있고 싶다고 하여 바깥놀이를 먼저 권유하였다. 도경이도 솔깃한지 교사에게 안겼고 바깥놀이를 하면서 금방 적응하는 모습을 보였다. 하지만 친구들과 놀이를 하지 않고 교사에게만 의지하는 모습을 보이기에 지난번에 즐겁게 놀았던 분필을 내어 주니 스스로 몰입하는 모습을 보였다. 다른 친구들도 분필을 가지고 끼적이는 놀이에 관심을 보이면서 도경이와 친구들이 자연스럽게 어울리며 함께 놀이를 하였다.

교사가 개인적인 어려움을 가지고 있는 영아들의 마음을 읽어 주고 해소할 수 있는 방안을 모색하여 적극적으로 지원한다면 영아들도 자라면서 겪을 수 있는 문제들을 해소하고 놀이를 통해 스스로 즐거움을 찾아갈 수 있을 것이다. 내일은 또 도경이가, 새싹반 친구들이 무얼 하고 싶은지 물어보면서 함께 하루를 보낼 수 있도록 해야겠다.

사례설명

이 사례에서는 아침에 등원해서 엄마와 떨어지기 어려워하는 영아가 잘 적응할 수 있도록 교사가 배려하는 모습이 잘 나타난다. 그동안 영아가 교실에 들어오기를 거부하더라도 늘 교실에 들어와서 놀이를 하다 실외놀이 시간이 되어야 비로소 바깥놀이를 하는 일과가 반복되었는데 오늘은 교사가 도경이의 이야기를 귀담아 듣고 바깥놀이를 다른 친구들보다 먼저 했다. 교사는 도경이뿐 아니라 바깥놀이를 하고 싶어 하는 영아들은 바깥에서 놀이를 하고 교실에는 다른 선생님과 함께 나머지 영아들이 놀이를 하도록 했다.

실내자유놀이 이후에 바깥놀이라는 정해진 일과에 얽매이기보다는 영아의 이야기에 귀를 기울이고 영아의 요구를 수용하여 실내외의 놀이 공간을 융통성 있게 활용하는 것이 필요하다.

사례 8) 밀가루 반죽 요리: 친구와 함께 맛있게 냠냠(만 2세)

요즘 수시로 점토놀이를 하면서 다양한 놀이가 이루어지고 있다. 민이가 아침에 등원하자마자 "나 점토 할래" 하면서 밀가루점토를 찾아서 냉장고에 보관해 두었던 밀가루 반죽한 것을 바로 꺼내어 주었다. 몇몇 영아가 먼저 점토놀이를 시작하더니 곧 등원하는 다른 영아들도 점토놀이에 함께 참여한다. 세이는 역할영역에 있는 그릇을 가지고 와서 쿠키라며 담아서 교사에게 먹어 보라며 주기도 한다.

준이가 "선생님도 해 봐요~" 하면서 점토를 교사에게 주기에 "선생님은 돈까스랑 우동을 해 먹어야겠어"라고 했더니 역할영역에 있는 접시를 가져다주며 교사가 만들어 놓은 음식을 넣도록 도와주었다. 음식을 다 만들고 난 후 역할영역에 가서 나누어 먹는 놀이를 하는데 진이는 아이스크림 점토 틀을 가지고 와서 "아이스크림 먹어봐요"라고 하면서 교사에게 건네기도 하였다.

밀가루 반죽으로 음식을 만드는 영아들

사례설명

오늘의 밀가루점토 놀이는 등원한 민이가 "나 점토 할래"라고 하면서 밀가루 점토를 찾는 것에서부터 시작되었다. 또한 준이가 교사에게 "선생님도 해 봐요~" 하면서 점토를 교사에게 주는 행동에 교사가 호응하면서 놀이가 연속성을 띠고 보다 활발하게 이루어지는 계기가 되었다.

영아의 이야기에 귀를 기울인다는 것은 영아들이 자신이 하고 싶은 놀이를 말이나 행동으로 표현하고 교사가 영아의 이야기를 귀담아 듣고 호응하는 과정이 일상 속에 자리 잡는 것을 말한다. 늘 이루어지는 흥미영역에서의 놀이지만 이와 같이 영아의 요구와 표현을 교사가 귀담아 듣고 존중한다면 영아의 놀이가 보다 활성화될 수 있을 것이다.

사례 9) 작은 음악회와 새싹반에서 즐거웠던 놀이(만 2세 하반기)

새싹반 친구들은 음악이 들리면 악기 연주를 즐기는데 오늘도 노래를 틀어 주니 하나, 둘 모여 작은 음악회가 되었다. 자유놀이 시간에 '형님 반에 간다네' 노래를 틀어 주었더니 몇몇 영아들이 관심을 보이며 소리가 나는 컴퓨터 쪽으로 다가온다. 잠깐 듣고 있다가 곧 다시 놀이를 시작하는 친구들이 있는가 하면 영이는 악기 실로폰을 꺼내 연주하는 모습을 보이기도 했다. 교사가 "선생님도 같이 연주할래." 하고 탬버린을 꺼내어 '형님 반에 간다네' 노래를 부르면서 악기 연주를 하자 다른 영아들도 관심을 보이며 악기를 꺼내와 교사가 노래 부르는 걸 들으며 입을 맞춰 노래를 부르기도 하였다.

노래 내용이 지금 반에서 즐거웠던 일들을 기억하고 형님반에 간다는 이야기라 노래를 부르고 악기연주도 하면서 함께 즐거웠던 기억을 나눠 보았다. "친구들은 새싹반 때 어떤 놀이가 즐거웠어요?"라고 묻자 영아들은 "기찻길 만드는 거!", "요리놀이", "난 벽돌놀이!", "점토놀이 하는 거요!", "악기 연주하는 거!" 등 각자 즐거웠던 놀이를 이야기했다. 교사가 "그랬구나. 선생님은 친구들과 병원놀이할 때도 재밌었고, 모래놀이 하는 것도 재밌었어."라고 하자 "맞아! 난 잡기놀이", "자전거도!"라며 즐거웠던 놀이에 대해 이야기를 나누었다. 친구들은 생각보다 각자 즐거웠던 일들을 잘 이야기했다.

사례설명

'형님 반에 간다네'라는 노래를 들으면서 악기 연주를 하는 것을 계기로 교사는 영아들과 그동안 새싹반(만 2세반)에서 했던 놀이 중 자신이 가장 재미있었던 놀이에 대해 이야기를 나눈다. 영아들은 각자 자신들이 재미있었던 놀이에 대해 이야기를 하였고 교사는 영아들이 어떤 놀이를 재미있어하는지 들을 수 있는 기회가 되었다. 어린 연령이지만 만 2세반의 하반기에는 이와 같이 자신들의 생활이나 놀이와 밀접한 일들에 대해 충분히 자신의 의사를 표현할 수 있으므로 영아들과 놀이 중에 자연스럽게 이야기를 나눌 수 있는 기회를 갖는 것도 영아들의 이야기에 귀를 기울일 수 있는 기회가 된다.

(2) 유아의 이야기에 귀 기울이기

사례 1) 블록으로 만든 작품(만 3세)

정리 시간이 되자 "장난감을 갖고 놀다가~ 그냥 두고 밖에 나왔죠~"라는 정리 노래가 나오고 유아들이 블록을 정리하고 있다. 유아 1이 만든 블록을 정리하지 않자 교사가 블록을 정리하자고 하며 와플 블록을 뜯어 바구니에 담는다.

유아 1: 우리가 만든 거예요. 그냥 두면 안 돼요?
교사: 만든 거예요? 그래도 정리해야 하는데…
유아 2: 이따가 집에 갈 때 또 만들 수 있어요.
유아 3: 정리시간이니까 정리해야 해요.
교사: 그렇지. (모든 유아들이 함께 정리한다.)

사례설명

유아들이 정리 시간에 블록으로 자신이 만든 것을 보존하고 싶어 하는 것은 흔히 경험하는 일이다. 어떻게 하면 좋을까? 이러한 상황에서 유아의 의사를 존중할 수 있는 다음과 같은 여러 가지 의견이 나올 수 있다.

① 공간이 되면 전시를 할 수 있도록 한다.
② 사진을 찍어 게시함으로써 아쉬운 마음을 위로해 준다.
③ 여건이 안 되는 경우 정리 시간 전에 예고를 하여 아쉽지만 사전에 마음의 준비를 할 수 있도록 한다.

교사는 어린이집의 여건에 맞게 위에 제시한 여러 가지 방안을 실천할 수 있다. 그런데 일본의 한 어린이집에서는 발상을 달리해서 유아들이 쌓기놀이를 하면서 만든 것을 보존할 수 있도록 하였다. 단 만들기를 한 아이의 사진을 작품에 놓아두어 다른 유아가 만들기를 하기 위해 적목이 필요할 때는 사진을 보고 만들기를 한 친구에게 양해를 구한 후 사용하도록 하였다. 또한 자유선택활동이 끝나거나 유아들이 하원한 후에도 만들기를 한 것이 보존될 수 있도록 쌓기놀이 영역은 울타리를 만들어 매번 정리를 하지 않고 놀이가 이어질 수 있도록 하였다. 영역의 특성에 따라 정리 시간이 되어도 정리를 하지 않아도 되는 영역을 정해 놓은 것이다. 이 어린이집에서는 수·조작영역에서도 사진을 놓아 유아들이 만들어 놓은 것을 보존하도록 하고 있었다.

유아들은 어른들이 생각하는 것보다 훨씬 더 쌓기놀이를 하면서 작품을 만들기 위해 많은 노력을 기울여야 하고 그만큼 아쉬운 마음도 클 것이다. 그러나 그런 유아들의 마음을 매번 정리시간마다 묵살하게 되었고 유아들은 어느새 그런 상황을 당연시하게 되었을 것이다. 아이들과의 일상에서 아이들의 의사를 존중하기 위해서는 이처럼 작은 일에서부터 발상을 전환하는 것이 필요하다.

울타리를 쳐서 만들어 놓은 것을 그대로 보존하고 있는 쌓기놀이 영역

사진을 놓아 작품을 보존하게 하는 일본의 어린이집

사례 2) 동물들의 바깥놀이(만 3세)

실내 자유선택활동이 끝나고 실외놀이를 하러 나가려 할 때 유아들이 실내에서 가지고 놀던 동물 모형을 가지고 나갔으면 하는 바람을 이야기했다. 교사는 평소에는 실외로 나갈 때 실내에서 놀던 놀잇감을 잘 가지고 나가지 않았지만 이 날은 '동물'을 주제로 활동을 하는 주간이기도 해서 유아들의 요구를 받아들여 동물 모형을 가지고 나가서 놀도록 하였다. 동물들을 밖으로 데리고 나오니 "도마뱀은 이렇게 모래에 발을 숨겨요.", "하마랑 개구리는 물을 좋아해요."라며 유아들이 알고 있는 동물들의 생태에 대해 이야기하며 놀이하였다. 또한 동물들을 수레에

싣고 소풍을 가거나 배에 태워 주기도 하였으며 목욕을 시켜 주거나 자전거 뒤에 싣고 산책을 나가는 등 다양한 방법으로 놀이를 하였다. 동물들을 데리고 바깥놀이를 실컷 하고 들어왔더니 동물들이 더러워져서 유아들이 깨끗이 목욕을 시켜 주었다. 유아들은 동물들과 함께하는 바깥놀이가 재미있었는지 다음에 또 데리고 나가자고 했다.

동물 모형을 가지고 모래밭과 물에서 놀이를 하는 유아들

동물을 배에 태워주는 유아

"어? 오리는 떠요!!"

개구리를 자전거 뒤에 태워 주는 유아

사례설명

유아들은 동물모형을 가지고 실내와는 다른 실외에서 놀이를 하면서 실외환경을 이용하여 평소 자신이 알고 있는 동물의 생태에 대한 지식을 활용하여 놀이를 하거나 자신의 경험을 반영하는 다양한 놀이를 전개해 나갔다. 모래에 발을 숨기는 도마뱀부터 동물을 자전거에 태우고 산책을 나선 유아까지… 교사는 자신이 계획하지 않은 재미있고 다양한 놀이가 실외에서 이루어지는 것을 보면서 동물모형을 데리고 나가서 놀자는 유아들의 이야기에 귀를 기울임으로써 교사의 계획보다 훨씬 더 풍성한 활동이 이루어지게 되었다고 생각했다. 이러한 경험을 계기로 다음에는 동물 모자를 쓰고 실외놀이터에 나가서 노는 등 동물을 주제로 한 활동을 진행하는 과정 내내 실내에서 사용하던 활동 자료를 실외로 가지고 나가 활동함으로써 유아들과 함께 더욱 즐거운 활동을 이어 나갈 수 있었다.

사례 3) 유아들이 어린이집을 좋아하는 이유(만 4세 하반기)

유아들이 어린이집을 좋아하는 이유가 무엇인지 그림으로 그리고 그린 것에 대해 이야기를 나누거나 글자로 쓸 수 있는 친구는 글로 써 보았다. 유아들이 한 가지씩 그리고 이야기한 것을 모아서 '우리 종달새가 좋아요'를 만들었다.

우리 종달새가 좋아요

자전거가 좋와요
미그런크가 좋와요
빵빵이가 좋와요

놀이터가 널버서 좋아요
간식이 맛있어요
숲곤노리가 좋와요

친구랑 자주 만나서 좋아요
아롱이 다롱이가 조아요
달팽이가 좋아요

사례설명

유아들이 어린이집을 좋아하는 이유에 대해 그림과 글로 표현해 봄으로써 간단한 표현이지만 유아들이 어린이집에서 생활하면서 가장 좋아하는 것이 무엇인지 알 수 있다. 유아들은 실외에서 하는 다양한 놀이와 더불어 실내에서 하는 소꿉놀이를 좋아하며 간식을 좋아한다. 그리고 어린이집에서 키우던 강아지인 아롱이와 다롱이, 달팽이와 같은 동물을 좋아한다.

일과 중 실외놀이와 자유놀이를 선호한다는 것을 알 수 있는데 교사들이 많은 노력을 기울이고 신경을 쓰고 있는 대집단 활동을 좋아한다는 유아들이 많지 않은 것을 보면 어쩌면 교사들의 노력과 아이들의 요구가 엇나가고 있는 것은 아닌지 생각해 봐야 한다. 유아들의 의사를 존중하기 위해서는 유아들이 좋아하는 것을 맘껏 즐기며 생활할 수 있도록 일과를 조정하고 실내외 환경을 마련하는 것이 필요하다.

사례 4) 경의선 숲길 나들이를 하고 나서(만 5세)

유아들이 경의선 숲길 나들이를 하고 나서 좋았던 점과 아쉬웠던 점 등에 대해 이야기를 나누었다.

좋았던 점

- 여름보다 시원하고 햇빛도 별로 없어서 우리가 놀기에 너무 좋았어요.
- 나비를 잡아서 기분 좋았고, 여러 곤충들이 많이 있어서 관찰할 게 많았어요.
- 비눗방울, 그림 그리기, 곤충채집 등 우리가 계획했던 것을 모두 하고 와서 좋아요.
- 지난번에 갔을 때보다 기찻길을 더 많이 찾을 수 있었어요.
- 새롭게 발견한 것이 많았어요. (기찻길, 깊은 구멍, 길을 밝혀 주는 불빛, 도토리, 나무에 젤리 같은 것, 여름보다 풀이 더 많아진 것 등)
- 경의선 숲길로 가는 길과 어린이 집으로 돌아오는 길이 달라서 볼 수 있는 게 많았어요.

❀ 아쉬웠던 점과 개선할 점

- 나비를 잡았었는데 어린이 집으로 돌아가야 해서 놓아줬어요.
- 비눗방울 때문에 손을 씻고 싶은데 손 씻는 곳과 너무 멀었어요. 다음에는 손 씻는 곳과 가까운 곳에 돗자리를 펴요. 우리들의 날을 보내기 전 미리 우리가 보낼 장소에 가서 확인해요.
- 우리가 어렵게 채집한 나비가 죽어서 속상하고 마음이 아파요. 다음엔 잡은 곳에서 관찰하고 풀어 줘요.
- 채집통을 구멍이 있고 넓은 것으로 준비해서 가요.
- 숲길에서 도시락 먹기나 과자 파티를 하지 못해 아쉬워요.

아이들이 즐겁게 놀 수 있었던 경의선 숲길

사례설명

자신들이 한 활동에 대한 유아들의 평가는 다양한 상황에서 이루어질 수 있다. 하나의 주제에 대한 활동이 끝나고 나서, 일정 기간 동안 이루어지는 활동의 중간에, 연극이나 음악 공연을 보고 나서, 행사를 하고 나서 등 다양한 상황에서 유아들은 자신들이 참여한 활동에 대해 좋았던 점과 좋지 않았던 점, 개선할 점 등 활동에 대한 자신의 의사를 표현할 수 있으며, 보육과정의 개선에 참여할 수 있다. 활동 후 교사들 간의 평가는 흔히 이루어진다. 그러나 유아들이 평가에 참여하여 자신의 경험과 생각을 반영시킴으로써 활동 평가가 훨씬 더 풍부해지며, 특히 활동의 당사자인 유아의 입장에서 평가가 이루어진다는 점에서 보다 의미 있는 평가가 될 수 있다.

사례 5) 24시간 보육 아동의 마음 읽어 주기

이 유아는 어린이집에서 생활하는 24시간 보육 아동이다. 일주일 내내 어린이집에서 생활하다 주말이면 가정으로 돌아가며, 아버지와 둘이 살고 있다. 아버지의 직장 업무가 주말까지 계속될 때가 자주 있고 아버지가 바쁘기 때문에 유아와 함께 간식을 사러 가는 기회가 부족한 편이다.

다른 유아들이 간혹 집에서 간식을 가져와서 친구들과 나누거나 장난감을 가져와 친구에게 보여 주는 날이면 부러워하며 "나도 아빠가 과자 사 줘서 가져 왔었어"라고 거짓말을 하거나 "나 그거 줘~" 하면서 친구를 계속 쫓아다니며 귀찮게 하기도 한다.

교사는 부모와 간식을 사먹을 수 있는 기회가 없어 다른 친구들을 부러워하는 유아의 마음을 헤아려 24시간 보육을 받는 유아들과 간식을 함께 사먹기로 했다. 교사는 유아들에게 어린이집 간식 외에 먹어 보고 싶은 것이 있는지 물어보았고 유아들은 '과자, 껌, 초콜릿, 쿠키, 마이쮸' 등 평소 먹고 싶었던 것을 말했다. 유아들과 간식을 사러 마트에 가자 사기로 결정했던 것과는 다른 먹을거리가 많다는 것을 알고 그 자리에서 품목을 바꾸기도 했다(아이들이행복한세상 공모전 수상 청천1동 어린이집 사례).

먹고 싶은 간식에 대해 이야기 나누기

마트에서 간식 사기

사례설명

영유아의 의사표현을 존중한다는 것은 영유아가 말로써 자신의 감정이나 생각을 표현하는 것을 존중하는 것만을 의미하는 것은 아니다. 영유아는 때로는 사례에 나오는 유아와 같이 자신이 부러워하는 어떤 상황을 실재하는 것처럼 거짓말을 하거나 다른 친구들을 귀찮게 하거나 괴롭히는 것으로서 자신의 요구를 표현하기도 한다.

이 교사는 말로 표현되고 있지 않으며 다소 문제행동으로까지 여겨지는 유아의 의사표현에 민감함으로써 다른 유아들처럼 간식이나 장난감을 사러 가게에 가고 싶은 유아의 욕구를 읽고 유아의 의사를 존중해 주고 있다.

사례 6) 어떻게 하면 좋을까요?: 장애아동에 대한 강한 훈육(만 3세)

만 3세의 장애를 가진 유아가 화장실에 가서 교사가 소변을 보라고 바지를 내렸을 때나 자신이 소변 실수를 했을 때 짜증을 내면서 손으로 통합교사의 얼굴을 때린다. 교사는 때리는 유아를 막기 위해 유아를 붙잡고 교사를 때려서는 안 된다고 이야기하지만 유아는 교사의 손을 뿌리치고 교사를 또 때린다. 이러한 행동이 이전에는 잘 나타나지 않았는데 최근 들어 유아가 통합교사의 얼굴과 몸을 때리는 경우가 늘어나고 있다.

교사는 이러한 문제를 해결하기 위해 '왜 이런 상황이 벌어졌을까?'에 대해 생각해 보았다. 먼저 주로 어떤 상황에서 유아가 교사를 때리는지 파악하기 위해 교사를 때리는 상황을 정리해 보았다. 유아는 늘 그런 것은 아니지만 아침에 등원했을 때나 소변 실수를 했을 때, 화장실에 가서 교사가 소변을 보도록 바지를 내렸을 때 교사를 때리는 행동이 주로 나타났는데 교사는 유아의 행동에 대한 원인을 파악하기 위해 어머니와 이야기를 나누어 보았다.

교사는 단지 유아가 교사를 때리는 행동에만 주목하고 때리지 말라고 통제하는 것보다는 유아가 교사를 때리는 이유에 주목하였으며 유아가 무엇 때문에 스트레스를 받는지를 파악해서 유아의 문제행동을 해결하는 것이 필요하다고 본 것이다.

어머니와의 대화를 통해 알게 된 것은 유아가 최근 소변 실수를 하면 집에서 많이 혼났는데 그러한 영향으로 소변 실수를 하고 나서 혼나는 것에 대한 스트레스로 인해 교사를 때리는 행동을 하게 된 것 같다는 것이다. 또한 교사를 때리는 행동과 함께 평소에 하지 않던 행동, 즉 손으로 눈을 가리는 행동을 하는데 집에서도 소변 실수 후 혼나게 되면 손으로 눈을 가리는 행동을 한다고 하였다.

또 잠을 충분히 자지 못하고 등원했을 때, 소변을 보고 싶지 않은데도 바지를 내리고 소변을 보라고 했을 때 교사를 때리는 행동이 나타나게 된다는 것도 부모와의 대화를 통해 알게 되었다.

부모와의 소통을 통해 알게 된 이러한 원인에 대해 하나하나 해결할 수 있는 방법을 모색하게 되었는데 가정에서 잠을 충분히 자지 못하고 등원할 경우 부모가 교사에게 먼저 그러한 상황을 알려 주어 유아가 스트레스를 많이 받지 않게 대처할 수 있도록 하였으며 소변을 보고 싶지 않은데 교사가 소변을 보고 싶다는 의사표현이 원활하지 않은 유아를 규칙적으로 소변을 보도록 하던 데서 소변을 보고 싶다는 의사표현이 가능하도록 변기 그림이 그려져 있는 그림카드를 이용해 유아의 의사를 먼저 물어본 후 소변을 보게 하였다. 또한 소변 실수를 한 후 가정에서 강하게 훈육하던 것 또한 유아의 스트레스를 고려하여 지도를 완화하는 방향으로 조정하였다.

사례설명

의사표현이 원활하지 못한 장애아동의 경우 특히 교사가 민감하게 영유아의 의사를 말뿐이 아니라 다양한 상황 속에서 보여 주는 행동과 표정, 울음, 웃음, 소리 등으로 파악하고 이를 존중하는 것이 필요하다.

이 사례에서와 같이 교사는 처음에 교사의 얼굴이나 신체를 때리는 유아의 행동에 주목하였고 때리지 못하도록 통제하는 것에 집중하였다. 그러나 유아가 교사를 때리는 행동은 개선되지 않았고 교사를 때리는 행동을 통제할수록 유아가 교사를 때리는 행동의 강도는 더욱 강해졌으며, 점점 더 빈도가 높아지는 경향을 보이게 되었다. 교사는 유아가 이전에는 하지 않던 행동을 왜 하게 되었는지, 유아의 심리 상태는 어떤 것인지 등에 주목하여 문제의 원인을 파악하는 것을 중심으로 문제를 해결해 나가기 시작하였다. 이러한 과정에서 유아가 어린이집에서 생활하는 상황뿐 아니라 가정에서의 상황을 부모와의 소통을 통해 알게 됨으로써 유아의 행동에 대한 원인을 보다 구체적으로 파악하게 되었으며 유아의 문제 행동을 해결하는 데 많은 도움이 되었다.

사례 7) 소통이 잘 안 되는 유아가 갑자기 울기 시작했을 때(만 4세)

만 4세의 장애를 가진 유아가 신체활동 시간 중 친구들이 활동을 시작하였을 때 언어영역에 앉아 있다가 갑자기 큰 소리로 울기 시작하여 통합교사가 유아를 안아 복도로 데리고 나왔다. 교사는 유아가 갑자기 우는 이유를 파악하기 위해 상황을 되돌아보니, 울기 시작할 때부터 동요 소리가 들리지 않았다는 것을 인식하게 되었다. 교사가 "ㅇㅇ아, 노래 더 듣고 싶었어?"라고 이야기를 하며 뽀로로 동요를 틀어 주자, 유아는 진정이 되어 뽀로로 동요를 듣기 시작하였다. 뽀로로 동요가 나올 때 유아는 스마트폰 화면에 관심을 보이기 시작하였고 시각적인 감각에 더 예민하게 반응하였다. 스마트폰 화면이 꺼지자 스마트폰을 던지며 우는 유아를 달래기 위해 교사는 뽀로로 동요의 볼륨을 조금 더 크게 하였고 스마트폰을 앞치마 주머니에 넣었다. 그런 후 유아는 교사의 다리를 베고 누워 뽀로로 동요를 들으며 진정할 수 있었다.

교사는 의사소통이 잘 이루어지지 않는 유아가 갑자기 울기 시작했을 때 '컨디션이 좋았던 ㅇㅇ이가 갑자기 우는 이유가 무엇일까?'에 대해 생각해 보았다. 선생님이 틀어 주는 동요 소리가 들리지 않았을 때 울기 시작한 유아가 혹시나 동요를 더 듣고 싶은 마음에서 우는 것은 아닐 까라는 생각으로 조용한 복도로 데리고 나와 유아가 좋아하는 뽀로로 동요를 들려주었다. 그러자 울던 유아는 울음을 멈추고 진정할 수 있었지만 청각적인 자극보다는 시각적인 자극에 더 반응하게 되었다. 유아가 시각적인 자극에 대한 관심을 줄이고, 청각적인 자극에 대한 관심을 높일 수 있도록 교사가 지원을 해 주자 유아는 교사의 품에 기대어 편안하게 진정할 수 있었다.

사례설명

의사표현이 잘 되지 않는 유아가 갑자기 큰 소리로 우는 상황에서 교사는 왜 유아가 우는지 파악하기 위해 상황을 되돌아보면서 원인을 찾아 유아를 진정시켰다. 이와 같이 자신의 의사를 정확하게 말로 표현하기 어려운 장애 유아의 경우 울음이나 행동으로 자신의 의사를 표현하는데 이때 교사가 유아의 울음이나 행동이 무엇을 의미하는지 민감성을 가지고 파악함으로써 유아의 이야기에 귀를 기울일 수 있다.

사례 8) 나는 아기가 아니야: 갑자기 울화를 표현하는 경우(만 4세)

눈썰매장에서 어린이집으로 돌아오는 버스 안에서 잠이 들었던 ㅇㅇ이는 버스 도착 후 잠이 덜 깬 채 버스에서 내리자, 돌계단에 앉아 있는 다른 친구들을 밀고 그 사이에 누우려고 하였다. 친구들이 불편하다고 하여 교사가 ㅇㅇ이를 안아 주며 "ㅇㅇ아 선생님이 안아줄게, 자리가 좁으니깐 선생님 품에 안겨"라고 이야기를 하였다. 그러자 ㅇㅇ이는 강하게 거부하며 발버둥을 치다 바닥에 울면서 엎드렸다.

잠시 후 앉아있던 친구들이 이동을 시작해 자리가 비자, 통합교사가 "ㅇㅇ아

여기 앉아, 그런데 왜 울었어?"라고 물어보며 진정할 수 있는 시간을 주었다. 진정을 한 후 ○○이는 "나는 아기가 아니라, 여섯 살 언니인데 선생님이 아기처럼 안아줬어"라고 이야기를 하였다. 교사가 "○○이 태권도 가는데, 피곤할까 봐 선생님 품에서 조금 더 잘 수 있도록 안아 준 거야, ○○이가 아기여서 안아 준 게 아니라, ○○이가 조금 더 편안하게 있을 수 있도록 안아 준 거야, 진정되면 어린이집에 가자, 진정하고 다시 이야기 해 줘"라고 이야기를 해 주며 ○○이 옆에 서 있었다. 잠시 후 ○○이는 "진정했어요."라고 이야기를 하며 교사의 손을 잡고 어린이집으로 이동하였다.

사례설명

돌계단에 앉아 있는 친구들을 밀고 그 사이에 누우려고 하는 ○○이가 친구들 사이에 불편하게 앉아 있기보다는 많이 피곤해하는 ○○이가 조금 더 쉴 수 있도록 교사가 안아 주었다. 그러나 ○○이는 갑자기 발버둥을 치며 울고 바닥에 엎드리는 것과 같은 행동을 보였다. 친구들이 모두 이동한 후 교사와 ○○이만 남았을 때 덜 복잡한 환경에서 ○○이가 진정을 할 수 있도록 하면서 교사가 안아줬던 이유에 대해 이야기를 하였고 ○○이도 진정을 하고 자신이 울었던 이유에 대해 이야기를 하였다.

장애를 가지고 있는 유아 중에 쉽게 파악하기 어려운 이유로 어린이집이나 공공장소에서 강한 분노나 울화(tantrum)를 표현하는 경우가 있다. 이러한 상황에서 교사는 유아와 의사소통이 원활하지 않을 뿐 아니라 원인을 쉽게 파악할 수 없어 당황하게 된다. 이 사례에서 교사는 친구들이 떠나고 난 조용한 상황에서 유아가 진정을 하게 되었을 때 유아가 왜 그런 행동을 했는지 또 교사는 왜 안아 주려고 했는지에 대해 유아와 대화를 나누었다. 이러한 과정이 지속되면서 교사는 비장애 유아들과는 달리 쉽게 파악이 되지 않는 유아의 울화를 표현하는 행동의 원인에 대해 알게 되고 의사소통을 할 수 있게 된다.

2) 자신을 표현할 수 있는 기회 주기

영유아의 의사를 존중하고 영유아가 보육과정의 운영에 참여할 수 있도록 하기 위해서는 생활 속에서 영유아가 자신의 의사를 표현하는 것을 잘 들어 주는 것뿐 아니라 생각하고 느끼는 것을 그리거나 만드는 등 영유아가 자신을 표현할 수 있는 다양한 기회를 주어야 한다.

(1) 영아가 자신을 표현할 수 있는 기회 주기

사례 1) 마음껏 끼적여요(만 1세)

만 1세반 영아들이 작은 종이, 큰 종이, 더 큰 종이, 여러 색깔의 종이 등 다양한 종이 중 자신이 원하는 종이를 선택해서 자유롭게 끼적거리기를 하고 간단한 것을 표현하기도 한다.

여러 가지 종이에 그림 그리기

둥글둥글 원을 그리는 현이

그림 위에
스티커를 붙이는 지이

손을 따라 그리는 환이

동그라미를 계속 그리는 준이

"이건 아빠야!"라는 윤이

사례설명

영아들은 크레파스나 사인펜, 종이가 있으면 끼적이기 시작한다. 처음에는 자신의 손동작에 따라 색이 나오고 선이 그려지는 것이 신기해서 끼적이다 점차 의도를 가지고 끼적이기를 하게 된다. 원을 그리는가 하면 손 모양을 따라 그리기도 한다. 이러한 영아의 끼적거리기가 특별한 형태가 나타나지 않는다고 하여 토끼, 거북이 등 형태가 그려져 있는 종이에 색칠하기를 하게 하기보다는 영아가 자유롭게 하고 싶은 대로 표현해 볼 수 있도록 하는 것이 필요하다. 영아는 간단한 형태 그리기, 끼적거린 것에 이름 붙이기, 자신이 선택한 색 등을 통해 자신의 관심과 느낌을 표현한다. 이러한 과정을 통해 영아는 자신의 관심사, 느낌 등을 표현하고 있는 것이며, 영아의 표현 능력이 점차 발달하게 되면서 보다 충실하고 정교하게 표현할 수 있게 된다.

영유아의 끼적거리기나 그림그리기는 단순히 그림으로써만이 아니라 말이나 글로 언어 표현이 충분히 이루어지기 어려운 시기에 자신의 관심사나 느낌 등을 표현하는 중요한 수단이다. 따라서 영아가 끼적거리기를 통해 자신을 표현할 수 있는 기회를 충분히 갖도록 함으로써 교사가 영아의 관심이나 느낌을 파악하고 의사를 존중할 수 있게 된다.

사례 2) 분필로 바닥에 표현하기(만 1세)

영아들이 바깥놀이터에서 분필로 바닥에 끼적이기를 하였다. 종이뿐 아니라 실내외에서 표현이 가능한 다양한 재료로 마음껏 끼적이기를 할 수 있는 기회를 주면 영아들은 신나게 끼적이기를 한다. 바닥에 끼적이기를 하던 영아는 나무로 된 놀이집이나 놀이시설에 끼적이기를 하기도 하는데 분필이라는 재료가 쉽게 지워지므로 교사와 영아가 부담 없이 마음껏 끼적이고 싶은 곳에 즐기면서 끼적이기를 할 수 있다.

색깔을 바꿔 가며 끼적이는 준이

분필로 개미 따라가기

놀이집에 끼적이는 은이

사례설명

영아들은 늘 실내에서 종이에 끼적이기를 하지만 실외에서도 분필이나 붓에 물을 묻혀 끼적이기를 한다. 실내외의 다양한 환경에서 표현이 가능한 여러 가지 도구를 이용하여 마음껏 끼적일 수 있는 기회를 주는 것이 필요하며, 특히 분필이나 물을 묻힌 붓은 쉽게 지워지거나 자국이 남지 않는 장점이 있어 영아들이 끼적이기를 아무 곳에나 하면서 즐길 수 있으며 다양한 재질을 탐색할 수 있다. 이러한 활동이 축적됨으로써 영아들은 자신들이 표현하고 싶은 것을 마음껏 표현할 수 있는 자발성을 기를 수 있다.

사례 3) 엄마 엉덩이(만 2세)

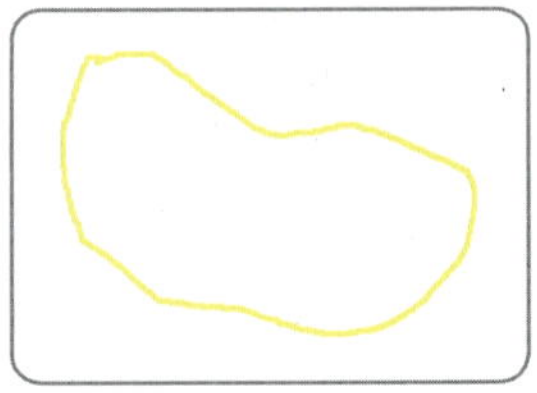

수아가 교사에게 자신이 그린 그림을 보여 주며 이야기하고 있다.
수아: "선생님 이게 뭔 줄 알아요?"
교사: "이게 뭘까? 음 글쎄 선생님은 잘 모르겠네.
수아가 알려줄래?"
수아: "엄마 엉덩이요."
엄마 엉덩이라는 말에 친구들도 보여 달라고 하였고 수아는 보여 주면서 연실 웃고 있다.

사례설명

둥그렇게 그린 이 그림이 무엇을 그린 것으로 보이나요? 만 2세 영아는 교사에게 엄마의 엉덩이를 그린 것이라고 하였다. 간단한 영아의 표현을 무심히 지나칠 수도 있지만 교사는 영아와 그림에 대해 이야기를 하는 과정에서 영아가 엄마의 엉덩이를 그렸다는 것을 알 수 있었다. 수아가 엄마의 엉덩이를 그렸다고 대답하자 주변의 다른 영아들도 그림에 관심을 보였는데 영아들이 경험하는 엄마의 엉덩이는 영아들에게 매우 친숙한 엄마 그 자체일 수도 있기에 관심을 보이는 것이라 생각된다.

영아에게 자유롭게 자신이 원하는 것을 그릴 수 있도록 하는 것, 또 그림에 대해 이야기를 나누고 무엇을 그렸는지 묻는 것 등은 모두 영아의 관심이나 의사를 표현할 수 있는 기회를 주는 것이며 교사는 이러한 과정을 통해 영아가 어떤 것에 관심이 있는지 어떤 생각을 하는지 이해하고 공감할 수 있게 되며 이렇게 공유되는 경험을 바탕으로 교사는 영아의 의사를 잘 파악하여 존중할 수 있게 된다.

사례 4) 물 붓그림 그리기(만 2세)

영아들이 놀이터에서 방울토마토 따먹기, 자전거 타기, 분무기 놀이 등을 하던 중 물감 붓과 페인트 붓을 꺼내 주니 호기심을 보이며 붓을 탐색하였으며 대야에 물을 받아 주자 붓에 물을 묻혀 놀이터 바닥에 다양한 물 그림을 그렸다.

경이가 교사에게 "선생님, 고래 그렸어요."라고 말하며 나무 의자에 붓으로 칠한 것을 보여 주자 교사는 "우와, 경이는 의자에 고래 그림을 그렸구나."라고 호응하였다. 준이는 나무 의자와 책상에 그림을 그렸는데 비행기, 고래, 상어, 끼적이기 등 다양한 그림을 그리며 자신이 무엇을 그렸는지 이야기하였다. 물로 바닥에 그림 그리기, 분무기에 물을 담아 물을 바닥에 뿌리고 넓게 칠하기, 대야에 그림 그릴 때 필요한 물 모으기 등 다양한 방법으로 물 그림 놀이를 하였다.

교사의 이야기

어린이집 놀이터에서 자유롭게 시원한 물 그림을 그리며 즐거운 시간을 보낼 수 있어서 좋았다. 영아들도 넓은 공간에서 여유롭게 마음껏 물로 표현하며 한참 동안 집중해서 놀이하는 모습을 볼 수 있었다. 페트병, 분무기, 물풍선 등 평소 영아들이 좋아하는 물놀이도 지속적이고 자발적으로 이루어지지만 새로운 물놀이 도구를 제시해 주니 영아들이 큰 호기심과 흥미를 보이고 도구를 탐색하면서 새로운 놀이를 할 수 있었다. 붓을 활용한 그림은 주로 종이에 그리는데 물 그림을 그림으로써 바닥, 의자, 책상, 벽, 길 등 다양한 느낌의 표면에 그림을 그리니 더욱 새롭고 영아들도 재미를 느끼며 활발하게 활동에 참여하는 것 같다.

놀이터 바닥에 다양한 붓으로 물 그림을 그리는 아이들

사례설명

그림을 그린 후에 시간이 지나면 흔적이 남지 않는 물의 특성을 이용하여 영아들이 자신이 원하는 곳에 자신이 원하는 것을 마음껏 그릴 수 있는 활동이다. 영아들은 비행기, 고래, 상어 등 자신이 좋아하는 것, 관심이 있는 것을 그렸으며 특정한 것을 그리지 않더라도 붓으로 마음껏 끼적이기를 하면서 타이어 블록이나 나무, 플라스틱 미끄럼틀 등과 같은 다양한 재질에 그렸을 때의 느낌을 경험한다.

교사가 지시하는 특정한 것을 표현하는 것이 아니라 영아들이 흥미를 가지고 자신이 원하는 것을 마음껏 표현할 수 있는 다양한 기회를 주고 교사는 영아가 표현한 것이 무엇인지 묻고 듣는 과정을 통해 영아가 무엇에 흥미를 가지고 생활하고 있는지 영아의 주요 관심사가 무엇인지 알 수 있는 기회가 된다.

사례 5) 블록으로 표현하기(만 2세)

영아들은 쌓기놀이 영역에서 벽돌블록으로 집이나 자동차를 만들고 와플블록으로 가방을 만들며 놀이를 할 뿐 아니라 쌓기놀이 영역을 벗어나 보육실 전체 공간과 책상 등을 활용하여 마음껏 자동차가 다니는 터널을 만들며 놀이를 한다.

집을 만들어 놀이하기

버스를 타고 놀이터로 놀러가는 영아들

보육실 전체 공간과 책상 등을 활용하여 터널을 만들기

사례설명

대체로 영아들은 자유선택활동 시간에 블록으로 놀이하는 것을 가장 좋아한다. 몇몇 영아는 하루 종일 블록을 가지고 논다고 해도 과언이 아닐 정도로 벽돌블록, 와플블록, 레고블록 등 다양한 블록으로 집과 자동차, 가방, 터널 등 자신이 원하는 것을 만들어 놀이한다. 영아들이 블록으로 만드는 것은 영아의 흥미나 관심을 표현하는 것이며 블록으로 만든 집이나 자동차 등을 활용하여 놀이하는 과정 또한 자신의 경험이나 생각을 표현하는 것이다. 이때 쌓기놀이 영역에 한정해서 놀이를 하기보다는 교실 전체를 활용하여 놀도록 공간을 확장해 준다면 영아의 상상력은 더욱 풍부해지며 자신이 만들고자 하는 것을 보다 활발하게 만들어 놀이를 진행할 수 있다.

그런데 블록놀이는 영아의 생활과 놀이에서 많은 비중을 차지하고 있음에도 불구하고 너무나 일상적이어서 때로는 교사의 관심을 받지 못하는 것 같다. 주간 교육계획안을 작성할 때 영아들이 자연스런 상황에서 블록으로 표현하는 것을 블록영역의 활동으로 계획에 반영한다면 훨씬 더 흥미 있는 활동이 될 것이다.

예를 들어 자동차 놀이를 즐겨하는 반이라면 봄이 주제일 때 '자동차를 타고 봄나들이 가요'와 같은 활동을 배치한다면 영아들이 평소 즐기던 자동차 놀이와 '봄' 주제가 자연스럽게 연계될 수 있다. 그러나 영아가 일상에서 블록으로 표현하는 것과는 다소 동떨어진 '봄 동산을 꾸며요'와 같은 활동을 주제와 관련하여 계획하게 된다면 교사가 계획한 활동과 영아들이 즐기는 활동과 괴리가 발생하게 된다. 그러다 보니 영아의 놀이 장면과 거리가 있는 교사가 계획한 활동은 부자연스러우면서 짧게 이루어지는 경우가 많다. 한 발 더 나아가 영아들이 '활동 주제'라는 것을 크게 의식하지 않는데 영아반의 보육과정을 운영하면서 활동 주제가 반드시 필요한 것인지에 대해서도 생각해 보아야 한다. 특정의 활동 주제가 없이도 놀잇감과 실내외의 놀이 환경을 통해서도 양질의 보육·교육과정을 운영하는 것이 얼마든지 가능하기 때문이다.

(2) 유아가 자신을 표현할 수 있는 기회 주기

사례 1) 갯벌에 다녀온 것에 대해 그림 그리기(만 3세)

유아들이 갯벌에 다녀와서 갯벌 체험에 대해 협동화를 그렸다. 한 유아가 갯벌 그림에 냉장고와 아이스크림을 그려 넣었는데 이상하게 생각한 교사가 갯벌 그림에 왜 냉장고와 아이스크림을 그렸냐고 하자 유아는 간식을 먹지 못하고 갯벌에 들어가는 바람에 배가 고팠고 자신은 그때 아이스크림 생각이 났었다는 이야기를 했다. 갯벌에 갔을 때 물때를 잘 못 맞추어 간식을 먹지 못하고 급히 갯벌로

들어가는 바람에 유아는 배가 고팠던 것이다. 이 이야기를 들은 원장은 다음에 갯벌 견학 계획을 세울 때는 좀 더 세심히 물때를 고려해야겠다고 생각하였다.

사례설명

유아의 체험에 대해 그림으로 표현하고 왜 그러한 것을 표현하였는지 물어보는 과정에서 교사나 원장은 무난히 잘 다녀왔다고 생각했던 갯벌 체험에 대해 유아의 입장에서 다시 생각해 볼 수 있는 기회를 갖게 되었다. 이와 같이 영유아는 그림이나 만들기 등으로 자신의 경험과 생각, 느낌 등을 표현하므로 영유아가 언제든 자유롭게 그림이나 만들기 등으로 자신을 표현할 수 있도록 환경을 조성하고 시간을 배려해야 한다. 영유아의 그림이나 만들기에 대해 미술 작품으로서의 의미만이 아니라 아직 말이나 글로 표현하는 것이 익숙하지 않은 영유아의 또 다른 언어로 바라보고 해석하는 것이 필요하다.

사례 2) 나를 상징하는 그림 사물함이나 수건걸이에 붙이기(만 3~5세)

유아들이 매일매일 사용하는 사물함과 수건걸이에 자신을 상징하는 그림으로 장식했다. 교사는 유아들이 자신의 물건과 수건을 걸어둘 자리를 스스로 선택하게 하고 그 자리에 이름표를 만들어서 붙이도록 했다. 유아들은 저마다 자신의 이름을 쓰고 자신을 상징하는 그림을 그려 자기 자리에 붙였다. 나의 모습이나 가족을 그린 친구도 있고, 좋아하는 동물을 그린 친구도 있다.

사례설명

매일매일 사용하는 사물함과 수건걸이에 붙이는 이름표에 자신을 표현할 수 있는 그림을 그려 표현하였다. 모든 아이들이 저마다 다른 자신을 표현하였으며, 그런 이름표가 유아들이 생활하면서 늘 접하는 환경의 일부가 되었다는 것에 의미가 있다. 매일 하루에도 수차례 유아들은 사물함에 붙어 있는 나와는 다른 친구들, 친구들과는 다른 나를 만날 것이며, 그때마다 다양한 특성을 지닌 친구들을 부지불식간에 인식하게 될 것이다.

유아들 모두 다르게 자신을 표현한 하나도 같은 것이 없는 이름표를 보면서 저마다 다른 아이들의 존재가 자연스럽게 느껴진다. 유아들이 자기 존중감을 기르는 것은 타인과 다른 자신을 인식하고 표현하는 데서부터 시작될 수 있다. 또한 한 사람 한 사람 어느 누구도 똑같지 않은 다양한 친구들의 존재를 생활 속에서 자연스럽게 접하고 인식하는 것으로부터 권리 존중의 바탕이 되는 다양성 존중이 시작될 것이다.

사례 3) 나를 표현하는 나만의 책가방 만들기(만 3세~만 5세)

이 어린이집에서는 만 3세가 되면 1주일에 한 번 자신이 원하는 책을 선택하여 집에 가져가서 읽는 도서대여 활동을 한다. 유아들은 무늬가 없는 가방에 스스로 그림을 그려 이 세상에 하나뿐인 자신만의 책가방을 만들어서 사용한다. 만 3세 때 만든 책가방은 만 5세가 되어 졸업할 때까지 들고 다니면서 책을 빌려가는 데 사용한다. 누구나 똑같은 가방이 아니라 가방에 저마다 색다른 그림을 그림으로써 자신을 표현한 가방을 들고 다니는 것이다.

도서대여를 위한 이 세상에 하나뿐인 나만의 책가방

사례설명

어린이집이나 유치원에서 유아들이 생활하면서 사용하는 사물함, 가방, 수건걸이 등에 붙이는 이름표에 자신을 표현할 수 있도록 하는 것은 작은 표현일 수 있지만 다양한 의미를 갖는다. 그중 하나는 영유아가 이른 시기부터 기관에서 집단생활을 해야 하는 생활 여건으로 인해 몰 개성화되는 경향이 있으며, 이는 자신의 독특성을 자각한 상태인 자아 정체감을 형성해 나가는 데 있어서 부정적인 영향을 미치게 된다는 것과 관련된다. 영유아가 매우 이른 시기부터 집단생활을 함으로써 자아 정체감 형성에 부정적인 영향을 받아왔다면 남과는 다른 자신을 표현할 수 있는 다양한 기회는 부정적인 영향을 조금이라도 보완할 수 있을 것이다.

■ 자아 정체감 ego(self)-identity, 自我正體感
다른 사람과 관계를 맺으며 가지게 되는 '나는 누구인가'에 대한 해답이다. 자아 정체감은 자아 개념이 보다 발달하여 구체적인 의식으로 **자신의 독특성**을 자각한 상태를 말한다. 자아 정체감은 대인관계, 역할, 목표, 가치 및 이념들에 있어서 **자기가 지니는 고유성**에 대한 자각과 이에 부합하는 자기 통합성과 일관성을 견지해 나가려는 의식, 무의식의 노력이다(다음백과).

사례 4) 내가 만들고 싶은 자동차(만 4세)

미술영역에서 내가 만들고 싶은 자동차를 만드는 활동을 계획하였다. 교사가 "내가 자동차를 만드는 사람이라면 어떤 자동차를 만들고 싶은지 생각해 보자."고 하며 잠시 시간을 준 다음 생각나는 것을 말해 보았다. 유아들은 긴 자동차, 불꽃이 나오는 자동차, 하늘을 나는 자동차, 물에서도 갈 수 있고 상어가 나타나는 것을 알려 줄 수 있는 자동차, 동물 자동차 등을 이야기하였다.

교사는 마음속에 있는 것을 그대로 만들 수 있다고 생각하고 나만의 자동차를 생각해 보자고 하였다. 새로운 것을 만들 때 마음속에 있는 생각을 그대로 뚝딱뚝딱 만드는 것이 아니라 미리 설계도를 그리고 만들기를 하면 더욱 잘 만들 수 있다고 말하면서 우리가 자동차 만드는 사람이 되어서 마음속에 있는 생각을 그림으로 그려 보자고 제안하였다.

이야기를 나눌 때 적극적이지 않았던 진이도 그림을 그리면서 바퀴부분에 섬세한 표현을 하고 있어 교사가 "진이는 바퀴도 디자인하고 있는 거야?"라고 물으니 쑥스러워하며 그렇다고 말하였다. 교사가 이렇게 관심을 갖는 모습을 보고 다른 유아들도 바퀴나 문, 라이트 등 구체적인 부분을 그리기 시작하였다. 성이는 땅에서는 지열로, 하늘에서는 풍력으로, 바다에서는 수력으로 움직인다는 자동차를 그림으로 그렸고, 인이는 재미있고 기분이 좋아지게 해 주는 동물 자동차를, 현이는 바퀴가 위로 올라가면서 접혀지고 하늘을 날 수 있는 미래형 자동차를 그림으로 그렸다.

<table>
<tr><td></td><td>바다를 건널 수 있고 하늘도 날 수 있고, 깜깜할 때는 라이트도 켤 수 있어요.</td></tr>
<tr><td></td><td>물에서도 갈 수 있고 하늘을 날 수도 있고 평평한 모양이에요. 바퀴를 분리해서 변신할 수 있어요. 문을 열어서 비행기 날개로 써요. 안에 길을 가르쳐 주는 것도 있어요. 프란체스코보다 더 빨라요. 바퀴도 직접 디자인했어요.</td></tr>
<tr><td>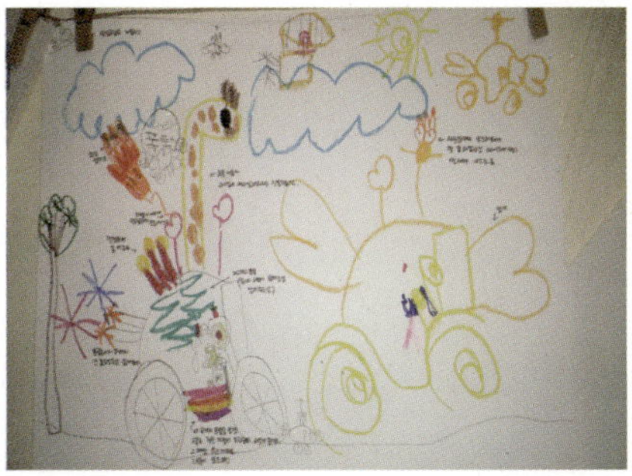</td><td>동물자동차는 아이들이 재미있어하라고 만들고 싶어요. 마법이 나와서 왕실 컵케익같이 먹고 싶은 것을 만들어 먹어요. 깜깜할 때 불을 켜줘요. 불꽃놀이가 터져서 안 좋은 것들을 없애줘요. 이 무지개 불빛을 보면 도둑도 착한 사람이 되고 싶은 마음이 들어요. 도둑이 있을 때 그때만 트는 거예요. 지그재그 불빛 뒤에 나쁜 게 있다는 것을 알려 주는 거예요. 사람들에게 부끄러워서 말 못 하는 걸 마이크 대고 말하면 나와요.</td></tr>
<tr><td></td><td>공주카는 나는 기능도 있고 창문에 불빛도 나요. 뭐든지 붙일 수 있어서 책도 붙일 수 있고 예쁘라고 그림도 붙일 수 있어요. 바퀴에서는 반짝반짝 불빛이 나요.</td></tr>
</table>

사례설명

유아들이 각기 다양하고 개성 있는 자기만의 생각을 재미있게 표현하는 모습을 볼 수 있었다. 평소에 표현하는 것에 소극적이었던 친구들도 적극적으로 자기 생각을 이야기하면서 스스로도 재미있어하는 모습을 볼 수 있었다. 유아들이 흥미와 관심을 많이 갖는 주제이기 때문에 조심스럽고 수줍음이 많아 주도적으로 활동하기보다는 관찰하고 탐색하는 시간이 길었던 유아들도 적극적으로 활동하면서 즐거움을 느끼는 것 같다. 유아가 무엇을 표현할지를 정할 때 교사가 의도한 것보다는 평소 유아가 관심을 많이 보이는 것이 무엇인지 살펴보고 그러한 내용을 표현하도록 한다면 유아의 표현이 훨씬 더 활발해질 것이며 교사는 유아가 어떤 생각을 하는지 쉽게 알 수 있게 될 것이다.

사례 5) 나를 소개하는 책 만들기: 자존감 기르기(만 5세)

친구들에게 나의 어떤 점을 소개하고 싶은지 생각해 보고 각자 자기가 잘하는 것, 좋아하는 것, 사는 곳, 되고 싶은 것 등을 글과 그림, 사진으로 표현하여 자기 소개 책을 만들었다. 20명의 유아가 표현한 것을 하나로 묶은 나무반 친구들의 이야기이다.

- 나는 연이야. 토끼를 좋아해. 나는 목소리가 커. 브로콜리를 싫어해. 너무 맛이 없어서.
- 나는 진이야. 나는 마술사가 되고 싶어.
- 나는 지이야. 나는 노래를 잘 불러.
- 나 성이야. 나는 아이링고로 독수리, 전갈, 악어를 잘 만들어.
- 나는 민이야. 나는 옆 구르기를 잘해. 강아지를 키워. 잠꾼이야.
- 나는 우주. 미니스토어 뒤 건물에 살고 있어. 나는 개다리춤을 잘 춰.
- 현, 나는 공룡을 좋아해. 로봇춤을 잘해. 만화노래를 잘해.
- 아라, 나는 과일 좋아해. 동교동에 살아. 나는 커서 발레리나가 되고 싶어.

친구들에게 나를 소개하는 나무반 친구들 책

사례설명

유아들이 자신에 대해 표현하는 것은 어쩌면 가장 기본적인 자기표현이라고 할 수 있다. 어린이집에서 생활하다 보면 너무 어린 나이부터 단체생활을 하게 됨으로써 자신이 남과는 다른 점, 독특한 점에 주목하기보다 단체의 일원으로서 자리매김 되는 경우가 많다. 유아들이 자신에 대해 표현해 보고 자신과는 다른 친구들과 또 저마다 다른 친구들에 대해 알 수 있는 기회를 갖는 것이 바람직하다.

사례 6) 나무반 소개하기: 친구들과 함께 조별로 표현해 봐요(만 5세)

조별로 나무반을 소개해 보기로 했는데 어떤 내용으로 어떻게 소개할지 주제와 방법을 교사가 정해 주지 않고 무엇을, 어떻게 소개할지는 조별로 의논해 결정하도록 했다. 좋은 나무조는 나무반의 놀이 영역을 표현하여 소개하기로 했으며 일주일도 넘게 하나씩 하나씩 추가되어 점점 나무반의 모습을 갖추어 갔다.

나무반의 놀이 영역을 표현하는 아이들

종이접기로 책상과 의자를 표현하고,
바닥에 색종이를 붙여 놀이매트 색깔을
표현하였으며 사물함은 빈상자로 표현

게시판과 미술영역, 요구르트 병은 풀이고
요플레 숟가락을 엇갈려 붙인 것은 가위

숟가락으로 모두 다른 얼굴의 친구들을
표현하여 인형놀이처럼 가지고 놀 수 있도록 만듦

선생님에 대해 소개하기로 했는데 "내가 아는 것을 생각해 봐도 소개할 만한 것이 별로 없으니 어떻게 하지?"라며 문제에 부딪힌 시원한조! 교사가 "뭔가를 소개하려면 어떻게 해야 할까?"라고 힌트를 주니 "내가 먼저 잘 알아야 해요!" 하며 선생님에 대해 알아본다. 직접 물어봐서 알게 된 내용과 함께 우리가 생각하는 선생님에 대한 이야기를 글과 그림으로 표현한 시원한조.

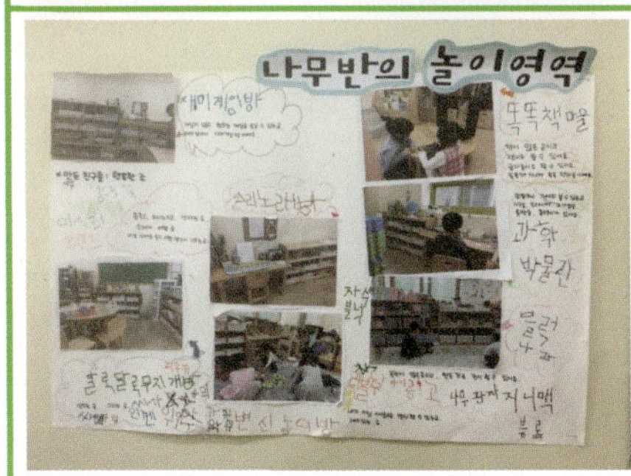

사진을 찍어서 붙이고 설명을 한 행복한조.
친구들이 직접 놀이 영역의 사진을 찍고, 그것을 붙여 준 뒤 어떤 영역인지 소개해 보았다.
우리가 정한 놀이 영역의 이름을 쓰고 어떻게 놀이하는 곳인지, 무엇이 있는 곳인지 소개했는데 유아들이 말하는 설명을 교사가 써 주기도 했다.

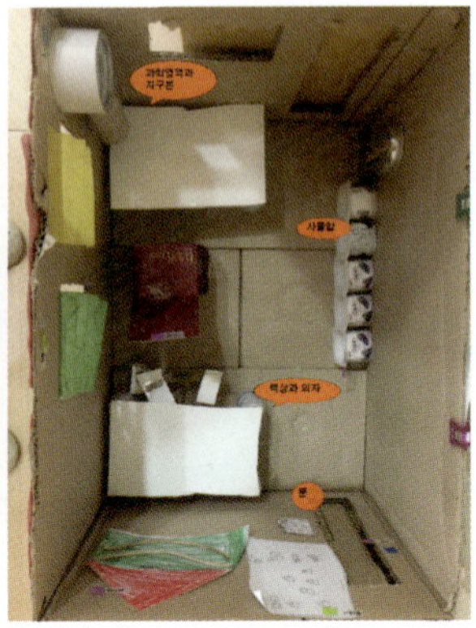

큰 상자에 하늘에서 내려다본 나무반을 표현하기로 한 재미조.
미리 설계도를 그려 본 현성이가 친구들에게 자기 생각을 소개하는 중이다.

미술영역과 게시판/컵 소독기

창문의 블라인드와 둥근 것은 과학영역의 지구본

교사의 이야기

조별로 함께하는 작업을 통해 협동하고, 의견을 조율하는 경험을 자연스럽게 할 수 있었고 문제가 생기면 어떻게 해결할지 서로의 생각을 나누면서 함께 해결해 가는 모습을 볼 수 있었다. 이 활동을 시작할 때 3월의 적응기간 동안 유아들이 나에 대해, 친구에 대해, 선생님에 대해, 그리고 1년 동안 생활하게 될 우리만의 공간에 대해 구석구석 직접 알아보고 표현하면서 애정과 관심을 갖게 되기를 기대했었다. 활동하는 동안 교사는 나무반 친구들이 나무반을 좋아하고 편안하게 느끼게 되는 시간인 것 같아 '나무반 친구들에게 적응은 이런 것이 아닐까?'라는 생각을 하게 되었다.

사례설명

활동과정에서 유아들은 자신들이 새롭게 이용하게 된 나무반을 어떻게 표현할지 스스로 결정하여 다양한 방법으로 함께 표현하였다. 유아들은 새로운 공간에 적응해야 하는 상황에서 자신들이 이용하게 된 반을 다양한 방법으로 표현함으로써 물리적 환경에 적응하는 것이 보다 용이할 수 있었으며, 유아들의 다양하면서도 세심한 표현을 통해 교사는 유아들의 시선이 머무는 곳이 어디인지, 어떻게 표현하는지 알 수 있었다. 대체로 물리적 환경을 표현하였지만 교사를 소개한 그룹도 있었다. 유아들이 자신들의 생각과 관심을 개별로도 표현하지만 이와 같이 조별활동을 통해 집단으로도 표현할 수 있으며 여러 명이 함께 표현함으로써 개별 표현보다 보다 더 풍부한 표현이 가능해진다.

3) 의사결정에 참여하기

영유아의 권리 존중의 관점에서 다시 생각해 보아야 할 것은 모든 것을 교사가 정해 주는 상황이다. 어린이집에서 생활하는 가운데 신발장이나 사물함, 책상의 자리를 비롯하여 활동에 참여하는 순서 등을 교사가 정하는 경우가 많으며 점심시간에 배식을 할 때, 화장실에 손 씻으러 갈 때도 조용히 예쁘게 앉아 있는 영유아를 교사가 지목하여 순서를 정해 주는 경우가 있다. 활동을 계획하는 단계에서 어떤 활동을 어떻게 할지를 정하는 것은 물론 활동의 진행을 교사가 정한대로 이끌어 나가는 것을 당연한 교사의 고유 업무라고 인식하는 경우도 많다.

그렇다면 영유아의 선택권을 존중한다는 것은 어떤 의미일까? 현재 영유아가 의사결정에 참여하고 영유아의 선택권을 존중하는 상황에는 어떤 것이 있으며 앞으로 좀 더 영유아가 의사결정에 참여할 수 있는 일에는 어떤 것이 있을까? 물론 지금도 영유아의 선택권을 존중하는 일이 많을 것이다. 그러나 영유아가 의사결정에 더 많이 참여하면 할수록 영유아의 선택권은 확대되고 영유아의 권리가 좀 더 존중되는 방향으로 나아갈 것이다. 교사가 혼자서 결정하던 것 중에서 영유아와 함께 정할 수 있는 것, 또 영유아가 스스로 정할 수 있는 것에는 어떤 것이 있을까? 영유아가 자신의 자리를 선택하는 것, 산책이나 견학 갈 때 짝을 정하는 것, 어떤 주제로 어떤 활동을 하면 좋을지, 요리활동은 무엇을 할지, 간식으로 무엇을 먹고 싶은지, 견학을 가고 싶은 장소는 어디인지, 생일잔치를 어떻게 하면 더 친구를 즐겁게 해 줄 수 있는지, 단체 티셔츠는 어떤 것이 좋을지, 교실에 어떤 놀잇감을 보완하면 더 재미있을지 등…. 영유아와 함께 정할 수 있는 것에는 끝이 없다.

영유아와 함께 결정하는 과정은 '영유아가 어떤 것을 좋아할지 고민하는 교사의 고민'도 덜어 줄 것이다. 영아의 경우는 말로 표현하기 어려우나 관찰을 통해 또는 손짓 등 간단한 의사소통을 통해 영아가 무엇을 원하는지 알 수 있다.

(1) 영아가 의사결정에 참여하기

사례 1) 사과 줘, 귤 줘(만 1세)

영아들은 오전 간식으로 나온 귤과 사과를 보며 "사가 조~" 하며 좋아하는 것을 달라고 한다. 아이들마다 선호하는 것이 달라 어떤 것을 먹을지 물어보고 배식을 해 주었다. "사과 먹을 사람~" 하니 "채이 사가 조~ 사가", "산이 사과 마니 조~ 마니~" 하며 팔을 크게 뻗으며 몸으로도 말한다. "귤은 누가 먹을까?" 하니 "여니도 사가~"라고 한다. 연이의 식판에 사과를 주고 나니 "여니는 규도 조" 한다.

사례설명

간식으로 과일을 제공할 때 보통 한 가지 과일을 제공해 왔는데 사과와 귤 두 가지를 제공한 뒤 영아들이 선택할 수 있도록 하였다. 식자재 관리의 어려움이 있어 쉽지 않다고 생각할 수 있지만 이러한 과정을 지속하다 보면 두 가지 이상의 과일이나 빵, 떡, 주스 등을 제공할 때 각각 소화할 수 있는 양이 어느 정도인지 일정한 양이 정해지게 될 것이다. 일상에서 반복적으로 이루어지는 간식 시간에 '영유아의 먹고 싶은 음식을 선택할 수 있는 권리'를 보장하기 위한 실천 중의 하나다.

사례 2) 밥 먹는 자리를 내가 정해요(만 2세)

점심시간이 되자 대부분 스스로 수저통을 꺼내고 자리에 앉는다. 준이는 무슨 반찬이 나왔는지 다가와서 배식하는 것을 보기도 한다. 교사가 "준이야~ 어디 앉을 거예요? 준이가 앉아 있으면 밥하고 반찬을 가져다줄게요."라고 하자 네모 책상에 가서 자신이 원하는 자리에 앉는다. "현이는 어디 앉을 거예요? 숟가락을 가져와 볼까?"라고 교사가 말하자 현이도 수저통을 꺼내와 네모 책상에 앉아 수저통에서 숟가락과 포크를 꺼낸다.

내가 원하는 자리에 앉아서 식사를 하는 영아들

사례설명

영유아가 간식을 먹거나 점심 식사하는 자리를 교사가 정해 주고 늘 같은 자리에서 먹게 할 수도 있지만 영아들이 스스로 정해서 먹도록 하는 것도 영아의 선택권을 존중하는 하나의 작은 실천이다.

이 어린이집에서는 만 1세의 경우 교사가 식사하는 것을 도와줘야 하는 영아가 여럿이므로 교사가 앉는 자리 근처에 식사를 도와주어야 하는 특정 영아의 자리를 정해 주지만 만 2세의 경우 자신이 스스로 식사를 할 수 있는 연령이므로 영아 자신이 원하는 자리를 선택할 수 있도록 하였다. 그러나 매번 자리를 정하는 것이 번거롭고 시간도 많이 소요된다면 한 달에 한 번 정도씩 영아가 자신의 자리를 정하게 하고 자신이 정한 자리에서 지속적으로 식사를 하도록 하는 것도 하나의 방법이다. 이와 같이 밥과 간식을 먹는 자리를 영아들이 자율적으로 정하도록 하는 것도 영아의 연령이나 발달 상황을 고려하여 실천하는 것이 바람직하다.

사례 3) 쉽지 않은 내 자리는 내가 정해요(만 2세)

윤이가 준이에게 같이 앉자고 하면서 네모 책상에 윤이와 준이가 나란히 앉는다. 건이가 "나도 준이 옆에!" 하더니 준이를 가운데 두고 양쪽에 윤이, 건이가 앉았다. 영이는 은이 옆에서 망설이다 "윤이 옆에 앉을래" 하고 윤이 옆에 앉는다.

밥을 먹다가 윤이와 준이가 서로 어깨로 밀며 장난을 치고 윤이와 건이가 얼굴 쪽에 손을 대고 긁는 흉내를 내기도 한다. 교사가 "어~ 그런데 얼굴에 손을 대면 손톱에 얼굴을 긁힐 수도 있을 것 같아. 얼굴은 조심하도록 하자."라고 하자 윤이와 건이가 "네~"라고 한다. 윤이가 젓가락을 준이에게 내밀며 장난을 치고 건이는 자신의 입에 영이의 젓가락을 넣으려고 하거나 자신의 숟가락을 영이의 입에 넣으려고 하기도 한다. 교사가 "그건 영이 입에 들어갔던 젓가락이라서 건이 입에 넣으면 안 돼요." 하고 말해 주었다.

교사의 이야기

이제 새싹반 친구들이 몸도 생각도 많이 자라서인지 장난이 많이 늘었고 거친 장난을 치기도 해서 안전이나 위생에 걱정이 되는 상황이 자주 일어난다. 다 제재할 수만은 없어서 어느 정도 허용을 하지만 날이 갈수록 좀 심해지는 듯하다. 위험하다고 이야기를 하거나 주의를 주어도 그때뿐이고 바로 다시 장난을 치는데 지금은 그런 시기라고 생각을 하면서도 친구들이 부딪혀서 아프거나 다치는 일이 생기게 되어 염려가 되는 것도 사실이다.

이 시기의 영아들은 모방을 많이 하는 시기라 친구의 행동을 모방하기도 하는데 아직 어떤 것이 상황에 맞는 것이고 위험하지 않은 것인지 구분이 어렵기 때문에 교사나 다른 성인의 도움이 어느 정도 필요한 것은 분명한 것 같다. 하지만 어디까지 허용을 하고 어떤 것은 주의를 주어야 하는지, 어떤 방법으로 화제 전환을 해 주고 어떻게 해야 조절이 가능할 수 있는지는 늘 고민이 되는 것 같다. 심한 장난으로 이어질 때는 자리를 바꿔 본다든지, 다른 곳에 관심이 전환되도록 한다든지 좀 더 노력해 보아야겠다.

사례설명

영유아의 선택권을 존중한다는 것은 생각보다 쉽지 않은 경우가 비일비재하다. 비슷한 또래 영아들이 모인 단체생활이므로 안전에 우려가 되는 상황이 자주 발생되기도 한다. 그러다 보니 교사는 영아의 자율적인 선택을 존중하려는 시도를 하다가도 점차 안전한 생활을 기준으로 이미 정해 놓은 방식으로 영아들이 생활하도록 통제를 하게 된다.

또한 교사의 허용과 통제의 한계를 어디까지 두어야 하는지, 통제를 효과적으로 할 수 있는 방법은 어떤 것인지도 쉽지 않으므로 늘 고민을 안겨 준다. 이러한 상황은 교사에게 좌절을 안겨 주고 때로는 교사 자신의 무기력함에 대해 불안감을 느끼게도 된다. 이러한 문제를 능숙하게 잘 해결해 나가는 것은 누구에게나 쉬운 것이 아니므로 위와 같은 상황에 대처하는 것이 미숙한 경우 교사 자신의 무능

함으로 귀인 시키고 좌절하기보다는 문제의 원인을 차분히 생각해 보고 원인에 따른 해결 방안을 하나하나 실천해 보는 것이 필요하다.

사례 4) 내가 하고 싶은 바깥놀이를 해요(만 2세)

이제는 영아들이 곧잘 자신이 좋아하는 놀이를 선택하여 놀이하는 모습을 볼 수 있다. 준이는 자전거 타기를 시도하였는데 페달을 밟지 않고 발을 굴려서 전진, 후진을 반복하며 즐거워한다. 산이는 자동차를 타고 다니며 돌아다녔고 림이는 꽃잎반에 있는 준이 오빠가 하는 종이접기에 관심을 보이며 옆에 있다가 종이접기를 해 본다. 모래놀이에서는 주로 음식 만들기가 이루어졌는데 오늘은 성도 만들고 땅을 파는 놀이가 이루어지기도 하였다. 몇몇 영아들은 지난번에 가지고 놀았던 공을 찾아서 공을 내 주었다. 충분히 하고 싶은 놀이가 이루어진 후 비눗방울을 불어 주었더니 영아들이 소리를 지르며 좋아하였다. 처음 비눗방울 놀이를 했던 때보다 더 집중하여 비눗방울을 잘 잡는다.

내가 하고 싶은 놀이를 하는 영아들

사례설명

영아가 의사결정에 참여한다는 것은 바깥놀이와 같은 영아의 가장 평범한 일상 속에서 영아가 자신이 원하는 놀이를 선택하는 과정을 통해 이루어질 수 있다. 영아가 실내외에서 놀이를 할 때 교사의 지시에 의해 교사가 정해놓은 활동을 하는 것이 아니라 자신이 원하는 놀이를 하는 자유놀이는 영아의 선택권이 존중되는 가장 기본이 되는 상황이다. 영아의 권리를 존중한다는 것은 그다지 특별한 일이 아니며 영아의 권리를 존중하는 방향으로 이루어지는 반복되는 어린이집에서의 일상이 밑바탕이 되어야 한다.

사례 5) 뭐하고 놀까?: 놀이 계획에 참여하기(만 2세)

영아들은 놀이를 통해 배우고 자랄 권리가 있다. 그래서 다양한 경험, 탐색 등을 통해 놀이가 이루어지도록 교사는 활동을 계획하고 준비한다. 하지만 동시에 자기 주장이 두드러지고 생각을 언어로 표현하는 능력이 점차 발달하는 만 2세의 영아들에게 직접 놀이를 계획하고 놀잇감을 준비해 보도록 하는 것은 어떨까? 하는 생각이 들었다. "~할래요, ~하고 싶어요, 이거 해도 돼요?"라며 교사에게 하고 싶은 욕구를 자주 표현하고 또는 행동으로 바로 실천하는 영아들의 모습을 보면서 놀이 계획에 영아들을 참여시킨다면 더욱 더 자신의 생각을 다양하게 표현하고 놀이의 주체자로서 역할을 할 수 있을 것이라고 보았다.

영아들은 매일매일 바깥놀이를 하며 지내지만 대부분 교사가 정한 공간에서 실외놀이 시설이나 놀잇감을 이용하는 정도인데 영아들에게 "오늘은 무슨 놀이를 하고 싶니? 이걸로 무얼 할까?"라며 호기심을 갖도록 질문하였다. 또한 놀 장소를 함께 정하기도 하고 같은 놀잇감도 원하는 방법으로 다양하게 놀이를 하도록 유도하였으며, 영아들이 새로운 놀이를 제안할 수 있도록 하였다.

영아들에게 바깥에서 무슨 놀이를 하고 싶은지 물어보니 블록 놀잇감을 가지고 나가고 싶다고 제안하였으며, 이러한 경험이 쌓여갈수록 영아들은 무엇을 하고 싶은지, 어떤 놀잇감을 가지고 나가고 싶은지에 대해 다양한 의견을 자연스럽게 내게 되었다. 영아들이 제안한 놀이와 놀잇감은 점토놀이, 분무기놀이, 비눗방울 놀이, 블록놀이, 동네놀이터 가기, 맨발 모래놀이, 물놀이, 화분에 물주기, 물붓놀이, 긴 끈놀이, 상자놀이 등이었다. 영아들은 바깥놀이뿐만 아니라 실내에서 놀이를 하는 중에도 하고 싶은 것들에 대한 의견을 자주 표현하기 시작하였다.

영아들이 제안한 다양한 바깥놀이 1

영아들이 제안한 다양한 바깥놀이 2

교사의 이야기

영아가 교사에게 하고 싶은 것을 언어로 표현하고 새롭게 해 보고 싶은 것들에 대해 제안하는 모습을 보면서 '놀이'를 성인인 교사가 제시하는 것만이 아니라, 영아 자신이 원하는 놀이를 선택하고 경험할 수 있는 '놀 권리' 보장이 매우 중요하다고 느꼈다.

영아에게 하고 싶은 '바깥놀이'를 제안하도록 하고 실내와 실외놀이를 연계하여 진행하면서 영아들이 더욱더 스스로 다양한 놀이를 하게 되었으며 놀이를 확장해 나가는 모습을 보였다. 안에서 놀 것, 밖에서 놀 것이 구분됨이 없이 개방된 상태에서 놀이를 하면서 더욱 창의력을 발휘하는 모습을 보였는데 예를 들면 교실에서는 줄을 끌고 다니기만 하거나 위로 던지는 활동들에 그쳤다면 공간의 크기가 훨씬 더 커진 바깥에서는 기차놀이와 거미줄놀이, 잡기놀이 등 놀이가 다양하게 이루어질 수 있었기 때문이다.

이전에는 언어표현이 서툴러 하고 싶은 것을 표현하기 어려워하거나 지금 하고 있는 것을 더 하려고 고집을 부리는 모습이 많았는데 이제는 교실에서 놀던 것을 바깥에서도 계속 이어서 가지고 놀 수 있음을 알고 공간을 이동하는 전이과정도 자연스럽게 잘 이루어지고 있다. 권리 존중은 아이들도 '할 수 있다'라는 믿음에서 나오는 것 같다. 영아들도 생각을 이야기할 수 있고 놀이도 다양하게 표현할 수 있다는 믿음을 통해 교사도, 영아들도 함께 성장할 수 있을 것이라 생각된다.

사례설명

성인들은 흔히 영아가 자신의 의사를 충분히 표현하는 것이 어려울 것이라고 생각하기 때문에 성인이 생각하기에 영아들이 재미있어할 만한 놀이를 제안한다. 그러나 이 사례에서 교사는 영아들과 생활하면서 평소에 영아들이 "~할래요, ~하고 싶어요, 이거 해도 돼요?"라며 교사에게 하고 싶은 욕구를 표현하거나 자신이 원하는 놀이를 행동으로 바로 실천하는 모습을 보면서 놀이 계획에 영아를 참여시킬 것을 생각하게 된다. 이와 같이 영아가 의사결정에 참여하기 위해서는 영아와 함께 생활하는 교사의 자각이 중요하며 교사의 생각이 바뀌면서 영아와 경험하는 내용도 달라진다. 교사가 영아의 연령과 의사표현 능력을 고려하여 의사결정에 효과적으로 참여시킬 수 있는 구체적 상황과 장면에 대한 민감성을 가짐으로써 영아도 자신이 원하는 놀이를 선택하는 의사결정 과정에 참여할 수 있게 된다.

사례 6) 어디로 소풍갈까?(만 2세반 11월)

영아들과 오전 간식을 먹으며 바깥놀이에 대해 이야기를 나누었다.

교사: 오늘은 너희들이 하고 싶은 놀이를 하면 좋을 것 같아. 혹시 하고 싶은 놀이 있어요?

건이: 소풍 놀이!

은이: 소풍 가고 싶어요. 제가 가져온 과자도 가지고 가서 먹어요.

교사: 그래~ 오늘 은이가 과자도 가져왔으니까 과자 가지고 소풍가면 좋겠다. 그런데 어디로 소풍을 갈까?”

윤이: ㅇㅇ놀이터요!

교사: ㅇㅇ놀이터에 또 가고 싶구나. 그런데 어린이집 근처에 새싹반 친구들이랑 가 보지 못한 놀이터가 여러 군데 있는데 다른 놀이터는 안 가고 싶어요?

영아들: 가고 싶어요!

교사: 그래. 놀이터가 있는 줄 몰랐던 친구들도 있겠다. A아파트 놀이터, B아파트 놀이터, C아파트 놀이터, D아파트 놀이터가 있는데 어디로 가면 좋을까?

수이, 도이, 영이: A아파트 놀이터 우리 아파트예요! A아파트 놀이터 가요.

교사: 그렇구나. 친구들이 A아파트 놀이터 가면 잘 알려 줄 수 있어요?

수이, 도이, 영이, 지우: 네.

영아들과 함께 A아파트 놀이터로 결정하고 실내놀이를 한 후 다녀오기로 했다. 영아들이 A아파트 놀이터를 가는 길에 자신이 사는 아파트에 있는 다른 놀이터에 대해 이야기하며 여러 놀이터를 가 보고 싶다고 말하였다. 놀이를 하고 나서 시간이 다 되어 어린이집으로 돌아갈 때에는 A아파트 놀이터에 오니 어땠는지 이야기를 나누며 돌아왔는데 영아들은 “재밌었어요.”, “또 와요.”라고 말하며 새로운 놀이터에서 놀았던 즐거운 감정을 이야기하였다.

자신들이 가고 싶은 놀이터에 가서 놀이를 하는 영아들

사례설명

바깥놀이 시간에 어디에 가서 놀이하고 싶은지 이야기를 나눌 때, 영아들은 자신들이 경험한 ○○놀이터 가기를 계속해서 이야기하는 모습을 보였다. 교사는 늘 반복되는 영아들의 제안을 변화시키기 위해 영아들이 좋아하는 놀이터를 중심으로 인근에 있는 다른 놀이터도 소개하니 영아들이 관심과 흥미를 보이며 새로운 놀이터에 가 보는 것을 함께 결정하고 실행해 볼 수 있었다.

매일 경험하는 바깥놀이이지만 새로운 놀이터를 함께 결정해서 가 보니 더욱 영아 주도적으로 실외활동이 이루어지고 영아들의 적극적인 모습도 볼 수 있어서 좋았다. 앞으로도 어린 영아라고 해서 교사가 일방적으로 모든 결정을 하기보다는 간단한 것부터 만 2세 영아가 함께 할 수 있는 의사결정의 기회를 마련하는 것이 필요하다.

(2) 유아가 의사결정에 참여하기

유아들이 생활하는 교실의 환경을 바꿀 때, 요리 활동이나 급간식의 메뉴를 정할 때, 산책길이나 실내외에서 함께할 게임을 정할 때, 어린이날 어떻게 놀면 즐거울지 등 다양한 상황에서 유아들은 의사결정 과정에 참여할 수 있다. 유아들은 친구들과 함께 이야기를 나누면서 과연 어떻게 결정하는 것이 바람직한 것인지, 예상되는 문제는 무엇인지 등에 대해 생각해 보게 되며 자신들이 결정에 참여한 일이 현실이 되어 나타나므로 결정의 적절성에 대해서도 함께 이야기를 나눌 수 있다. 물론 이러한 과정에서 유아들의 의견이나 결정이 다 반영되어야 한다는 것은 아니다. 그러나 단지 일부분이라도 유아들이 의사결정에 참여해 보는 것은 유아들의 참여권을 확장시키는 중요한 과정이다.

① 우리가 만드는 우리 반

사례 1) 의사결정에의 작은 참여: 신발장의 자리는 내가 정해요(만 3~5세)

신발장에 신발을 넣을 때 교사가 이름표로 위치를 정해 주기보다는 유아들이 스스로 자리를 선택해서 넣을 수 있도록 했다. 단 영유아들의 연령에 따라 키가 다르다는 것을 고려하여 높은 위치에는 유아들이, 낮은 위치에는 영아들이 신발을 넣을 수 있도록 신발장에 다양한 색의 색지로 반의 위치를 정해 주었다.

자신이 넣고 싶은 곳에 신발을 넣는 유아들

사례설명

영유아가 의사결정에 참여하는 것은 일상의 작은 일로부터 시작된다. 신발장이나 책상, 사물함 등에서 자신의 자리를 정하는 것과 같은 일에서도 영유아가 스스로 자신의 자리를 결정할 수 있는 기회를 주는 것이 필요하다. 스스로 신발장에서 신발을 두는 위치를 선택하게 하자 아침에 등원한 유아들 중에는 조금이라도 높은 곳에 자신의 신발을 두고 싶어 하는 경우도 있었다.

그런데 만 1세 영아의 경우 적응 기간이 끝나고 부모가 일과에 동참하지 않게 되자 영아 스스로 자신의 신발이 어느 것인지 모르는 경우가 있어 바깥놀이를 나갈 때 어려움이 있었다. 따라서 영아가 자신의 신발을 찾을 수 있을 때까지 신발장에 이름표를 붙여 두기로 했다. 모든 일에 시행착오가 있듯이 권리를 존중하는 일을 실천하는 과정에서도 시행착오는 있기 마련이다.

사례 2) 내 사물함 정하기(만 3~5세)

나무반에서 가장 처음 한 일은 사물함의 '내 자리'를 정하는 일이었다. 학기 초에 선생님이 미리 자리를 정해 두는 것이 일반적이지만 이번에 나무반은 자리를 정해 주지 않고 1주일간 아무 자리나 사용해 보면서 내가 가장 마음에 드는 자리를 고르도록 했다. 선생님이 정해 주거나, 이름의 순서대로 정해지는 자리가 아니라 내가 고른 자리가 내 자리가 된 것이다. 자리를 정하면서 생기는 문제는 유아들이 스스로 조율해 보았고 이러한 경험을 통해 유아들은 자율성과 문제해결력을 기를 수 있었다.

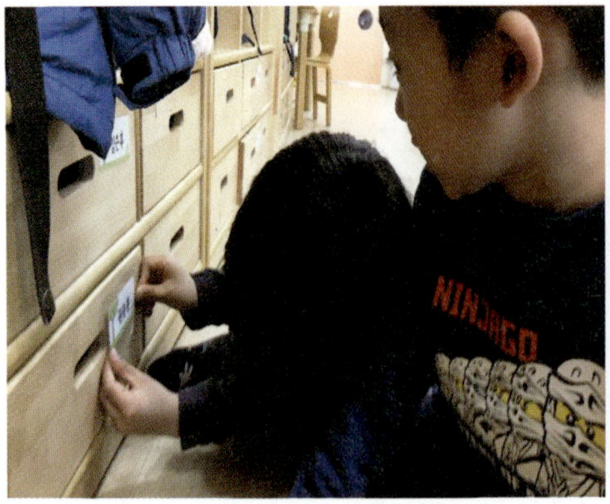

내가 정한 사물함에 이름표를 붙이는 모습

자신을 표현하는 사물함의 이름표

사례설명

유아들이 매일매일 자신의 물건을 보관하는 사물함의 위치를 별다른 생각 없이 교사가 늘 정해 왔다. 그런데 어린이집에서 유아 개인의 사적 영역은 거의 유일하게 사물함이므로 비록 작은 한 칸의 공간이지만 유아에게 사물함은 다른 어떤 장소보다 의미 있는 공간이기도 하다. 유아 자신에게 의미 있는 공간을 자신이 스스로 선택할 수 있도록 한 것과 더불어 사용해 본 경험을 바탕으로 보다 진지하게 선택을 할 수 있도록 배려한 것이 이 활동이 주는 또 다른 의미이다.

사례 3) 영역 이름 정하기(만 4~5세)

나무반에는 과학, 수·조작, 역할, 쌓기 등 7개의 영역이 있는데 나무반 친구들과 놀이 영역의 이름을 함께 정해 보았다. 나무반 친구들이 의미를 알기에는 어려운 이름도 있어 이 영역들을 우리들이 정하는 이름으로 바꿔서 부르기로 한 것이다.

많은 아이디어들이 나왔고, 유아들은 몇 단계를 거쳐서 놀이 영역의 이름을 결정했다. 과학영역은 '과학 박물관', 미술영역은 '알록달록 무지개방', 수·조작영역은 '재미 게임방', 역할영역은 '변신 놀이방', 언어영역은 '똑똑 책마을', 블록 영역은 '블록 나라', 음률영역은 '소리 노래방'으로 결정되었다.

각각의 이름에는 이유가 있는데 과학영역은 관찰, 실험, 동식물을 키울 수 있기 때문에 '과학박물관'이 되었고 미술영역은 색종이와 물감 때문에 '알록달록 무지개방'이 되었다. 수·조작영역에는 재미있는 게임이 많으니 '재미 게임방'이 되었고 역할영역에서는 내가 아닌 다른 사람으로 변신하여 놀이하니 '변신 놀이방'이 되었으며, 언어영역에서는 책을 읽고 똑똑해질 수 있어서 '똑똑 책마을'로 이름을 붙였다. 블록 영역은 블록이 많으니 '블록 나라', 음률영역에서는 아름다운 소리가 나니 소리 노래방이 되었다. 우리가 사용하는 공간의 이름을 직접 정하면 더욱 친밀한 느낌이 들 거라 생각된다.

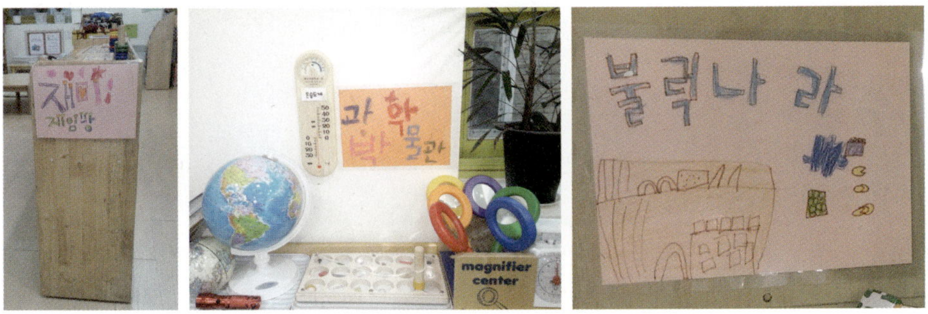

유아들이 이름을 만들고 꾸민 흥미영역 이름판

사례설명

유아가 생활하는 공간의 영역을 지칭하는 이름을 유아들도 무심코 함께 부르고 있지만 흥미 영역의 명칭 중에는 여전히 낯선 이름이 다수다. 수·조작영역, 역할놀이 영역, 언어영역, 음률영역 등은 일상생활에서 자주 사용하지 않는 용어이기에 늘 쓰면서도 여전히 살갑게 느껴지지 않는 명칭이다. 이러한 영역의 명칭을 유아들과 함께 이야기를 나누면서 자신들에게 쉽게 와닿는 이름으로 바꾸어 부름으로써 유아들은 의사결정에 참여함과 동시에 생활공간에서 주도성을 강화시켜 나갈 수 있다.

사례 4) 여름 단체 티셔츠 결정하기(만 3~5세)

여름에 견학 갈 때 입는 단체 티셔츠를 구매할 때 이전에는 교사와 원장이 결정하였는데 올해는 교사와 원장이 디자인과 가격 등을 고려하여 네 가지를 추천한 후 유아들이 투표를 해서 결정하였다. 그런데 우연인지는 몰라도 유아들의 투표를 통해 선정된 티셔츠는 추천한 4개 중 교사와 원장이 가장 좋다고 생각했던 티셔츠였다.

내가 원하는 티셔츠에 투표해서 결정하기

사례설명

그동안 너무나 당연하게 교사나 원장이 결정하는 것으로 여겨왔던 여름 단체 티셔츠 고르는 것을 유아들이 참여하여 선택하는 것으로 변화시킨 사례이다. 어린이집이나 유치원에서 의사결정을 하는 것 중에 혹시 유아가 결정하거나 유아와 교사가 함께 결정해도 아무런 문제가 되지 않는 것들을 무심코 성인이 단독으로 결정해 온 것은 없는지 다시금 되돌아볼 필요가 있다.

사례 5) 우리가 함께 만드는 나무반: 이런 나무반이 좋아요(만 5세)

아이들에게 어린이집과 교실은 어떤 곳일까? 아침에 등원하면 늘 같은 모습의 교실이며, 교사가 구성해 놓은 책상과 교구장의 위치 그대로 1년을 지내게도 된다. 어떻게 보면 그것이 아이들에게도 교사에게도 부모에게도 자연스럽고, 당연하게 여겨졌을 것 같다. 당연하지 않은 일이 당연시되는 상황을 바꿔 보고 유아들의 생각과 생활에 변화를 주기 위해 새로운 반에서 새롭게 시작하는 3월의 활동은 유아들의 의견을 적극 반영하여 나무반이 원하는 나무반을 만들어 보는 활동을 하였다.

■ *나무반이 어떻게 바뀌면 좋을까?: 이야기 나누기*

'우리들이 함께 만드는 나무반'이라는 주제로 활동을 계획하였는데, 활동을 시작하기 전에 유아들의 생각과 활동의 구체적인 방향을 알아보기 위해 조별로 이야기를 나누어 보았다. 함께 활동을 할 조는 유아들의 의견에 따라 사랑조, 너와나조, 친구조, 나눔조의 4개의 조로 나누었다.

교사가 유아들에게 "너희는 어떤 나무반에서 지내고 싶니?", "우리가 지내는 나무반은 어떤 모습이면 좋을까?", "나무반이 어떻게 변하면 좋을까?"라고 질문을 하였고 유아들은 조별로 함께 이야기를 나누었다. 조별로 생각한 것을 글이나 그림으로 간단히 표현해 볼 수 있도록 했는데 유아들도 매우 흥미로워하며 활동에 적극적으로 참여하였다. 활동을 소개할 때 "우리가 생각하는 대로 함께 나무반을 바꿔 볼 거야"라고 이야기를 한 것이 유아들의 높은 관심과 흥미를 이끌어 낼 수 있었던 것 같다.

조별로 표현한 우리가 원하는 나무반의 모습

조별로 활동을 하면서 유아들의 다양한 의견과 생각이 나왔는데 교실에서 실제로 적용해 볼 수 있는 것은 유아들의 의견을 반영하여 적용하고 적용하기 어려운 것은 유아들과 어떻게 하면 좋을지에 대해 함께 이야기를 나누면서 활동을 진행해 나갔다. 조별로 활동을 하고 생각을 나누어 본 것이 유아들에게 다음주에 이루어질 일들에 대한 기대감을 갖게 하는 기회가 된 것 같다.

■ *나무반의 변화된 모습 표현하기*

유아들이 생각한 것을 간단하게 스케치북에 표현한 것을 토대로 큰 종이에 표현해 보았다. 조별로 어떤 방법으로 표현하고 싶은지 이야기를 나눈 뒤 재활용품으로 만들기, 그림과 종이로 잘라서 붙이기 등 각각 다양한 방법으로 결정하였다. 유아들은 같은 조 친구들끼리 서로 역할을 나누어 활동하였으며 처음에는 표현하는 것을 어려워하기도 하였지만, 활동이 진행되면서 점차 흥미를 보이며 집중하는 모습을 보였다. 조별활동은 서로 많은 이야기를 하고 생각을 나누는 협력의 기회가 되고 있다.

유아들에게 "친구들과 함께 나무반을 어떻게 바꾸면 좋을지 표현해 보자", "우리가 생각한 방법으로 나무반을 진짜 바꿔 볼 수 있어"라고 이야기를 하자 유아들은 "정말요?", "우리 생각대로 나무반을 바꾼다고?"라고 말하면서 매우 흥미로워하였다. 유아들은 자신들의 생각대로 교실이 바뀐다는 것에 높은 흥미를 보이고 어떻게 바뀔 것인지에 대해 호기심을 보이긴 했지만 그것을 표현하는 데는 어려움을 느꼈다. 이러한 상황에서 교사가 조별로 유아들의 이야기를 듣고 관련된 아이디어를 제공하니 활동이 좀 더 활발하게 이루어질 수 있었던 것 같다.

너와나조의 작품! '재미있고 즐거운 나무반'
미끄럼틀이 너무 재미있어서 나무반에 미끄럼틀이 있으면 좋겠다는 생각으로 표현했답니다. 미끄럼틀이 있는 나무반은 기분이 좋아지고 아주 재미있다고 이야기하네요. 요구르트 병은 나무반 친구들이랍니다.

나눔조의 작품! '간식이 3번 나오는 나무반'
여기는 간식을 먹고 있는 교실이에요. 시리얼 간식이 자주 나오면 좋겠고, 간식을 하루에 3번 먹게 되면 아주 신기하고 좋을 것 같다고 표현했어요. 자세히 보면 간식을 먹고 있는 책상도 보입니다.

친구조의 작품! '꽃잎 나무반'
빅 블록도 있고 피규어도 있어서 알록달록하고 예쁜 교실이래요. 빅 블록으로는 뭔가 재미있는 것을 만들 수 있다고 생각했대요. 친구조 친구들은 재활용품이 아닌 그림과 미술재료를 사용해서 평면으로 표현했답니다.

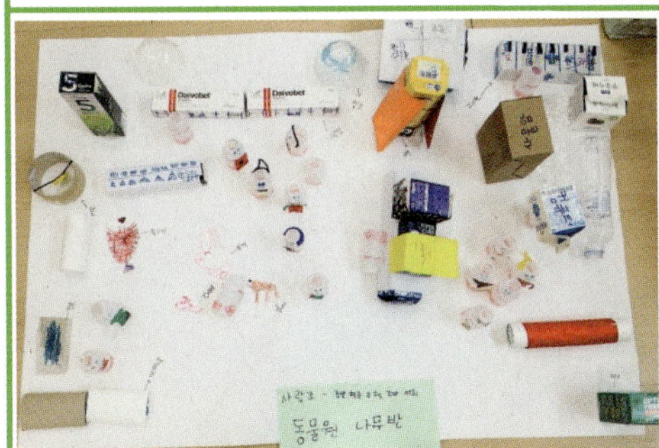

사랑조 친구들의 작품인 '동물원 나무반'
동물은 귀엽고 신기해요. 친구들이랑 같이 동물을 키우면 재미있을 것 같고, 친구들 모두가 좋아할 것 같다고 표현했어요. 이 작품에는 물고기, 어항, 강아지와 토끼, 거북이가 있답니다.

■ 나무반을 직접 바꿔 봐요

유아들과 함께 칠판에 그림으로 그려 보면서 나무반을 어떻게 바꿀지 생각해 보았는데 가방장과 역할영역의 위치를 옮겨 보고 난 후 "그 뒤에 또 무엇을 옮겨야 하지?", "공간이 어떻게 되는 거예요?"라고 물으며 어려워하였다. 교사는 유아들이 그림을 그리면서 활동하는 것을 어려워한다고 생각해서 먼저 이야기한 내용대로 직접 함께 옮겨 보기로 하였다. 교실에 있는 대부분의 교구장에는 바퀴가 달려 있어서 유아들도 어렵지 않게 옮길 수 있었다. 유아들이 가장 먼저 생각한 건 가방장(사물함)의 위치였는데 가방장 위치를 반대쪽으로 옮기길 원하였다. 옮기고 싶은 이유를 물으니, "재미있을 것 같아요."라고 답했다.

가방장과 역할영역의 위치를 옮겨 보고 난 후 유아들은 "책 보는 곳도 옮겨 봐요!", "악기연주를 하는 곳은 이곳으로 옮겨 볼까요?"라고 교사에게 먼저 제안을 하기도 하면서 적극적으로 참여하였고 조금씩 변화하는 교실을 보며 매우 흥미로워하였다. 교실을 바꾸어서 생활을 하다 불편한 점이 있으면 또 다시 영역을 옮겨보기로 하였고 앞으로도 나무반이 바뀔 수 있다는 것에 대해 이야기를 하자 유아들은 매우 즐거워하였다.

흥미영역의 이동을 그림으로 그려서 예상해 보려 했지만 유아들이 어려워해서 곧바로 활동방법을 바꿔서 진행해 보았는데 유아들이 직접 가방장, 매트, 교구장 등 교실 안의 다양한 것들을 이동시켜 보면서 어떤 공간이 얼마만큼 남아 있는지, 어떤 위치로 옮기면 좋겠는지 등에 대해 이야기를 나누며 활동할 수 있었고 유아들이 보다 적극적인 태도로 활동에 참여하는 것을 볼 수 있었다. 유아들이 적극적으로 참여할 수 있는 활동 방법으로 계획을 세우고 활동을 진행하는 과정에서도 유아들의 참여 태도를 자세히 살펴보는 것이 중요하다는 것을 느낄 수 있었다.

교실의 배치를 바꾸기 위해 교구장을 함께 옮기는 유아들

■ 미끄럼틀과 동물, 빅 블록이 있는 나무반이 좋아요

유아들과 어제 우리가 바꾼 교실을 둘러보며 어떤 느낌이 드는지 이야기를 나누어 보았다. 유아들은 "우리 생각으로 교실이 바뀌니까 신기해요.", "새로운 어린이집에 온 것 같아요.", "나무반이 아니라 미로찾기반 같아요.", "창문 앞에 식물들이 더 잘 보여요.", "교실 가운데가 넓어져서 더 좋아요.", "교실이 바뀌니까 너무 좋아요.", "더 편안해졌어요.", "어린이집이 더 재미있어요."라고 좋아진 점에 대해 이야기하였다.

그런가 하면 "교실이 뭔가 복잡해요.", "가방장이 너무 멀어졌어요.", "우리가 움직일 때 좁아요."라며 단점을 이야기하기도 했다. 유아들은 흥분되고 즐거운 모습으로 바뀐 교실 환경에 대해 많은 이야기를 나누었다.

유아들에게 "그럼 혹시 더 바꾸고 싶은 것이 있니?"라고 질문을 하자 유아들은 "친구들과 함께 물고기나 거북이, 곤충 같은 동물을 키우고 싶어요.", "교실 안에 미끄럼틀이 있었으면 좋겠어요.", "열매반 때처럼 빅 블록이 교실에 있으면 좋겠어요."라고 이야기하였다.

'동물 키우기'는 동물을 키우고 있는 친구들이 집에 가서 부모님께 어린이집에 동물을 데리고 올 수 있는지 여쭈어 보기로 하였다. 빅 블록은 나무반에서 사용할 수 있는 빅 블록이 창고에 있다는 것을 알려 주고 창고에 있는 빅 블록을 함께 옮기기로 하였다. 교실에 미끄럼틀을 두기 위해 처음에는 빅 블록으로 미끄럼틀을 만들고자 했으나 잘 만들어지지 않자 유아들은 뒷마당에 있는 미끄럼틀을 옮겨 오자고 하였고 유아들과 오후 시간에 뒷마당에 있던 미끄럼틀을 닦아서 교실로 옮겨놓았다. 유아들이 바라는 환경의 변화 중에는 고정되어 있는 것으로 여겨졌던 실외에 있던 것을 실내로, 실내에 있던 것은 실외로 이동시키고자 하는 바람이 종종 나타난다.

교실에 새로 생긴 빅 블록으로 미끄럼틀이 제대로 만들어지지 않자 모양을 바꿔 배나 집과 같은 구조물 만들기에 적극적으로 참여하였다. 자신들의 의견이 반영되는 것을 유아들이 직접 눈으로 보고 또 함께 생각을 나누어 가면서 나무반 교실이 점점 더 다른 모습으로 바뀌어 갔다.

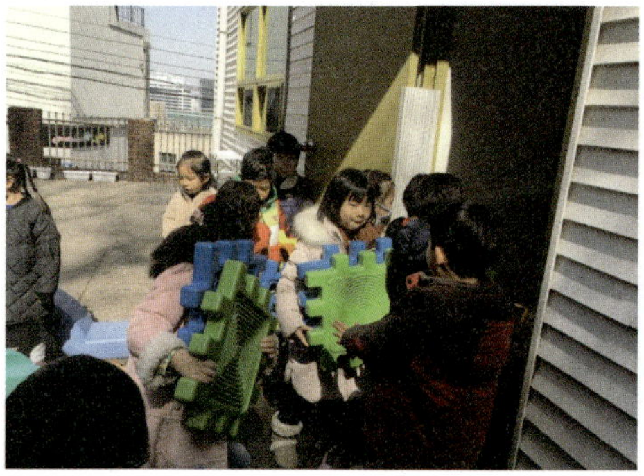
창고에 있는 빅 블록을 교실로 옮기는 친구들

집을 만든 후 옆에 정원도 만들어 주었어요

미끄럼틀을 교실로 옮기기 위해 닦고 있는 유아들

교실에서 미끄럼틀을 신나게 타는 유아들

미끄럼틀은 유아들이 요청하는 대로 쌓기영역과 연결되도록 놓았는데 교실 안에 미끄럼틀이 생기자 바깥놀이에서는 잘 사용하지 않던 작은 미끄럼틀이었음에도 불구하고 미끄럼틀을 즐겨 탔다. 사실 바깥놀이터에 있을 때에는 동생들이 타는 미끄럼틀이라며 잘 타지 않았었는데 교실로 미끄럼틀을 옮겨 놓자 동생들이 타는 미끄럼틀이라 시시하다는 말이 쏙 들어갈 만큼 너도 나도 재미있게 미끄럼틀을 타고, 미끄럼틀을 중심으로 놀이동산을 만드는 등 매우 흥미롭게 놀이가 이어졌다.

또한 역할영역에 새로 놓아둔 빅 블록을 활용해서 유아들의 역할놀이가 더욱 활발하게 이루어졌는데 집을 만들어 집안에서 생일파티 놀이를 하거나 집 주변에 벽돌블록으로 정원을 꾸며 주기도 하면서 흥미롭게 놀이를 이어 나갔다. 늘 생활하고 있던 교실 환경이 바뀐 것 자체만으로도 유아들에게 매우 특별한 경험이 되었으며 유아들이 원하는 미끄럼틀이나 빅 블록 등이 곧바로 마련되는 경험을 통해 유아들의 자기주장이나 적극적인 의사표현이 강화되는 것을 볼 수 있었다.

■ 계속되는 나무반의 변화 모색과 부모들과의 협력

우리가 힘을 모아 바꾼 것에 대해 회상하며 이야기를 나누었을 때 유아들은 자신들이 직접 한 일에 대해 매우 높은 성취감을 보이며 흥분된 마음을 표현하였다. 오늘은 유아들이 생각했지만 아직 바뀌지 않은 부분에 대해 이야기를 나누어 보았는데 유아들은 "동물 키우기"와 "하루에 3번 간식 먹기"를 말하였다. 유아들은 자신들의 집에서 키우고 있는 물고기, 거북이, 밀웜 등에 대해 이야기하였고 가정에서 부모님께 여쭈어 보고 잠시 나무반 교실로 데려오기로 하였다. 또한 간식 3번 먹기는 아침 등원 시 민이 어머님께서 "아이들이 돌아가면서 간식을 한 가지씩 가져오는 건 어떨까요?"라고 제안해 주신 것을 교사가 유아들에게 소개하자 유아들은 "우리 엄마도 다른 생각이 있을 수 있잖아요.", "돌아가면서 한 명씩 가져오는 것도 좋을 것 같은데요."라고 이야기하였다.

■ 동물들과 함께 지내는 멋진 나무반

'동물 키우기'와 '간식 시간 3번 갖기'에 대해 주말 동안 가정에서 부모님께 의견을 여쭈어 보고 오기로 했는데, 깜박 잊은 유아들도 많았고 부모님께서 의견을 주지 않았다는 이야기도 많았다. 유아들에게 "그럼 어떻게 하면 좋을까?"라고 질문을 하며 우리가 할 수 있는 방법에 대해 이야기를 나누었다.

나무반 친구들과 동물을 어떻게 키워 볼 수 있을까 고민하다 교실로 동물을 데리고 올 수 없으니 재활용품으로 동물을 만들어 보기로 했다. 동물 중 거북이와 물고기를 키우고 싶다는 의견이 많아 우리가 상자를 이용해 수족관을 만들고 그 안에 그림, 종이접기, 재활용품으로 물고기와 거북이를 만들어서 넣어 보기로 하였다. 또 강아지에 대한 이야기를 나눌 때는 "우리 집에 큰 종이상자 있어요. 그걸로 강아지 집을 만들 수 있어요."라고 이야기 하면서 강아지와 강아지 집, 밥그릇, 뼈다귀 등 강아지에게 필요한 다양한 것을 만들어서 우리가 만든 강아지와 함께 생활해 보자는 의견을 제안하였다. 유아들은 교사가 생각하지 못했던 다양한 강아지와 관련된 소품을 이야기하며 만들어 볼 것을 계획하였으며 자신들의 집에 있는 재활용 재료들을 가지고 와서 함께 만들기로 하였다. 유아 자신이 직접 변화를 주도하는 과정을 경험하면서 유아들의 자발적인 참여도 강화되는 모습을 보였으며 유아들은 '동물들과 함께 지내는 멋진 나무반'이라는 반 이름을 지어 주기도 하였다.

■ 진짜 동물이 생겼어요

아침부터 재활용품을 들고 등원한 유아들은 재활용품으로 동물 만들기를 하였는데 특히 어제 유아들이 만들어 보겠다고 한 강아지 만들기에 큰 흥미를 보였다. 그러나 처음 시도할 때에는 의욕적으로 도전하였지만 만드는 과정에서 상자의 크기가 다양하지 않아 유아들이 많은 고민을 하였다. 이를 해결하기 위해 교사도 만들기를 함께하면서 유아들에게 아이디어를 제공함으로써 유아들이 흥미를 잃지 않고 활동에 참여할 수 있도록 하였다. 유아들이 만드는 것이 어렵다고 느끼고 있을 때 유아들끼리 문제해결을 하면서 만들어 보는 과정도 좋지만 교사가 함께 이야기를 나누면서 아이디어를 제안했을 때 유아들이 좀 더 적극적인 자세로 참여하는 것을 볼 수 있었다.

강아지와 고양이, 강아지의 먹이, 밥그릇, 목줄, 변기, 장난감/터널처럼 생긴 강아지 집

등원하면서 여러 명의 유아들이 어항과 물고기(금붕어, 구피), 밀웜과 거저리라는 곤충을 데리고 왔다. 유아들은 교실에 생긴 물고기와 곤충에 대해 높은 관심을 보였으며, 동물들이 나무반에 왔다는 것에 대해 매우 흥미로워하였다. 어제까지 유아들은 교실에서 동물을 어떻게 키우면 좋을지 함께 생각하다가 만들기로 의견을 모았는데 오늘 등원하면서 세 명의 친구들이 실물의 진짜 물고기와 곤충을 가져오면서 유아들이 더욱 즐거워했다. '동물' 자체만으로도 유아들에게 매우 흥미로운 대상인데 직접 우리가 키워 보는 과정이기에 활동 과정에서 더욱 높은 자발성이 나타나는 것 같다.

우리가 고민하고 있던 '동물 키우기'는 친구들이 집에서 데리고 온 물고기와 곤충을 관찰하고 동물을 가져온 친구들이 동물에게 어떤 먹이를 주는지에 대해 알려 주기도 하면서 새로운 경험을 할 수 있는 기회가 되었다. 부모들의 도움으로 친구들은 하루하루를 신기하고 재미있는 시간을 보내게 되었으며, 나무반의 물고기와 곤충은 적응이 쉽지 않은 씨앗반(만 1세) 동생들의 적응을 도와주는 데도 큰 역할을 하고 있다.

물고기와 곤충을 관찰하고 가정에서 보내 준 책과 안내지로 밀웜과 거저리 알아보기

나무반에 대한 바람 중 '시리얼 간식도 자주 먹고 하루에 간식을 3번 먹으면 좋겠어요'라고 말한 유아들이 있었는데 준이 어머니께서 이러한 이야기를 듣고 정성스럽게 만든 사과 말린 것과 과자를 보내 주셨다. 나무반 친구들은 오후 2시에 간식을 먹겠다는 계획을 세웠고 오늘은 간식을 3번 먹는 경험을 했다.

그동안 나무반 친구들의 힘으로 교실과 우리들의 생활을 바꾸는 것을 경험하였으며 우리들의 힘만으로는 해결하기 어려운 것은 부모들의 도움을 받아 해결하는 소중한 경험을 할 수 있었다. 부모들도 등하원시 유아들이 활동하고 있는 것에 대해 많은 관심을 가지고 자녀에게 질문을 하거나 벽면에 붙여 놓은 게시물을 함께 읽어보았다. 교사는 등하원 시 또는 안내 문자를 통해 부모에게 유아들과 함께하고 있는 활동에 대해 소개했으며 부모들도 높은 관심을 보이며 적극적으로 도움을 주었다.

■ 우리가 만든 나무반에서 가장 좋은 점은?

유아들과 처음 나무반이었을 때를 회상해 보고 하나씩 바뀐 점에 대해 이야기를 나누어 보았다. 유아들은 교실 위치 바꾸기, 빅 블록 가져오기, 미끄럼틀 생긴 것, 간식 3번 먹기, 동물 키우기 등을 떠올렸다. 그중 어떤 점이 가장 좋았는지, 왜 좋은지 생각해 보고 표현해 보는 활동을 하였다.

처음에는 사인펜, 색연필, 연필만을 가지고 표현하던 유아들이 교사가 미술영역에 있는 다양한 재료를 사용할 수 있다고 말하자 색종이, 색지, 골판지, 시트지, 리본테이프, 털실, 스티커 등 다양한 종류의 재료를 사용하여 표현활동을 하였다. 유아들은 교실을 둘러보기도 하고, "진짜 재밌어.", "난 나무반이 너무 좋아." 라고 하기도 하면서 즐겁게 활동하였다.

자신의 생각과 의견이 반영되어 교실이 변화되어 가고 우리들의 생활이 변화되는 것을 경험한 후라 유아들의 표현활동도 매우 흥미롭게 진행되었다. 표현활동을 통해 우리가 한 일과 변화에 대해 다시 한번 회상해 보고 생각해 볼 수 있는 기회가 되었는데 유아들 중 다수가 물고기와 곤충이 생긴 것을 인상 깊게 생각하였고 그것을 표현하였다. 유아들의 그림을 보고 교사가 설명을 써 주는 과정에서 '유아들이 물고기에 대해 참 많은 것을 관찰하고 알게 되었구나'라는 생각이 들었다. 또한 다양한 미술재료 중 유아들이 새로 내놓은 다양한 종류의 스티커를 많이 사용하는 모습을 보였는데 새로운 종류의 미술재료도 다양하게 제공할 수 있도록 노력해야겠다는 생각이 들었다.

교실 안에 미끄럼틀이 생겨서 너무 좋아요. 밖에 미끄럼틀이 있는 것보다 교실 안에 있을 때 내가 생각한 것보다 훨씬 좋아요. 바깥놀이를 꼭 가지 않아도 미끄럼틀을 탈 수 있어서 좋아요.

동물이 생겨서 신기해요. 물고기가 밥 먹는 것도 신기해요. 물고기가 이리저리 헤엄치면서 돌을 먹고 다시 뱉어내는 게 신기해요.

물고기가 생겨서 좋아요. 친구들이랑 물고기 관찰하는 게 좋아요. 물고기 관찰해 보니까 물고기 얼굴이 귀여워요.

교실이 미로 찾기 같아서 좋아요. 바뀐 교실을 친구들도 좋아해서 나도 기분 좋아요. 물고기가 생겨서 더 좋아요. 우리 집 물고기를 친구들과 동생들이 많이 봐서 좋아요.

사례설명

어린이집에서 3월에 이루어지는 활동은 대체로 새로운 교실과 새로운 선생님, 친구들과의 적응을 돕는 활동이다. 교사는 어린이집에서의 생활에 익숙한 만 5세 유아들의 적응을 돕는 3월의 활동에서 가장 중요한 점은 '이 반에서의 일 년이 정말 재미있겠구나!'라는 즐거운 기대감이 생기는 것이라 여겼다. 교사는 그러한 기대감을 불러일으키고 충족시킬 만한 일이 어떤 것일까를 고려하여 유아들이 어떤 반을 원하는지를 표현하고 실행해 본다는 큰 틀에서의 활동 계획을 수립했으며 세부 활동 계획은 조별로 유아들이 그림으로 표현한 의견을 고려하여 하나씩 만들어 나갔다.

유아들의 생각을 그리기나 만들기로 표현하는 일은 일상적으로 이루어지고 있다. 그러나 유아들이 표현한 생각을 반영하여 유아들이 살아가는 환경이나 생활의 변화를 가져오는 경우는 흔치 않은데 이 활동에서는 유아들의 생각을 직접 현실 속에서 구현해 봄으로써 유아들이 의사표현을 적극적으로 할 수 있는 동기를 부여하고 있다. 이와 같이 유아들의 이야기와 생각이 현실화되는 상황이 많아질수록 유아들은 보다 더 적극적으로 자신의 의사를 표현하고 싶어할 것이다.

또한 친구들과 동물을 키우고 싶다는 아이들의 의견을 듣고 가정에서 기르고 있는 동물을 빌려주거나 하루에 3번 간식 먹는 것을 원하는 아이들의 의견을 현실화하기 위해 간식을 마련해 준 부모와 같이 부모의 협력이 이 활동을 더욱 알차게 만들어 주고 있다. 이 사례에서 부모와의 협력은 교사와 부모가 마음을 열고 아이들의 이야기를 함께 들어 보려는 것으로부터 시작된다는 것을 알 수 있다.

나무반의 부모들은 유아나 교사와의 소통을 통해 점차 많은 도움을 주게 되었는데 적극적으로 부모와 교육 내용에 대해 공감을 형성하는 것이 필요하다는 것을 알 수 있다. 특히 이번 사례에서는 활동 과정에서 충분히 동기가 유발된 유아들이 각 가정에서 부모들과 적극적으로 대화하고 소통한 것이 부모의 관심과 협력을 이끌어내는 데 있어 중요한 지점이 되었다. 이러한 과정을 통해 유아들의 내적 동기가 유발되고 유아들이 높은 흥미를 가질 수 있는 활동을 계획하고 실행하는 것의 중요성을 다시 한번 깨닫게 된다.

카페에 올린 부모들의 이야기

- ㅇㅇ 아빠

누군가가 시켜서 하는 게 아니라 나무반 친구들의 토론과 논의로 주제를 정하고 실천에 옮긴 후 그에 대한 장·단점들을 얘기하면서 정말 정말 많은 성장과 배움이 있는 것 같아요. 열매반 때와는 또 다른 모습들이고 교육방식인 것 같아 항상 선생님께 감사한 마음입니다. 7살이라 어린 줄만 알았는데 훌쩍 큰 것 같아 든든한 마음이 들고 다들 기특한 것 같아요.

- ㅇㅇ 아빠

ㅇㅇ이에게 곤충 가져가기 얘기를 듣고 "금붕어 가져갈까?"라고 물었더니 친구들이 자꾸 만지면 물고기들이 스트레스 받아서 안 된다고 해서 만지지는 않고 보기만 하면 괜찮다고 얘기해 주고 가져갔는데 다행이네요. 그날 거저리 봐서 좋았다고 하던데 전 솔직히 거저리가 아직 어떤 곤충인줄 모르겠는데 한번 봐야겠습니다. 교육도 놀이식으로 하니 아이들이 전혀 부담감도 없고 재미있게 하는 모습들이 보기 좋은 것 같아요.

• ○○ 엄마
조별로 만든 작품들이 무척 귀엽군요. 종이 강아지를 쳐다보는 눈동자들, 너무 예쁘네요. 7세가 되니 표현력이 풍부해지고 작품마다 멋지네요.

• ○○ 엄마
요새 만들기에 부쩍 관심이 많아진 ○○이인데 이런 활동들이 아이들에게 어떤 장난감보다도 재미있고 미술활동에 도움이 될 것 같아요. 나무반 친구들이 자신의 의견을 이야기하고 그것을 반영할 수 있는 기회가 많아 아이들에게 참 좋은 것 같아요.

사례 6) 아이들이 말하는 '이런 어린이집이 좋아요'

– 유아들이 바라는 어린이집에 대해 그림으로 이야기하다(만 4~5세)

영유아 권리 존중 보육을 위한 비영리단체인 '아이들이행복한세상'에서는 유아들이 행복하게 생활할 수 있는 어린이집을 만들어 나가는 데 유아들의 의견을 반영하고자 <아이들이 말하는 '이런 어린이집이 좋아요'> 사업을 진행하였다.

- 참여 대상: 어린이집의 6~7세반 유아(만 4~5세반)와 담임교사
- 참여 인원: 유아의 그림 1,612개 정리(총 1,643명 참여)
- 분석 방법: 유아들이 그림에 대해 설명한 것을 교사가 받아 적은 글의 키워드를 분석하였으며, 키워드 분석 시 복수 응답 처리함. 총 1,612명의 유아 그림을 분석하였으며, 2,233개의 키워드를 분석하였음.
- 결과 및 의견:
  1) 유아들이 원하는 어린이집은 놀이를 많이 하는 어린이집(실내외 놀이, 놀이터, 놀잇감)이 34.2%, 동식물이 있고 자연을 접할 수 있는 어린이집(동물, 식물, 자연)이 19.9%, 사람이 함께하는 어린이집(선생님, 친구, 가족)이 14.8%, 행복하고 즐거운 어린이집(행복, 즐거운, 사랑)이 8.8% 이다.

〈표 6-2〉 이런 어린이집이 좋아요 그림 이야기 키워드 분석 결과

종류	놀이	환경 (동식물, 자연)	인간관계 (친구, 선생님)	상태	활동 (구조화된 활동)	먹을 것	장식	기타	계
비율(%)	34.2	19.9	14.8	8.8	5.6	5.0	3.3	8.4	100
빈도(개)	764	445	331	196	125	111	74	187	2,233

2) 가장 높게 나온 놀이와 자연, 사람, 행복한 어린이집을 합하면 77.7%이다.

놀이를 하는 어린이집 예

- 자동차 놀이를 많이 하는 어린이집이 좋아요.
- 물놀이하는 게 좋아요.
- 저는 쌓기블록으로 가득한 어린이집이 좋아요.
- 바깥놀이를 많이 하는 것이 좋아요.
- 놀이터에서 마음껏 놀 수 있었으면 좋겠어요.
- 놀잇감이 많이 있어서 좋아요.
- 쌓기영역에서 건이랑 레고블록으로 집을 만들고 놀 때 가장 재미있어요.
- 친구들과 미술영역에서 놀 수 있는 어린이집이 좋아요.
- 어린이집 놀이터에서 미끄럼틀 타는 것이 제일 재미있어요.
- 나는 놀이터가 크고 놀이기구도 많으면 좋아요.
- 어린이집 안에 실내놀이터가 있으면 좋겠어요.
- 놀이공원처럼 즐겁고 행복하고 가고 싶은 어린이집이 좋아요.
- 교실 문을 열면 모두 다 쌓기 영역인 어린이집이 좋아요.

마음껏 마음대로 할 수 있는 곳. 막 뛸 수 있고 달리기 하고 싶어서요. 교실이랑 집에서는 못 뛰어요.

친구들이랑 바깥놀이 해서 재미있어요.

❀ 자연, 동식물이 있는 어린이집 예

- 내가 좋아하는 토끼가 있어요.
- 토끼랑 노는 어린이집이 좋아요.
- 어린이집에서 거북이를 키우고 싶어요.
- 개미가 많아서 함께 놀이할 수 있는 행복한 어린이집이요.
- 나비와 나무, 꽃이 가득한 자연 속의 어린이집이 좋아요.
- 나무 그네도 타고 모래놀이도 해요. 숲속에서 놀면 민들레, 개나리, 무당벌레도 볼 수 있어서 좋아요.

개미가 많아서 함께 놀이할 수 있는 행복한 어린이집

동물도 많고 나무도 많은 어린이집

❀ 사람이 함께하는 어린이집 예

- 언니들과 놀 수 있는 어린이집이 좋아요.
- 어린이집에 선생님이 많았으면 좋겠어요.
- 언니와 함께 다니는 어린이집이 좋아요.
- 어린이집에 선생님, 친구가 있어서 좋아요.
- 동생들과 같이 놀 수 있는 어린이집에 다니고 싶어요.

동생이랑 같이 노는 어린이집에 다니고 싶어요

어린이집에 선생님이 많았으면 좋겠어요

행복하고 즐거운 어린이집 예
- 웃는 어린이집이 좋아요.
- 사랑이 있고 무지개가 있는 어린이집이요.
- 항상 웃는 우리 어린이집이 좋아요.
- 행복한 어린이집이 좋아요.

사례설명

어린이집에서 영유아가 장시간 보육을 받으며 생활하고 있음에도 불구하고 보육정책을 계획하고 결정할 때는 영유아의 입장보다는 부모나 원장, 정부 등 성인들의 입장이 우선시되면서 영유아가 어떻게 생활하고 있으며 영유아는 어떤 어린이집을 원하는지, 결정된 정책이 영유아에게 어떠한 영향을 미치는지에 대해서는 간과되는 안타까운 상황이 종종 있어 왔다. 그러나 유엔아동권리위원회에서는 권리의 보유자로서 가장 어린 아동일지라도 그들의 견해를 표현할 권리가 있으며, 영유아의 삶에 영향을 미치는 일에 대해 발언권을 갖고 참여할 수 있다는 것을 밝히고 있다.

② 우리가 만드는 하루 일과와 보육과정

사례 1) 우리가 먹고 싶은 간식(만 3세)

유아들과 대집단으로 모여 우리가 먹고 싶은 간식에 대해 이야기를 나누었다. 간식 시간에 나온 귤을 보면서 "왜 귤이 나온 거예요?"라고 물었던 한 유아의 말을 다른 유아들에게 이야기해 주고 오늘 왜 이런 간식이 나오는지 누가 정하는 것인지를 궁금해하는 것을 계기로 유아들이 먹고 싶은 간식에 대한 이야기를 나누어본 것이다.

교사: 오늘은 우리가 먹고 싶은 간식에 대해 이야기를 나누고 먹고 싶은 것 중에서 조리사 선생님께서 해 주실 수 있는 것은 오전, 오후 간식 시간 때 나올 거예요. 어떤 간식이 먹고 싶어요?

현: 수프요!

교사: 뭐가 들어간 수프가 먹고 싶어요?

현: 딸기 수프요.

현: 어제 야키소바랑 오코노미야키 먹으러 갔는데 정말 맛이 있었어요. 어린이집에서도 먹고 싶어요.

하: 오레오 과자 나왔으면 좋겠어요!

은: 맞아! 하이는 오레오 좋아하잖아.

하: 복숭아요.

은: 포도가 먹고 싶어요.

우: 난 바나나 먹었으면 좋겠어요.

원: 카레요!

교사: 카레를 어디에다 부어 먹었으면 좋겠니? 밥이나 국수 또 다른 것에 부어 먹을 수도 있고…

원: 밥이요! 카레 밥이 먹고 싶어요.

서: 아나바다 때 먹었던 솜사탕 나왔으면 좋겠어요.

수: 그럼 팝콘도 나왔으면 좋겠다!

사례설명

유아들이 먹고 싶은 간식에 대해 함께 이야기를 나누는 장면이다. 물론 어린이집에서 유아들이 이야기한 것을 다 간식으로 먹을 수는 없다고 해도 가능한 것이 있다면 한두 가지라도 식단에 반영해서 먹을 수 있도록 한다면 좋을 것이다. 또 이미 식단에 계획된 간식이라 할지라도 유아들이 먹고 싶다고 이야기했던 것이 나왔다면 어떤 유아가 이야기했던 것이 간식으로 나왔다고 소개해 준다면 유아들이 같은 간식을 먹는다 해도 또 다른 느낌으로 받아들일 것이다.

늘 누군가 식단을 계획해서 만들어진 간식을 무심코 먹던 것에서 아주 일부일지라도 자신들의 기호나 의사가 반영된 간식이나 점심 식사를 마주하는 것 또한 영유아가 의사결정에 참여할 수 있도록 하는 작은 실천이다. 영유아가 골고루 영양을 섭취할 수 있도록 몸에 좋은 음식을 제공하는 것이 영유아의 발달권을 존중하는 과정이라면 영유아가 자신들이 좋아하는 먹고 싶은 음식을 먹을 수 있도록 하는 것은 영유아의 의사결정에의 참여를 존중하는 과정이라고 할 수 있다.

사례 2) 어떤 책을 읽어 줄지 함께 결정하기(만 3세)

각 가정에 겨울에 관련된 그림책을 보내달라고 요청했더니 다양한 내용의 겨울 관련 그림책을 유아들이 가져왔다. 교사가 대집단 활동 시간에 유아들이 가져온 책의 표지를 보여 주면서 책의 내용이 어떤 것일지에 대해 함께 이야기를 나누고 나서 어떤 책을 먼저 읽어 줄지 유아들과 함께 정했다.

『겨울이 오면 동물 친구들은 무얼 할까?』 책을 보여 주며 "이건 누가 가지고 온 책이니?" 하고 물으니 희가 손을 들었다. 교사가 "희가 가지고 온 동화책은 어떤 내용일 것 같니?"라고 물으니 유아들은 "동물들이 나와요.", "동물들이 겨울에 뭐하는 건지 나와 있어요.", "나는 겨울에 눈싸움 하고 눈사람 만들고 싶어요."라고 이야기하였다. 교사가 "동물들이 겨울에 무엇을 하는지 나와 있는 책 같구나. 동물친구들은 무엇을 할까? 친구들처럼 눈싸움과 눈사람을 만들까? 궁금하다." 라고 이야기하였다.

계속해서 현이가 가지고 온 처음 만나는 크리스마스 캐럴 피아노 사운드 북과 영이가 가지고 온 눈사람, 은이가 가지고 온 『윌로비씨의 크리스마스 트리』라는 동화책의 표지를 보며 이야기를 나누었다.

교사가 "친구들이 가지고 온 책 중에 보고 싶은 책이 있니? 가장 많은 친구들이 보고 싶은 책을 함께 보자."라고 이야기하여 『겨울이 오면 동물 친구들은 무얼 할까?』라는 책을 먼저 보고 그 다음 많은 친구들이 보고 싶은 『윌로비씨의 크리스마스 트리』는 내일 함께 보기로 했다.

사례설명

'그림책 읽어 주기' 시간에 교사가 이미 정해 놓은 책을 읽어 주기보다는 유아들과 함께 읽어 줄 책을 정하는 것은 영유아가 의사결정에 참여하는 또 다른 장면이다. 특히 이 반에서는 유아들이 각 가정에서 가져온 '겨울'이라는 주제의 책을 가지고 어떤 것을 먼저 읽을지 정하는 것이라 더욱 의미가 있다. 책을 선택하는 첫 번째 과정부터 유아들에 의해 이루어졌기 때문이다. 물론 보다 손쉽게는 교사가 읽어 줄 책을 유아들이 언어영역에서 고르는 과정도 유아들의 선택권을 존중하는 과정이라 할 수 있다.

사례 3) 상자 썰매 만들기(만 3세)

교사가 교구들이 택배로 오면서 생긴 상자들을 교실에 두었다. 지인이는 상자에 관심을 보이며 이리저리 살펴보기도 하고 상자 안으로 들어가 타 보기도 한다. 그런 지인이의 모습을 보고 교사가 지인이에게 "이 상자로 썰매를 만들면 좋겠다."라고 이야기하니 상자의 날개를 보고 "그럼 이건 잘라야겠네요? 아! 앞에는 앞을 볼 수 있게 자르고 옆에는 세워 주세요. 그리고 뒤도 등을 기대야 하니까 있어야 될 것 같아요."라고 이야기하여 교사가 옆과 뒤의 날개를 테이프로 고정해 주었다.

서준이가 "썰매면 막대기가 있어야지 밀고 다닐 수 있을 것 같아요."라고 이야기하여 교사가 "어떤 것으로 썰매 스틱을 만들면 좋을까?"라고 물으니 "음 나무젓가락이 있었으면 좋겠어요." 하며 미술영역에서 나무젓가락을 찾았다. 미술영역에 나무 젓가락이 없자 서준이가 "선생님 저는 나무 막대기로 만들면 좋을 것 같은데 나무젓가락이 없어요."라고 하였다. 교사가 자료실에서 나무젓가락과 빨대를 가지고 와서 미술영역에 놓으니 서준이는 나무젓가락을 이어 붙여 썰매 스틱을 만들었다.

수영이는 미술영역에 놓아둔 반짝이 스티커를 떼어 썰매를 꾸몄는데 교사가 "그냥 네모 모양도 좋지만 하고 싶은 모양으로 잘라서 붙여도 좋을 것 같아."라고 이야기하니 지인이는 기다란 네모로 잘라서 붙인다. 은유는 매직으로 썰매를 꾸미고 집에서 가지고 온 인형을 싣고 교실을 돌아다닌다.

박스로 다양한 썰매 만들기

썰매에 인형 실어 놀이하기

하늬는 하늘이를 태워 주며 썰매를 타면서 심심하지 않도록 책을 주더니 "하늘아 이 책은 썰매 앞에 걸쳐서 보면 돼. 그럼 흔들리지 않을 거야."라고 이야기하였다. 하늬가 "너무 힘들다. 썰매 주차시켜 놔야겠어."라고 하면서 수·조작영역에 썰매를 두고 '삐비빅' 소리를 내며 주차를 하였다.

인형을 실은 썰매를 주차시키고 놀이하는 유아

썰매에 친구를 실어 태워 주기

사례설명

만 3세 유아반에서 교사와 아이들이 커다란 상자를 이용해 썰매를 함께 만드는 장면이다. 아직 자신이 생각하는 것을 자신의 힘으로 충분히 표현하기 어려워하는 유아라는 점을 고려하여 교사는 "앞을 볼 수 있게 자르고 옆은 세워 주세요."라고 하는 유아의 이야기를 듣고 상자를 오려 주는 것과 같이 유아들이 원하지만 실행하기 어려워하는 것을 대신해 주었다. 그런가 하면 유아들이 좀 더 다양하게 표현할 수 있도록 "그냥 네모 모양도 좋지만 하고 싶은 모양으로 잘라서 붙여도 좋을 것 같아."라고 조언을 하며, 유아들이 사용하기를 원하는 재료가 없을 때는 재료를 찾아서 제공하기도 한다.

유아가 보육과정의 의사결정에 참여한다는 것은 때로는 이와 같이 만들기를 하는 과정에서 교사와 유아가 서로 의견을 주고받으면서 작업을 하는 구체적인 상황으로 나타나기도 한다. 교사가 제안했을 때 유아들이 교사의 제안을 수용하면서 또 다른 아이디어를 제시하는가 하면, 유아들이 제안하고 교사가 유아의 제안을 발전시키기도 한다.

썰매를 가지고 노는 과정에서 유아들은 커다란 상자로 만든 썰매를 타면서 다양한 놀이를 즐기는데 서로 썰매를 끌어 친구를 태워 주거나 인형을 싣고 다니며 놀이를 한다. 그러다가 흥미영역에 썰매를 세워놓고 다른 놀이를 하기도 한다. 기존에 흥미영역에 제공된 놀이나 대집단 활동 과정만이 아니라 새로운 놀잇감인 썰매를 이용해서 영역을 넘나들면서 놀이를 하고 있다. 유아들이 자신의 의사대로 새로운 놀이를 만들어 나가고 있는 것이며, 이러한 과정을 통해 유아들은 보육과정을 만들어 가는 의사결정에 참여하는 것이다.

사례 4) 친구들과 함께 놀이하고 싶은 곳: 뱅글뱅글 놀이터(만 3세)

유아들의 의사를 존중하여 유아들이 하고 싶은 놀이, 활동을 하도록 지원하고 있지만 모든 유아의 의견이 다 같을 수는 없어서 우리들의 날이나 바깥놀이를 나갈 때 다수의 의견을 따르곤 했었다. 그 가운데 시무룩해하던 소수 의견을 낸 아이들… 모든 유아들의 의견을 반영해서 활동하기 위해 10월, 11월 바깥놀이 시간에는 한 명씩 돌아가며 자신이 친구들에게 소개해 주고 싶은 곳에 가서 놀이를 하기로 했다.

첫 번째 순서는 준이! 준이는 ㅇㅇ대학교 근처의 뱅글뱅글 놀이터를 가고 싶대요! 준이네 집에 가는 길이라 준이가 길을 잘 안다고 이야기해요.
준이가 앞장서서 뱅글뱅글 놀이터로 향해요! 길을 가다 발견한 낙엽들… "낙엽을 밟으니 무슨 소리가 나?" 하고 물으니 '짝짝짝' 박수를 치며 박수소리와 비슷하대요! 준이와 안이는 나뭇잎이 깻잎처럼 생겼대요.

하이가 발견한 보라색 꽃… 교사에게 "선생님! 이 꽃 이름은 뭐예요?" 하고 물었으나 저도 잘 모르겠더라구요. 하이에게 "선생님도 잘 모르겠는데 하이는 이 꽃 이름이 뭐일 것 같아?"라고 물으니 "음~ 파란색 보라색 꽃이요!" 이야기하네요. 옆에 있던 준이는 '예쁜이'라고 불러 주고 싶대요. 친구들이 꽃 이름을 정하는 것을 보고 준이는 도토리의 이름을 '키키'라고 지어 줬어요.

친구들이 발견한 열매! 이 열매의 이름은 '무슨 베리'일 것 같다고 하는 친구들… 무슨 베리인지는 모르겠지만 끝에는 '베리'가 들어갈 것 같대요.
유아: 음 이건 독베리일 것 같아.
교사: 왜 독베리일 것 같아?
유아: 속을 볼 수가 없어서요. 속에 벌레가 들어 있을 수도 있어요!

이제 준이가 가고 싶은 뱅글뱅글 놀이터에 거의 다 왔네요! 회전기구가 있어서 유아들은 이 놀이터를 뱅글뱅글 놀이터라고 불러요. 가위바위보를 하여 운전기사 순서를 정하고 영차영차 열심히 오르고 내리고 비행기 미끄럼틀도 타고 그물도 넘으며 준이가 소개해 준 놀이터에서 신나게 놀았어요! "준아 재미있는 놀이터 소개해 줘서 고마워~"라고 큰 소리로 이야기하며 고마움도 표현했지요.

기분 좋은 은이와 하이! '그대로 멈춰라!' 놀이를 하며 어린이집으로 향해요. 준이가 소개해 준 놀이터를 다녀오면서 "내가 소개해 줄 때는 또 여기로 와야지!", "나는 계단 내려가는 놀이터 갈 거야!"라고 이야기하며 다음을 기대하는 친구들~

사례설명

영유아가 보육과정의 의사결정에 참여하는 또 다른 모습이다. 늘 다니던 어린이집 근처의 놀이터이지만 유아들이 가고 싶은 곳을 제안해서 가 보는 것은 유아들에게 색다른 흥미를 주고 새로운 동기유발이 될 수 있는 경험이다. 특히 교사가 이러한 활동을 계획한 계기가 유아들이 함께 모여서 결정을 하더라도 늘 제안한 것이 채택되지 않는 소수의 의견을 내거나 수줍음이 많아 제안을 하지 못하는 유아들을 배려한 것이라는 점에서 의미가 있다. 진행된 활동과정을 카페에 올려 부모들에게 소개했을 때 수줍음이 많거나 다소 소극적인 만 3세 유아들을 배려한 것에 대해 부모들 또한 활동의 의미를 매우 긍정적으로 피드백해 주었다.

> 다수로만 정할 때 아쉬웠을 수 있었던 부분에 대해 모든 친구들이 한 번씩 의사결정을 해 보는 것도 참 좋아 보여요. 세심하게 챙겨 주셔서 고맙습니다. (○○ 엄마)

> 정말 수줍쟁이 ○○이는 손들고 자기가 추천하는 곳 가자는 말은 절대 못 했을 텐데요. 순서대로 정해 주시니 관심쟁이 ○○이가 우쭐해하며 관심을 제대로 받는 날이 될 듯해요. 세심한 지도 감사해요.(○○ 엄마)

사례 5) 친구들과 함께 하고 싶은 놀이: 와우공원에서 보물찾기(만 3세)

유아들이 돌아가면서 놀 장소나 놀이를 제안하는 과정에서 하이는 공원에서 친구들과 보물찾기 놀이를 하고 싶다고 했어요. "하이는 친구들이랑 어디 가서 놀이하고 싶어?", "음 와우공원이요!", "와우공원에서 무슨 놀이하면 재미있을까?", "저 보물찾기 하고 싶어요!", "보물찾기! 정말 재밌겠는 걸?" 하이가 친구들과 하고 싶은 놀이는 와우공원에서 보물찾기를 하는 것이래요.

하이는 친구들이 찾을 보물을 만들었어요. "보물은 무슨 모양이야? 동그라미? 세모? 네모?", "보물은 그렇게 안 생겼어요. 울퉁불퉁해요.", "울퉁불퉁한 보물을 어떻게 만들면 좋을까?", "음… 손으로 찢어요!", "선생님이 보물이라고 써 줄게~",

"아! 저는 어벤져스 보물 만들래요!", "어벤져스 보물은 어떻게 만들어?", "헐크 보물, 캡틴 아메리카 보물, 악당 보물이라고 쓰면 돼요. 아 헐크는 초록색으로 써야 해요." 하이의 어벤져스 보물 완성! 와우공원으로 보물을 숨기러 가요! 두리번 두리번~ 어디에다 보물을 숨길까? 보물을 너무 어려운 곳에 숨기면 안 된대요. 그건 친구들이 찾을 수 없어서 반칙이래요.

여기저기 보물을 숨기고 하이가 큰 소리로 외쳤어요. "꽃잎반 모여라!" 친구들이 기다리고 기다리던 보물찾기 시간. 쏙쏙 보물을 찾아내요. "뭐라고 써 있니?", "악당 보물이라고 써 있네?", "우와~ 나 악당 보물 찾았다!"

보물찾기 선물은 맛있는 초코과자에요. 하이가 계획한 와우공원 보물찾기 놀이는 친구들의 반응이 매우 좋았어요. "하이야~ 다음엔 나랑 같이 보물찾기하자. 하이야 너무 재밌어!"라고 이야기하는 친구들을 보며 수줍은 미소를 짓는 하이~ 이번 활동을 통해 하이가 굉장히 적극적이고 재미있는 생각을 한다는 것을 알 수 있었어요.

하이가 만든 보물

보물을 숨기는 하이

보물을 찾아서 기뻐하는 유아

사례설명

이 사례는 유아가 보육과정을 구성하는 의사결정에 참여함으로써 교사 혼자서 활동을 계획하고 결정하는 것보다 훨씬 더 아이디어가 풍부해질 수 있으며, 유아들의 눈높이와 입장에서 유아들이 진정으로 좋아하는 활동을 발견하고 함께할 수 있다는 것을 보여 준다. 보물을 숨기던 하이가 '보물을 너무 어려운 곳에 숨기면 안 된다'고 하면서 '그건 친구들이 보물을 찾을 수 없어서 반칙'이라고 한 것은 보물을 꽁꽁 숨겨놓았을 경우 만 3세 유아들이 보물을 찾기 어려워하는 것을 배려하는 마음을 읽을 수 있어 하이가 친구들을 배려하는 세심한 마음이 전해진다. 보물을 찾은 유아들의 신바람 나는 얼굴 표정과 다양한 모습에 보는 사람도 저절로 신이 나고 재미있다.

유아들이 각자 하고 싶은 놀이를 하고 가고 싶은 곳을 정해서 가다 보니 비눗방울 놀이, 달리기, 오빠와 연 날리던 곳 찾아가기 등 다양한 활동이 이어졌다. 늘 하는 가을날의 산책이지만 나와 내 친구들이 제안한 것을 경험하기에 보다 의미 있는 과정으로 느껴질 것이며 이러한 과정을 통해 유아들의 자발성이 증진될 것이다.

유아들은 자신들이 경험했던 것 중 가장 하고 싶은 놀이, 재미있었던 놀이를 제안함으로써 보육과정을 진행하는 과정에 의사결정의 한 주체로서 참여하고 있으며 이러한 과정은 일상에서 유아들이 자연스럽게 집단지성을 경험하는 과정이기도 하다.

사례 6) 우산 쓰고 산책하며 가고 싶은 곳으로 가 보기(만 4세)

오늘은 비가 와서 우산을 쓰고 동네를 산책하였다. 유아들은 모두 우산을 쓰고 나서 "선생님 어디로 가요?"라고 교사에게 물었는데, 교사가 "너희들은 어디로 산책가고 싶니?"라며 유아들의 의견을 물어보았다.

오늘 산책은 유아들이 직접 산책하는 길을 고르고 결정하기로 하였고 갈림길이 있을 때마다 "여기서는 어떻게 가지?"라고 물어보면 유아들은 "이곳에 신기한 것이 있어요", "여기 꽃이 피어 있는데 이쪽으로 가요"라고 이야기를 하며 자유롭게 산책을 하였다. 산책을 마친 유아들은 "기분이 너무 좋아요", "우산 쓰고 나오니까 상쾌한 기분이에요."라고 말하며 자신의 기분을 표현하기도 하고 우산이나 비오는 날과 관련된 노래를 부르는 유아들의 모습도 볼 수 있었다.

유아들이 가자는 방향으로 산책을 하면서 또 다른 재미를 느꼈던 비 오는 날의 산책

사례설명

유아들이 실외로 나갔을 때 막연하게 교사를 따라서 이동하고 움직이는 것이 아니라 유아 자신이 가고 싶은 길을 능동적으로 정해 봄으로써 유아의 주도성을 기를 수 있는 기회가 될 수 있었다. 유아들이 자신의 생각과 의견을 표현하면서 의사결정에 참여하는 것은 특별한 활동이나 계기를 통해서만이 아니라 사례에서와 같이 늘 일상적으로 행해지고 있는 실내외의 다양한 활동 과정에서 자연스럽게 이루어질 수 있다.

사례 7) 놀고 싶은 곳에서 놀기: 다른 반에 가서 놀아요(만 3~5세)

이 어린이집에서는 오전 자유선택활동 시간에 유아반 원아들이 자신의 반이 아닌 다른 유아반을 자유롭게 오가며 놀이하는 날을 마련했다. 이 어린이집의 유아반은 만 3~5세까지 세 개 반으로 구성되어 있으며 유아들은 바깥놀이 시간이나 통합보육 시간을 제외하면 주로 자신의 반에서 생활하였다. 자신이 원하는 다른 반에 가서 자유롭게 노는 활동을 계획한 것은 유아들에게 놀이 공간을 선택할 수 있는 선택권을 부여하고 아침과 저녁에 통합보육을 받지 않는 유아들도 자연스럽게 혼합연령 상황에서 형이나 동생들과 함께 놀이와 생활을 해 볼 수 있도록 하자는 생각에서였다. 자유롭게 이동을 하면서 활동을 하다 보니 다른 반에 있는 새로운 교구도 함께 경험할 수 있어 계획하지 않았던 부수적인 효과도 나타났다.

이 어린이집에서도 처음 하는 활동이라 상황이 어떻게 전개될지, 혹시 예기치 않은 어려움이 있을지 정확하게 예측되지는 않았으나 일단 한번 해 보고 별다른 어려움이 없으면 이후에도 이와 같은 기회를 자주 갖도록 하자는 생각으로 진행해 보았다. 다음은 이 활동을 진행하고 난 교사들의 이야기이다.

교사들의 이야기

■ 만 3세 꽃잎반 교사

등원하자마자 유아들이 꽃잎, 열매, 나무반 중 놀이하고 싶은 곳으로 가서 자유롭게 놀이를 하기로 하였다. 연이는 등원하며 "저는 나무반에서 놀이하고 싶어요!"라고 이야기하였고 연이 할머님께서 "나무반에 가고 싶어서 일찍부터 준비했어요."라고 이야기하시며 연이가 오늘 활동을 매우 기대하였다고 알려 주셨다.

활동에 대해 전날 유아들에게 소개하고 가정에 안내 문자를 보내니 유아들이 부모와 내일 활동에 대해 이야기를 나누고 무엇을 해 보고 싶은지 생각하고 등원하는 모습을 발견할 수 있었다. 등원부터 활동이 시작되기 때문에 오랫동안 활동을 하고 싶은 유아들은 어린이집에 빨리 가고 싶다고 이야기하며 활동에 대한 기대감을 표현하였다고 한다.

혼자 다른 반에 들어가기 낯설어하는 유아들을 위해 교사가 함께 나무반과 열매반에 들어갔으며, 유아들은 각자 나무반의 자석블록이나 현미경으로 놀이하기, 열매반의 역할놀이 영역의 옷에 관심을 보이며 놀이하기 등 다양한 놀이를 하였다. 현이는 교사가 "형님반에 무엇이 있는지 보러 갈까?"라고 물었으나 거부하여 꽃잎반(만 3세)에서 자석블록, 아이링고로 놀이하였다. 그러나 꽃잎반으로 놀러온 형님들과 함께 블록놀이와 게임을 하며 놀았다.

낯설어하는 유아와 함께 다른 반에 가서 놀이하는 교사/우리 반에 없는 놀잇감으로 놀기

유아들은 대부분 만족스러워하였고 즐거운 경험이었던 것 같다. 그러나 활동이 끝나고 유아들에게 오늘 활동에 대해 물었을 때 은이는 "형님들이 소리를 지르고 싸워서 불편했어요.", 영이는 "내가 하고 싶은 게 많은데 형님들이 너무 많아서 불편했어요."라고 하였다. 은이는 "형님들이 조용할 때 좋았어요."라고 하였다. 아무래도 만 3세 동생들이 만 4~5세 유아들과 함께 놀이를 하다 보니 평소와 달리 불편한 감정을 느끼는 상황이 있었다는 것을 알 수 있었다. 이때 교사가 어떻게 적절하게 개입을 하는 것이 바람직한지 생각해 보아야겠다.

활동이 진행될 때 꽃잎반 유아들이 나무반, 열매반에 혼자 들어가는 것을 어색해해서 교사가 함께 동행하였고 어떤 놀잇감이 있는지 함께 탐색할 시간도 가졌다. 그러나 꽃잎반으로 놀이하러 오는 유아들도 봐야 하는 교사가 다른 반에 가면 교실이 비는 상황이 종종 발생하였는데 보조해 줄 수 있는 인력을 좀 더 배치하여 유아들과 함께 동행할 수 있도록 하면 좋을 것 같다. 이러한 몇 가지 문제점에도 불구하고 전반적으로 만족스러운 상황이었으므로 불편했던 사항을 조정하고 보완한 후 또 진행하여도 좋을 것 같다.

■ 만 4세 열매반 교사

어린이집에 등원한 유아들이 처음에는 다른 교실로 간다는 것에 대해 어색해하면서 부끄러워하는 모습을 보이기도 하였지만 열매반 교실로 동생들과 형님들이 놀러와 놀이를 시작하면서 유아들도 점차 다른 교실로 간다는 것에 대해 자연스럽게 생각하였다.

각 반 교실에서 자유롭게 놀이가 이루어지면서 유아들은 자연스럽게 형님, 동생들과 함께 놀이를 하기도 하였고 동생들이 잘 모르는 것은 형님들이 알려 주면서 좀 더 폭넓은 인간관계를 형성할 수 있었던 것 같다. 또한 늘 자신의 교실에 있는 놀잇감으로만 놀던 유아들이 각 반에 없는 새로운 놀잇감을 경험하면서 더 많은 즐거움과 흥미를 느끼기도 하였다.

내가 꽃잎반일 때는 이런 놀잇감이 없었는데… 동생반에 새로 산 놀잇감으로 놀이하기

간식은 놀이를 하고 있는 반에서 자유롭게 먹었기 때문에 놀이가 더 활발하게 이루어질 수 있었다. 그러나 유아들 중에는 놀이의 수준이 맞지 않아서 어려워하고 쉽게 흥미를 잃는 경우도 볼 수 있었다. 또한 놀잇감을 정리하고 이동하지 않아 장난감이 서로 뒤섞이는 상황도 나타났다. 유아들과 함께 평가를 했을 때 잘 모르는 선생님께 이야기를 하거나 도움을 요청하는 부분에서 어려움을 느꼈다는 유아들이 있었다. '놀고 싶은 곳에서 놀아요'를 처음 경험했기 때문에 나타나는 문제점들이 있었지만 반복해서 경험하다 보면 이런 어려움은 극복하고 익숙해질 수 있는 부분이라고 생각한다. 처음 경험했던 만큼 유아들에게는 많은 재미와 즐거움, 흥미를 느낄 수 있는 시간이 제공되었던 것 같다.

■ 만 5세 나무반 교사

처음에는 꽃잎반, 열매반 동생들이 쉽게 들어오지 못했지만 선생님의 손을 잡고 들어와 조금씩 둘러보며 익숙해지자 점차 놀이가 활기를 띠기 시작했다. 꽃잎반 유아들이 보드게임을 하고 싶어 했는데 수준 차이가 많이 나다 보니 카드를 뒤집어 같은 얼굴을 찾는 메모리 게임의 규칙을 이해할 수 없어서 얼굴이 보이도록 모두 뒤집어 놓고 같은 얼굴을 찾는 놀이로 변형하여 놀이하도록 했다.

나무반 유아들이 와서 "그럼 너무 쉽잖아요."라고 이야기해 "동생들은 아직 이 놀이를 잘 모르니까 잘할 수 있을 때까지 이렇게 하자."고 하니 동생들의 수준에 맞춰서 천천히 그림을 찾아 주고 함께 놀아 주었다.

형님들이 게임하는 것을 지켜보는 동생들

동생들과 함께할 수 있는 집짓기 놀이를 제안함

놀잇감 수준이 높아서 그런지 동생들이 와서 놀이를 시작했다가도 오래 관심을 지속하지 못하고 금방 다른 곳으로 가 버리는 모습을 보여 크레이지포츠(집짓기)를 꺼내놓고 교사가 집을 짓기 시작했다. 어린 유아들의 경우 손의 힘이 약하기 때문에 교사의 도움이 필요했다. 집을 다 짓고 천막을 덮어 놓으니 많은 유아들이 관심을 보이고 들어가서 놀이를 했다. 오전 간식은 언어영역 책상에 준비해 두고 유아들이 원할 때 와서 자유롭게 간식을 먹도록 했다.

오전에 '놀고 싶은 곳에서 놀아요' 활동을 한 후 오후에 유아들과 함께 평가를 해 보았는데 유아들의 이야기는 다음과 같다.

긍정적인 점

- 동생들이랑 같이 노는 게 좋아요.
- 내 동생이랑 같이 있는 게 좋았어요.
- 동생들이랑 간식 먹는 것이 좋았어요.
- 동생들이 언니를 좋아해서 좋았어요.
- 다른 반에서 간식 먹는 것이 좋았어요.
- 우리 반에 없는 놀잇감이 재미있었어요.
- 동생들이 우리 반에 와서 우리가 잘 안 하는 놀이를 하는 것을 보니 그게 재미있어 보였어요.

부정적인 점

- 씨앗반(만 1세), 새싹반(만 2세)에는 못 가서 안 좋았어요.
- 시간이 짧았어요.
- 나는 어린이집에 늦게 와서 못 놀아서 안 좋았어요.
- 동생들이 내가 노는 장난감을 못 하게 하고 방해해서 불편했어요.
- 집(나무반)이나 플라스틱 트랙(열매반)은 자리가 좁을 때도 있었어요.

유아들의 이야기를 종합해 보았을 때 대체로 재미있다고 하였고 더 오랫동안 하고 싶어 했다는 것을 알 수 있었다. 동생이 방해하거나 자리가 좁은 문제는 한 영역에 많은 유아들이 몰렸을 때 생기는 문제점이라고 볼 수 있는데 이러한 문제를 해결하기 위해 교사의 개입이 필요하다고 생각된다. 교사의 입장에서는 어린 유아들이 나무반(만 5세)에 왔을 때 수준에 맞지 않는 놀잇감을 선택해서 놀이를 시도하며 어려움을 겪는 경우가 많았는데 수준 차이가 많이 날 때는 규칙을 설명해 주어도 이해하지 못하고 도움을 주어도 놀이가 이루어지기 어려운 점이 불편하게 느껴졌다. 시행하기 전에 우려했던 놀잇감 정리는 생각보다 크게 문제가 되지 않았다.

사례설명

이 활동에 대한 유아와 교사의 평가는 시간의 제한이 있기는 했지만 유아들이 공간을 선택하여 놀이를 하고 간식을 먹을 수 있었던 것이 좋았다는 것이다. 교사들은 유아들의 선택권이 공간을 선택하는 데까지 확장될 수 있었던 것이 유아들에게 긍정적인 경험이 되었다고 평가하였고 다음에도 시행해 보는 것으로 의견이 모아졌다.

특히 인상적이었던 것은 형제가 함께 다니는 경우 친동생과 같이 놀이를 하고 간식을 먹는 것을 좋아했다는 점이다. 형제, 자매가 함께 다니는 유아가 다수인데 어린이집에 오면 화장실이나 복도에서 우연히 마주치거나 바깥놀이를 하는 시간을 제외하고는 으레 다른 공간에서 생활하는 것을 당연하게 생각해 왔는데 이러한 상황이 영유아의 생활상으로서 당연하고 적절한 것인지에 대해 다시금 생각하게 된다.

활동 과정에서 연령에 따라 다소 다른 양상이 나타난 것은 수·조작영역에서 게임을 할 때 만 4세와 만 5세는 수준 차이가 크지 않았지만 만 3세와 만 5세는 수준 차이가 나타난다는 점이다. 이때 교사가 개입하여 게임의 수준을 조절하여 놀이를 진행하였지만 놀이가 지속되는 데 한계가 있었다. 따라서 교사가 제시했던 '집짓기 놀이'처럼 여러 연령의 유아가 함께 놀이를 할 수 있도록 놀잇감을 보완하여 제시하는 것도 혼합연령으로 놀이가 진행되는 것을 활성화시키기 위해서는 필요하다고 본다.

그러나 이러한 과정에서 빼놓을 수 없는 이점은 만 5세 유아들이 동생들에 대한 이해의 폭이 넓어졌다는 것이다. 발달 수준이 다른 동생들과 놀이를 할 때 어떻게 놀아야 하는지 경험할 수 있었으며 특히 자신들은 원활하게 놀이하는 것을 동생들이 잘하지 못했을 때 동생들에게 맞추어 놀이를 변형시켜 보는 경험을 통해 동생들에 대해 보다 잘 이해하게 되었다. 외동이거나 형제가 많지 않은 아이들이 대다수인 상황에서 동생들과의 놀이 경험은 동생들과 놀이를 할 때 부딪히는 문제를 어떻게 해결하고 어떻게 동생을 배려해야 하는지를 경험한다는 것 그 자체로서 매우 소중한 것 같다.

만 3~5세까지 세 개 연령이 진행하다 보니 중간인 만 4세의 경우 가장 어려움이 없었다. 그러나 만 5세의 경우 앞에 이야기한 바와 같이 수·조작영역에 제시되어 있는 놀잇감의 수준이 만 3세에게 잘 맞지 않는 어려움이 있었고 만 3세반의 경우 형님반에 가는 것을 좋아하기는 했지만 하고 싶은 놀이를 잘하는 경우는 상대적으로 적었으며 다른 반에 가는 것을 낯설어해 교사와 함께 가서 놀이를 하기도 했다.

이번에 진행한 '놀고 싶은 곳에서 놀아요' 활동은 처음 경험한 것이므로 향후 발생되는 어려움을 보완하여 진행한다면 좀 더 바람직한 방향으로 나아갈 수 있을 것이라고 본다. 또한 이러한 활동을 지속하기 위해서는 정해진 자신의 반에서만 이루어지는 기존의 일과 운영 방식으로부터 유아가 자신이 놀고 생활하는 공간을 선택할 수 있어야 한다는 '선택권 확대'의 방향으로 교사와 원장의 생각과 발상이 전환되는 것이 무엇보다 필요하다.

사례 8) 텃밭 가꾸기: 유아들과 함께 만들어 가는 텃밭(만 4세)

■ 텃밭 만들기 준비와 모종가게 다녀오기

유아들은 모종가게에 다녀오기 전 지난해에 심었던 채소의 뿌리를 걷어내고 겨울동안 얼어 있던 흙을 섞어 주면서 텃밭 만들 준비를 했다. 함께 모여 텃밭에 심을 것에 대해 이야기도 나누었는데 유아들은 얼마 전 현이가 친구들과 간식으로 함께 먹고 싶다고 가지고 왔던 완두콩이 너무 맛있었는지 이번 텃밭에 완두콩을 심어 보고 싶다고 했다. 그때 유아들은 완두콩의 껍질을 까 보고 나란히 있는 연두색의 조그만 완두콩들을 보며 너무 신기해하며 즐거워했었다.

혁이는 "수박을 키워 볼래요."라고 이야기를 하였는데, 다른 친구들이 "수박을 우리가 어떻게 키워!", "그건 아주 넓은 곳에서 키우는 거야."라고 이야기를 하였다. 그러나 "우리 집에 수박씨를 심었는데 새싹이 올라왔어요!"라고 말하는 준이의 이야기에 용기를 얻어서 수박을 키워 보기로 했다.

완두콩, 토마토, 수박, 딸기, 감자, 당근 등 여섯 개의 식물을 키워 보기로 정하고 모종가게로 갔는데 모종가게는 실내외로 넓게 구성되어 있어 다양한 텃밭 식물들을 볼 수 있는 곳이었다. 생각보다 넓은 모종가게를 보면서 유아들은 "여기에서 좋은 냄새가 나!", "꽃 냄새가 진짜 좋아~"라고 하며 신기해했다. 작은 가게들이 옹기종기 모여 있는 곳이고 가게마다 주인아주머니, 아저씨들이 계셔서 유아들이 그 자리에서 궁금한 것에 대해 "이게 뭐예요?"라고 질문도 하고 자유롭게 탐색할 수 있는 시간을 가질 수 있었다.

모종가게의 실내외에서 다양한 꽃과 모종

씨를 구매하기 위해 살펴보는 유아들

유아들과 사전에 어떤 식물을 사가지고 올 것인지 계획하고 갔지만, 막상 갔을 때 우리가 생각한 식물들이 많이 없어서 그 자리에서 오이고추, 브로콜리, 파프리카를 키워 보기로 함께 결정했고. 그밖에도 교실에서 키우기 위해 친구들이 직접 고른 비올라, 피튜니아, 마리골드라는 식물도 구매해 왔다. 씨앗을 파는 곳에서는 다양한 씨앗 중 유난히 해바라기 꽃에 많은 관심을 보여서 해바라기 씨앗도 구매했다. 우리가 계획했던 텃밭 식물들을 모두 사지는 못해 아쉬움이 남았지만, 유아들이 직접 눈으로 보고, 만져 보고 냄새도 맡아 보며 다양한 체험을 할 수 있었던 모종가게 방문이었다.

■ 텃밭 가꾸기와 수확

모종가게를 다녀온 후 텃밭의 흙을 다시 한번 모종삽으로 골고루 섞어 주었는데 우리가 흙을 고르고 난 후 흙을 만져 보며 촉감이 어떤지도 느껴 보았다.

교실에 놓아둔 모종을 살펴보는 유아들

텃밭상자에 모종을 옮겨 심는 유아들

준비를 마친 후 교실에 놓아두었던 모종들을 열매반 텃밭으로 옮겨서 심어 주었는데 유아들은 "식물들아 잘 자라~!", "쑥쑥 자라서 우리한테 맛있는 음식을 줘!"라고 하며 식물들을 소중히 여겼고 텃밭에 심어 놓은 식물들이 하루하루 튼튼하게 자라면서 변화를 보이자 유아들의 관심도 높아졌다. 그리고 준이 아버지께서 사다 주신 강낭콩 씨앗도 열매반 텃밭에 심었는데 먼저 씨앗이 어떻게 생겼는지 관찰한 후 어떤 화분에 심어 줄지 함께 결정하였다. 우리가 키우는 식물들에게 이름표를 만들어 주기 위해 팻말도 만들었는데 유아들은 완성된 팻말을 보면서 아주 뿌듯해했다.

팻말을 만들어서 텃밭에 꽂는 유아들

브로콜리를 수확하는 유아들

유아들이 4월 초부터 정성을 다해 기른 식물들이 많이 자라서 딸기를 수확해 보기도 하고 어제는 텃밭에서 오이고추를 수확해서 먹었다. 점심시간에 고추를 작게 잘라서 쌈장과 함께 먹었는데, 처음에는 '고추'가 매울까 봐 염려되는 마음에 한 개만 달라고 하는 유아들이 많았는데 맛을 보고 난 후 아주 맛있다며 수확한 고추를 모두 먹어버렸다.

그리고 오늘은 수확한 브로콜리를 조리사님께 드리면서 "조리사님 우리가 키운 브로콜리로 맛있는 음식 해 주세요!"라고 말씀드렸고, 점심시간에 조리사님께서 쪄 주신 브로콜리를 아주 맛있게 먹었다. 집에서는 잘 먹지 않았던 음식들도 이렇게 텃밭활동을 통해 긍정적으로 생각하고 먹게 되는 것 같다.

사례설명

교사는 텃밭 활동을 하면서 유아들과 어떤 모종이나 씨를 심을지 함께 결정하고 함께 모종가게에 가서 사왔는데 이전에는 교사나 원장이 결정해서 사오던 것들이었다. 모종가게에 가 보면 사려고 마음먹었던 것이 없을 때도 있는데 그럴 경우 유아들과 함께 가게에 있는 모종 중에서 살 것을 즉석에서 결정하기도 하였다. 유아들과 함께 무엇을 살지 결정하고 사온 모종을 함께 심는 과정은 같은 텃밭 가꾸기 활동이라고 하더라도 원장과 교사가 모종을 다 사서 준비해 주던 것과는 텃밭 가꾸기가 자신들의 활동이라고 더 강하게 생각하고 더 많은 흥미를 가진다는 점에서 의미가 다르다.

텃밭 가꾸기 활동에 유아들의 참여를 활성화시키기 위해서는 텃밭 가꾸기 활동을 여유 있게 진행하는 것이 필요하다. 4월에 텃밭 가꾸기 외에 다른 활동 주제를 병행함으로써 바쁘게 텃밭 활동을 하기보다는 유아들이 이야기 나누기를 통해 의사결정에 함께 참여하고 직접 텃밭을 일구고 모종을 사와 모종 심기를 하는 등의 활동에 동참할 수 있는 충분한 시간을 확보하여 진행하는 것이 바람직하다.

사례 9) 동극을 함께 만들어요(만 4세)

■ 열두 띠 이야기 동화책 읽어 주기

함께 모였을 때 동화책의 표지와 제목을 보고 어떤 이야기일지 상상해 보도록 하니 "열두 띠 이야기?"라며 관심을 보였고, "나는 토끼띠예요.", "나는 호랑이띠예요."라고 말하며 띠에 대해 자기가 아는 것을 이야기하였다. "쥐랑 용이 나오는 것 같아."라며 어떤 동물이 나올지 예상해 보기도 하였다.

이야기를 들려주고 나서는 어떤 이야기였는지 그림을 보면서 함께 회상해 보았다. 이야기가 길고 어려운 편이지만 동물들의 특징에 맞춰서 사람들에게 세상을 살아가는 방법을 가르쳐 주는 내용이라 동물들의 특징을 연상하며 어떤 내용이었는지 이야기해 보았다. 올해는 어떤 띠의 해인지 물어보니 유아들이 각자 자기가 좋아하는 동물을 얘기했고 은이는 정확히 닭띠 해인 것을 알고 있어 "닭띠!"라고 대답하였다. 그리고 또 각자 자기 가족의 띠를 알고 있는 대로 이야기하면서 태어난 해에 따라서 그해의 동물이 자기 띠가 된다는 것을 알게 되는 것을 볼 수 있었다.

■ 열두 띠 이야기 다른 버전 읽어 주기

지난주에 『열두 띠 이야기』를 읽어 주었는데 오늘은 경주를 통해 띠의 순서를 정하는 다른 버전의 『열두 띠 이야기』를 읽어 주었다. "사람들이 상상해서 만든 이야기는 정해져 있는 것이 아니라 상상하기에 따라서 이런 내용이 될 수도 있고, 또 다른 내용이 될 수도 있어."라고 말해 주었다.

동화를 읽어 준 후 그림을 보며 내용을 회상하고 유아들 나름대로 이야기를 이해하고 공감하며 독창적으로 표현할 수 있도록 "이럴 때 소는 뭐라고 말했을까?", "고양이는 그때 어떤 표정을 지었을까?"라고 물어 언어적, 신체적 표현을 해 보도록 하였다. 언어영역에 세 가지 버전의 『열두 띠 이야기』 동화책을 비치해 둔 것을 소개하고 이 동화를 동극으로 각색하는 활동을 교사가 제안하였다. 같은 제목의 다른 내용인 동화책처럼 동극을 만들 때도 유아들이 이야기를 섞거나, 상상해서 추가하는 것도 재미있는 시도가 될 수 있을 것 같다.

■ 동극에 필요한 것 만들기 1: 우리가 만든 강과 다리

이야기 나누기 시간에 '열두 띠 이야기'를 동극으로 하려면 필요한 것이 무엇인지에 대해 이야기를 나누었는데 동물들이 건너는 강과 다리를 만들어야 한다는 이야기가 나와 자유선택활동 시간에 미술영역에서 강을 만드는 활동이 이루어졌다.

물감으로 칠한 종이를 길게 연결한 뒤 어떻게 하면 강처럼 보일지 생각해 보도록 했더니 진이는 "풀이 있어야 돼요."라며 주변의 풍경을 강처럼 꾸며 주자는 이야기를 했다. 또 현이는 동극의 내용을 생각하며 "징검다리랑 다리도 있어야 돼요."라고 말하였다. 징검다리를 무엇으로 만들지 의논해 보았는데 벽돌블록으로 만들자는 의견이 나왔다. 그런데 징검다리는 뛰어서 건너가다 미끄러지거나 걸려서 다칠 수 있으니 튀어나오지 않게 만드는 것이 좋겠다는 의견도 나왔다. 그러자 현이가 "아~ 위에서 보는 것처럼?"이라고 말하며 종이를 찢이 붙이겠다고 하여 다함께 종이를 찢어 징검다리를 만들고 나서 풀로 붙였다.

"다리도 필요해요. 두 개."라고 이야기하여 아까 이야기한 벽돌블록으로 만들자고 했다. 벽돌블록을 늘어놓기만 하면 매번 다시 만들어야 하고 자꾸 움직이기 때문에 마스킹테이프를 주며 붙여 보도록 했다. 현이가 처음에는 혼자서 벽돌 두 개를 놓고 테이프로 붙이려고 노력하는데 잘 되지 않으니 "이것 좀 잡아 줘."라며 친구에게 도움을 요청하고 협력하는 모습이었다. 다른 친구들도 힘을 합쳐서 테이프로 블록을 붙여 다리를 만들었다.

동극에 필요한 강과 징검다리 만들기

징검다리는 종이를 찢어서 평면으로 붙이고 다리는 유아들이 협력하여 벽돌블록을 붙여서 만들고 있다.

유아들이 만든 강과 징검다리, 다리를 대집단으로 모였을 때 소개하였다. 이것 말고도 동극에 필요한 것이 더 있는지 생각해 보자고 하니 풀, 갈대, 물고기 등이 필요하다고 했다. 큰 강을 만들고 나니 동극에 유아들의 관심이 모아지는 것을 볼 수 있었다. 배경이 되는 강을 만들었으니 미술영역에서 소품으로 활용할 것들을 계속해서 만들도록 하였고, 또 역할, 쌓기영역에 직접 만든 강을 붙여 주어 유아들의 동극이 놀이처럼 자연스레 이루어질 수 있도록 하였다.

■ 동극의 역할 정하기

동극의 역할을 정하기에 앞서 어떤 역할이 있는지 소개해 주었다. 유아들이 역할에 대한 이야기를 듣고 "난 토끼 해야지.", "난 호랑이 해야지."라며 혼잣말을 하며 기대하는 모습이었다. 먼저 해설을 할 친구들이 손을 들었는데 세 명의 친구가 손을 들었다. 그러자 친구들이 "해설은 글자를 읽을 수 있어야 돼."라고 하여 교사가 "읽을 수 있거나, 이야기를 잘 기억해서 말로 할 수 있으면 돼."라고 가르쳐 주니 할 수 있다고 했다. 그래서 세 친구가 나눠서 하기로 하고 다른 동물들을 정해 보았다.

하나의 동물을 여러 친구가 하고 싶다고 손을 들었을 때는 어떻게 결정할지 그 친구들이 의논해서 가위바위보를 하기도 하고, 한 명이 다른 것으로 바꾸기도 하며 결정하였다. 역할을 정할 때 토끼 같은 인기가 있는 역할은 나중에 이야기하고 우선 다른 역할들을 선택할 수 있는 기회를 주었더니 처음에 "난 토끼 해야지."라고 확고하게 생각하던 진이도 호랑이와 말로 관심을 옮겼고, 처음에 해설을 하겠다던 유아들도 다른 친구들이 동물을 고르는 것을 보면서 자기가 좋아하는 동물을 고르게 되었다. 이렇게 한 가지 역할에 몰리기보다는 자연스럽게 분산되어 결정하는 데 큰 어려움이 없었으며 각자 한 가지씩 역할을 맡았기 때문에 활동에 대한 관심이 더욱 높아지고 책임감도 갖게 되는 것을 볼 수 있었다.

■ 동극에 필요한 것 만들기 2

유아들이 바닥에 붙일 강과 다리, 징검다리를 만들어 두었기 때문에 이제 각자 맡은 역할에 따라 꾸밀 소품을 만들었다. 동극의 역할에 따라 각자 자기가 필요한 것을 생각해 보고 구상한 것을 미술영역에서 직접 만들기로 했다. 말 역할을 맡은 진이는 말 머리띠를 만들겠다며 도화지에 말을 그렸는데 자기가 생각한 대로 그리니 토끼처럼 보이는지 "자꾸 토끼가 돼요."라고 말하며 속상해했다. 친구들도 지나가면서 "토끼야?"라고 물어봐서 점차 더 자신감을 잃게 되어 "그냥 안 할래요."라고 말하기도 했다. 그래서 진이에게 말이 어떻게 생겼는지 책을 찾아볼 수 있도록 했다. 언어영역에서 책에 있는 말 그림을 찾아온 진이가 갈기와 콧구멍을 추가해서 그리니 좀 더 말처럼 보이게 되었다.

동물 모자를 쓰거나 수건으로 양머리를 만드는 등 다양한 방법으로 동물 표현하기

지이는 양 역할을 맡았는데 "저는 집에 토끼 머리띠는 있는데 양 머리띠는 없어요."라며 아쉬워했다. "그럼 머리띠 말고 다른 방법을 생각해 봐."라고 하니 잠시 생각하다가 "찜질방에서 우리 동생 양머리 한 사진이 할머니 핸드폰에 있어요."라며 수건으로 만든 양 머리를 떠올렸다. "그거 좋은 생각이다."라고 맞장구치니 수건이 필요하다고 했고, 교사가 수건을 가져다주어 양머리를 함께 만들었다.

교사가 돼지를 맡은 라이에게 "사람들이 돼지인 것을 알아볼 수 있으려면 무엇이 있어야 할까?"라고 물었더니 라이가 "돼지 코!"라고 말하였다. 돼지 코를 무엇으로 만들면 좋을지 재료를 탐색하던 중 살구색 부직포를 발견하여 코를 만들었다. 얼굴에 쓸 수 있도록 교사가 고무 밴드를 달아주었더니 얼굴에 쓰고 무척 재미있어하며 거울을 보았다. 다른 친구들도 "저거 어떻게 만든 거예요?"라고 물으며 흥미를 보이고 활동에 참여하였다.

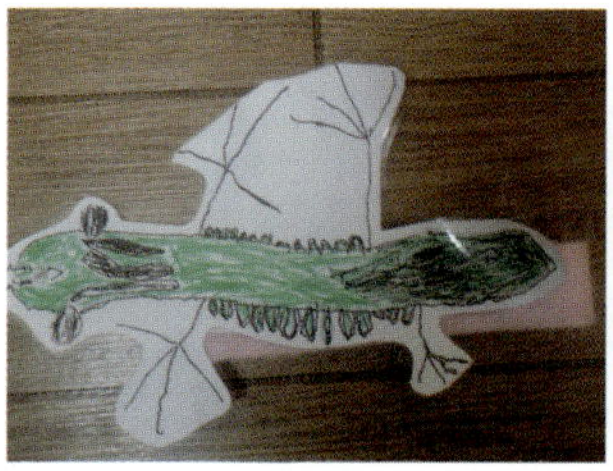
뱀 머리띠

솜으로 만든 하나님의 수염

원숭이 가면

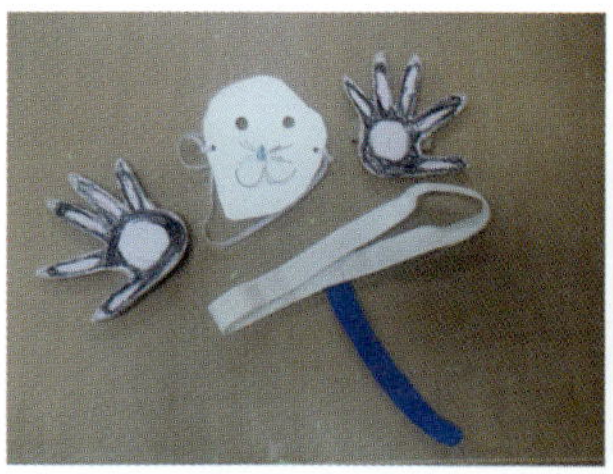
동물 가면과 발바닥, 꼬리

동물 가면과 마이크

닭과 돼지 코 머리 띠

다 같은 방법으로 머리띠나 가면을 표현할 수도 있지만 독창적인 방법으로 표현할 수 있도록 격려하니 유아들은 각각 자신이 생각한 방법으로 표현하였다. 유아들이 '나는 어떤 방법으로 할까?' 하고 스스로 생각해 보고 자기가 맡은 동물을 표현하기에 적합한 방법을 찾는 모습을 볼 수 있었다. 유아들이 머릿속으로 구상한 것이 생각만큼 표현되지 않았을 때 좌절감을 느끼거나 의욕을 잃기도 하는데 표현하는 재미를 느낄 수 있도록 유아들이 생각한 것을 마음껏 표현할 수 있는 충분한 재료를 제공하거나 기술적인 도움을 주는 것도 중요하다는 생각이 들었다.

■ 동극에 필요한 것 만들기 3

오늘도 미술영역에서 동극에 필요한 것을 만드는 활동이 이어졌다. 하느님 역할을 맡은 민이는 친구들이 동물 가면을 만드는 것을 보고 하느님 얼굴 가면을 만들겠다며 그림책을 보면서 하느님의 얼굴을 따라 그렸다. 그러다 민이는 하느님의 얼굴을 표현하기 힘들다는 것을 깨달았는지 "난 이거 말고 수염이 필요해요." 라고 하였다. 수염은 무엇으로 만들고 싶은지 생각해 보고 원하는 재료를 고르라고 하니 솜을 골라와 펠트에 원하는 만큼 솜을 붙여서 가면을 만들었다. 민이가 자기가 만든 수염을 달고 거울을 보니 다른 친구들도 "야, 민이 꼭 웃기다.", "수염 잘 만들었다."라고 말하며 칭찬해 주었다.

교사는 가면이나 머리띠로 만들 수도 있고, 코나 꼬리, 귀 등 동물의 특징적인 부분만 만들어서 표현할 수도 있다는 것을 알려 주며 자기가 표현하고 싶은 대로 자유롭게 만들어 보도록 하였다. 많은 유아들이 얼굴을 가리는 가면을 만들고 싶어 했지만 연이는 고양이의 귀와 꼬리만 만들었고 윤이는 돼지를 만들어서 목에 걸었다. 얼굴에 가면을 쓰면 쑥스러워했던 유아들도 좀 더 자연스럽게 동물 흉내를 내는 모습을 볼 수 있었다. 그래서인지 가면을 만들고 싶어 하는 유아들이 많았다.

가면 등 동극에 필요한 소품 만들기

■ 동극을 하려면?: 이야기 나누기

미술영역에서는 아직 만들기를 다 하지 못한 유아들이 동극에 필요한 것을 만들었고, 역할-쌓기영역에는 우리가 만든 강을 붙여 놓아 유아들이 만든 가면과 동물복장을 하고 동극 놀이를 하였다. 대집단으로 모였을 때 지금까지 준비된 것과 앞으로 더 해야 할 것이 무엇인지에 대해 이야기를 나누었다. 유아들은 뗏목과 풀숲이 있어야겠다고 이야기했고, 용과 닭은 아직 못 만들었기 때문에 만들어야 한다고 했다.

동극을 하는 날짜를 정하기 위해 이번 주와 다음 주 날짜를 쓰고 함께 골라보기로 했다. 이번 주에는 금요일에 생일파티가 있기 때문에 어렵다는 것에 동의하였고 다음 주 월요일과 화요일, 금요일로 의견이 나뉘었는데 가장 많은 유아들이 화요일에 하고 싶다고 하였다. 월요일에 하고 싶은 민이는 '그냥 빨리 하고 싶어서.'라고 이유를 말하였고, 연이도 뚜렷한 이유는 없이 금요일에 하고 싶다고 말하였는데 화요일에 하자는 친구들이 '월요일은 너무 빠르고 금요일은 너무 오래 기다려야 하니까 화요일에 하자.'고 주장하자 그렇게 하겠다고 하여 화요일로 정해졌다.

동극 활동을 우리끼리 하는 것이 아니라 다른 사람들에게 보여 주고 싶다는 의견이 있어 누구를 초대하고 싶은지 물어보았더니 다른 반 모두를 초대하고 싶다고 하였다. 무엇을 보여 줄 것인지 물어보았더니 동극『열두 띠 이야기』와 함께 노래를 부르겠다는 의견이 나왔다. 노래는 연날리기와 아름다운 세상을 부르기로 결정하였다.

"다른 사람을 초대해서 동극을 보여 주려면 필요한 것이 있어."라고 교사가 말하니 성이가 "자리!"라고 이야기했다. 그러고 보니 동극을 할 무대는 구성이 되었는데 자리는 생각해 보지 않은 것 같아서 유아들과 함께 동극을 보러 온 사람들이 편안하게 앉아서 볼 수 있는 자리를 마련하기로 했다. 다음은 연이가 "바깥에 열두 띠 이야기를 한다는 표지판을 붙여야 해요."라고 이야기하였다. "알리는 표지판은 뭐라고 할까?"라고 물었는데 주이가 "포스터."라고 하였고 미술영역에서 포스터를 만들어 우리의 공연을 알리기로 하였다. 유아들의 의견을 바탕으로 만들어 가고 있어서인지 각자 준비하는 과정을 재미있어하며 적극적으로 참여하는 모습이 보인다.

■ 동극 공연 하루 전

오전에 미술과 언어영역에서 포스터를 만드는 활동이 이루어졌다. 포스터를 만들기 위해 먼저 "알려 주는 그림에는 무엇이 필요할까?"라고 물었는데 처음에는 어떻게 만들어야 할지 잘 모르겠는지 대답을 하지 못하였다. "동극을 한다고 알려 주려면 어떻게 해야 할까?"라고 질문을 계속하니 유아들이 '열두 띠 동물'을 그리자고 이야기했다. "글자도 쓰면 좋겠다."는 의견에 따라 '초대합니다', '환영합니다' 등의 글자도 써 넣었고, 어디에서 하는지 언제 하는지 알 수 없다는 이야기에 따라 날짜와 시간, 장소도 적어 넣었다. 유아들이 직접 만든 포스터와 벽이나 바닥에 붙일 화살표를 어린이집 곳곳에 붙이고 동생반에 가서 공연을 알리고 초대하는 시간도 가졌다.

어린이집의 이곳저곳에 공연을 알리는 포스터와 벽과 바닥에 장소를 안내하는 화살표 붙이기

유아들과 함께 동극 연습을 해 보고 어떤 점이 아쉬운지, 더 잘하려면 어떻게 하면 좋겠는지 생각해 보도록 했는데 “목소리가 잘 안 들리는 친구들이 있어요.”라는 의견이 나와서 조금 더 큰 소리로 천천히 말하기로 하였다. 인이는 “인사할 때는 가면을 벗는데 그때는 좀 창피해요.”라고 해서 어떻게 하면 좋을지 유아들과 함께 생각해 보았다. “인사할 때는 가면을 쓰고 노래할 때만 가면을 벗으면 돼요.”라는 의견에 따라 그렇게 하기로 하였다. 숨어 있는 친구들이 너무 시끄럽다는 의견도 있어서 자기 차례가 아닐 때는 조용히 있기로 약속했다.

동생들을 초대하기로 하니 유아들이 더욱 진지하게 동극 연습을 하는 모습이었다. 또 포스터와 화살표 등으로 함께 홍보하면서 유아들 스스로도 점점 기대하고 들떠 있는 것을 볼 수 있었다. 다른 일정들로 인해서 공연 전날 홍보를 하게 되었는데 좀 더 일찍 시작했다면 그것을 기다리며 준비하는 과정에서 유아들의 흥미가 더욱 높아지고 준비하는 활동에 더욱 적극적으로 참여하지 않았을까 하는 아쉬움이 들었다.

■ 동극하는 날

동생들이 오기 전까지 공연장을 만들고 마지막으로 한번 연습을 해 보았다. 자주 결석하여 연습을 충분히 하지 못한 유아들이 있었기 때문에 마지막으로 연습을 해 본 것이다. 공연 장소를 만들 때는 교구장과 책상, 의자를 유아들과 함께 옮겼다.

10시 30분이 되어 동생들이 교실에 들어왔다. 동생들은 "신나!", "재밌겠다!"고 말하며 기대하는 모습이었다. 동극의 제목과 공연 내용을 간단하게 소개한 뒤 공연을 시작했다. 동극이 끝난 후에는 유아들이 각자 자기 역할과 이름을 소개하였고 준비한 노래 두 곡도 불렀다. 그러고 나서 동생들에게 가면이나 머리띠 등 유아들이 직접 만든 동물 장식을 해 볼 수 있도록 빌려주기도 하고 동생들의 손을 잡아주기도 하면서 인사를 나누었다. 동생들이 돌아간 뒤에 "나도 호랑이 가면 써 보고 싶다."고 말하며 자기가 맡지 않았던 역할도 해 보고 싶어 하는 친구들이 있어서 서로 바꿔 가면서 해 보는 시간도 가졌다.

동극을 하는 유아들과 관람하는 동생반

■ 동극 평가하기

동극공연을 마친 후 유아들과 함께 평가하는 시간을 가졌는데 기분이 어땠냐는 질문에 "재미있었어요.", "떨렸었지만 점점 기분이 좋아졌어요.", "긴장됐어요.", "동생들이 잘 봐서 기뻤어요."라며 무척 좋아하는 반응을 보였고 혹시 아쉬웠던 점이 있는지 물어보니 지이가 손을 들고 "노래를 더 부르고 싶었는데 2곡만 불러서 아쉬웠다."고 하였다. 시작 전에는 수줍어하거나 긴장한 모습을 보이는 유아들도 있었지만 막상 공연이 시작되니 진지하게 각자 자기 역할을 해내고, 뿌듯해하여 열매반에서의 1년을 마무리하는 시점에 좋은 활동이 되었다고 느꼈다.

사례설명

그림책의 내용을 동극으로 만들어 공연하는 것은 동극을 준비하는 과정부터 공연에 이르기까지 유아들의 동기유발이 잘 이루어지는 활동이다. 그러나 자칫 준비 과정이나 공연 상황이 연령에 맞지 않아 유아들의 부담이 커지거나 지나치게 교사주도적인 활동이 된다면 기대와 흥미를 가지고 시작한 동극 공연이 즐거움이나 성취감보다는 유아와 교사 모두에게 매우 힘든 경험이 될 수 있다.

이 반에서 교사는 '열두 띠 이야기'라는 그림책의 내용을 가지고 동극을 하자고 먼저 제안했지만 동극 공연을 준비하는 과정에서 무엇이 필요한지, 어떻게 준비하면 좋은지, 배역을 어떻게 할지 등은 유아들과의 논의를 통해 하나하나 결정해 가면서 준비하였다. 또한 준비 과정에서 이야기 나누기를 통해 유아들이 해결해야 할 문제를 제기할 수 있는 기회를 주었으며 제기된 문제에 대해서는 유아들의 의견을 들어 가면서 함께 해결해 나갔다.

> 인이는 "인사할 때는 가면을 벗는데 그때는 좀 창피해요."라고 해서 어떻게 하면 좋을지 유아들과 함께 생각해 보니 "인사할 때는 가면을 쓰고 노래할 때만 가면을 벗으면 돼요."라고 결론을 내려 그렇게 하기로 하였다.

공연 일자를 정하는 과정에서 유아들은 월요일, 화요일, 금요일 등을 놓고 서로 의견이 대립될 때 적절하게 타협과 절충을 시도했는데 유아들이 자신의 의견에 대한 이유를 명확하게 설명하지 못한다 하더라도 그러한 논의 과정 자체가 매우 중요한 의미를 지닌다. 또한 안내 표시를 벽과 바닥에 붙이는 것, 관객이 앉을 자리를 마련하는 것 등은 교사가 미처 생각하지 못한 것을 유아가 제안하여 실행하였다.

준비를 하는 과정에서 또 하나 주목할 점은 배역을 맡은 유아들이 자신이 맡은 동물을 표현할 때 교사는 유아들의 의견을 고려하여 가면뿐 아니라 꼬리, 코, 귀 등 동물의 특징을 살려 표현하도록 했는데 일률적으로 가면이나 머리띠를 만들어 표현하는 것보다 다양한 표현이 가능했다는 점이다.

공연을 준비하는 동안 유아들은 쌓기와 역할영역에서 강과 다리와 같이 준비된 배경과 가면, 머리띠 등을 가지고 늘 자연스럽게 놀이를 하였다. 동극공연이 긴장된 상황에서 준비를 해야 하는 특별한 것이 아니라 유아들의 일상에서 이루어지는 놀이와 자연스럽게 결합되는 과정이었다는 것은 유아의 연령을 고려했을 때 바람직하다. 공연이 끝난 후에는 유아들과 함께 공연에 대해 평가를 해 봄으로써 서로의 의견을 나눌 수 있고 교사가 유아들의 의견을 수렴할 수 있는 또 하나의 기회를 마련하였다.

사례 10) 장수풍뎅이 이름 지어 주기와 돌보는 당번 정하기(만 5세)

■ 장수풍뎅이 첫 번째 이야기

열매반(만 4세)때부터 키워 온 장수풍뎅이 애벌레가 우화하여 성충이 되어 집을 옮겨 주었다. 유아들은 애벌레가 번데기로 변하고 성충이 되는 모습을 오랫동안 지켜보면서 많은 애정과 관심을 갖게 되었다. 아침에도 등원하자마자 장수풍뎅이의 안부를 살피며 먹이의 변화를 관찰하는 유아들이 많았다. 그런데 교실에서 키우는 장수풍뎅이의 이름이 없어서 함께 이름을 지어 주기로 했다. 큰 것과 작은 것으로 나누어 짓고 싶은 이름을 이야기하여 네 가지씩 후보를 만들고 스티커를 붙여서 더 많은 친구가 원하는 이름으로 정하기로 하였다. 큰 것의 이름은 장수, 초롱이, 솜솜이, 뜬뜬이 중에서 결정하고 작은 것의 이름은 귀요미, 통통이, 짜장이, 컴컴이 중에서 결정하기로 하였다.

스티커를 가지고 투표할 수 있도록 이름을 쓴 종이를 벽에 붙여 놓았는데 유아들은 자기가 원하는 이름에 스티커를 붙이며 "초롱이로 결정됐으면 좋겠다."고 말하는 등 자기가 원하는 이름이 선택되기를 바라는 모습이었다. 장수풍뎅이의 이름을 함께 짓는 활동뿐 아니라 지속적으로 움직임 관찰하기, 장수풍뎅이를 돌보는 당번 활동 등을 통해 자연의 변화와 생명의 신비, 소중함을 경험할 수 있도록 해야겠다.

장수풍뎅이 애벌레를 관찰하는 유아들

장수풍뎅이 이름을 지어 주는 투표하기

■ *장수풍뎅이 두 번째 이야기*

장수풍뎅이가 먹이를 주말 동안 다 먹어서 먹이를 갈아 주기로 했는데 유아들이 서로 하고 싶어 해서 다함께 장수풍뎅이와 달팽이를 돌보기 위해 우리가 해야 하는 일에 대해 이야기를 나누어 보았다. 유아들은 젤리(먹이) 갈아주는 것을 이야기했다. 집에서 장수풍뎅이를 키우는 민이에게 다른 것은 무엇이 필요한지 물었더니 물을 뿌려 주어야 한다고 해서 먹이를 갈아 주고 물을 뿌려 주기로 했다. 달팽이는 어떻게 돌봐야 할지 이야기했는데 똥을 치워 주고 상추를 넣어 주어야 한다고 했다.

그래서 장수풍뎅이와 달팽이를 돌보는 당번을 정하기로 했다. 유아들은 열매반 때 도우미를 표시했던 것처럼 누가 돌보는 날인지 표시가 되어 있으면 좋겠다고 했다. 처음에 현성이가 10명씩 10명씩 나누어서 한 팀은 달팽이를, 한 팀은 장수풍뎅이를 돌보자고 하였다. 하지만 장수풍뎅이를 돌보고 싶어 하는 유아들이 더 많았고 달팽이를 돌보고 싶다고 하는 유아들은 별로 없어서 장수풍뎅이와 달팽이를 함께 돌보는 방법을 선택하기로 했다. 조별로 돌아가면서 하자는 의견도 있었고, 1명씩 하자는 의견도 있었는데 1명씩 할 경우에 혼자서 다 해 볼 수는 있지만 내 순서가 돌아올 때까지 20밤을 기다려야 한다고 이야기해 주니 유아들은 10일 밤은 기다릴 수 있다고 하면서 2명씩 당번을 하는 것을 선택하였다. 순서는 뽑기로 정하기로 하였고, 뽑기로 정한 순서를 과학영역에 붙여 두어 오늘은 1번이 된 빈이와 주이가 장수풍뎅이와 달팽이의 먹이를 갈아 주는 역할을 하였다.

유아들의 장수풍뎅이와 달팽이에 대한 관심이 높기 때문에 과학영역의 활동은 새로운 것을 계획하기보다는 실제로 우리 반에서 일어난 일, 유아들에게 의미가 있는 것을 하도록 계획하였다. 직접 돌보는 활동을 하면서 유아들이 작은 동물의 움직임과 생리를 자연스럽게 관찰함으로써 생명을 존중하는 마음을 기를 수 있었으면 좋겠다.

달팽이에 많은 흥미를 보이는 유아들

달팽이 집 꾸며서 바꿔 주기

사례설명

이 사례는 장수풍뎅이를 기르면서 유아들이 투표로 이름을 정하고 어떻게 돌볼지에 대해서도 유아들이 서로 이야기를 나누면서 정해 가는 과정을 보여 준다. 곤충이나 동물을 기르는 것은 유아들이 매우 흥미 있어 하는 활동이라 어린이집이나 유치원에서 빈번하게 이루어진다. 곤충이나 동물을 기르고 돌보는 과정에서 유아들이 서로의 의견을 이야기하고 조정하면서 의사결정을 해 나간다면 더욱 흥미롭고 의미 있는 활동이 될 것이다.

스웨덴 픽르스콜라의 의사결정 참여 사례

(1) 노래 선택하기(만 3세)

유아들이 둥그렇게 둘러앉아 노래를 부르는 그룹 활동을 하고 있다. 교사는 주머니에서 여러 가지 동물과 별 등 작은 모형을 꺼내서 바닥에 펼쳐 놓았으며 유아들이 돌아가면서 모형 중 한 가지를 선택하면 모형과 관련된 노래를 함께 부른다. 순서가 된 유아가 별을 선택하면 '반짝 반짝 작은별'을, 오리를 선택하면 '동물 농장'을, 원숭이를 선택하면 '원숭이 한 마리' 노래를 부르면서 손유희를 한다.

유아들이 돌아가면서 작은 피겨(figure)를 선택하여 함께 부를 노래 선정하기

유아들이 대집단으로 모여 노래를 부를 때 곡명을 선택하는 단순한 상황이지만 교사가 어떤 노래를 부르지 일방적으로 정하는 것이 아니라 유아들의 의사를 반영하여 부를 노래를 정하는 장면이다. 보육과정에서 유아가 의사결정에 참여하는 것은 무심코 지나칠 수 있는 상황을 놓치지 않고 유아들의 의사를 반영할 수 있는 기회를 만듦으로써 이루어질 수 있다.

(2) 간식과 점심 식사 메뉴 선택 범위 넓혀 주기

스웨덴의 푀르스콜라에서는 영유아가 과일 간식을 먹을 때 단일한 종류의 과일이 아니라 사과와 바나나 등을 함께 준비하여 선택할 수 있게 한다든지 점심 식사를 할 때 자신이 원하는 양만큼 스스로 떠서 먹을 수 있도록 하는 것, 소폭이더라도 메뉴를 선택할 수 있도록 하는 것 등 작고 소소한 일에서부터 유아들의 선택권을 존중하기 위해 노력한다.

점심식사 메뉴에서 빵과 함께 몇 가지 종류의 곡물과자 중에서 선택할 수 있도록 함

세 가지 종류의 과일을 준비하고 점심 식사 시 야채를 다양하게 준비함

유아들의 선택권은 이와 같이 놀이나 활동과정, 생활 속에서 자연스럽게 스며들어 있어야 하며 영유아의 권리 존중은 영유아에게 권리가 있음을 알려주는 방식보다는 일상에서 권리가 존중되는 기회를 지속적으로 경험하게 하는 것이 바람직하다. 일과를 진행하면서 영유아가 결정해도 별다른 문제가 없음에도 무심코 교사가 결정하던 일들이 있는지 살펴보고 영유아가 선택할 수 있도록 작은 변화를 주도록 하자. 이러한 작은 변화가 영유아의 선택권을 존중하고 영유아가 의사결정에 참여하는 과정의 시작이다.

③ 우리가 만드는 특별한 날

사례 1) 유아들이 만들어 가는 생일잔치(만 3~5세)

이 어린이집에서는 영아부터 유아까지 연령에 따라 생일잔치를 조금씩 다르게 진행하는데 생일잔치의 기본 순서는 다음과 같다.

① 잔칫상을 차리고 잔칫상 뒤에 붙일 배경판을 영유아와 함께 꾸민다.
② 축하 노래를 부르고 촛불을 끈다.
③ 선물 전달하기(준비한 선물이나 안아 주기, 노래 부르기, 춤추기, 악기 연주 등)
④ 함께 음식 나누어 먹기

이런 기본 순서로 진행되는 생일잔치이지만 영아반의 경우 생일잔치가 간단하고 소박하게 진행되는 데 비해 유아의 경우 연령이 높아짐에 따라 의견을 반영할 수 있는 기회와 자율적인 참여를 강화하여 절차와 내용이 좀 더 다양하고 복잡해진다. 만 4세, 5세 반은 유아들이 생일을 맞은 친구에게 주는 선물로 노래하기, 덤블링, 춤추기, 악기 연주하기 등 다양한 장기자랑을 하며, 사전에 이야기 나누기를 통해 어떤 장기자랑을 할지, 생일잔치의 컨셉을 무엇으로 할지 등을 정한다. 때로는 생일 맞은 친구가 어떤 생일잔치를 원하는지를 듣고 요구를 반영하기도 한다. 대체로 오전에 생일잔치가 끝나지만 어떤 경우에는 오후 바깥놀이 시간까지 생일잔치가 이어져 바깥놀이 장소와 놀이를 생일 맞은 유아가 정하기도 한다.

■ *준이의 생일잔치(만 3세)*

준이는 학기 초부터 "내 생일은 언제예요?"라고 여러 번 물어보며 생일을 기다렸다. 이번 주 월요일부터 몇 밤만 자면 준이의 생일잔치를 하는지 물어보며 꽃잎반 친구들도 오랜만의 생일잔치라서 그런지 더욱 기대하는 마음으로 기다렸다. 아침부터 등원하며 준이의 생일잔치를 언제 하냐고 물어보았고, 등원하는 준이에게 "준아 생일 축하해"라고 말하며 안아주기도 했다. 생일 축하 카드를 만든 유아들은 풍선으로 교실을 꾸미고 생일판도 멋지게 꾸미면서 즐거운 마음으로 생일잔치를 준비했다.

친구를 위해 카드를 만들고, 생일판도 꾸미면서 함께 생일잔치 준비를 하는 유아들

준비를 끝내고 준이의 생일잔치가 시작되었다. "우리는 멋진 다섯 살! 하나~ 둘~ 셋~ 넷~ 다섯~" 친구들과 함께 초를 세어 보며 준이가 초 다섯 개를 직접 꽂았다. "생일 축하합니다. 생일 축하합니다. 사랑하는 준이의 생일 축하합니다" 축하하는 마음으로 박수치며 노래를 부르는 꽃잎반과 '호~~~' 하며 촛불을 부는 준이. 열심히 촛불을 끄는 준이를 친구들이 안아 주고 뽀뽀를 해 주며 축하해 주었다.

생일 맞은 친구를 축하하며 노래와 춤을 추는 유아들

생일 축하를 위해 어떤 공연을 할 것인지 물어보자마자 '강남스타일'을 외치는 몇 명의 유아가 있다. 손에는 음률영역의 악기를 들고 신이 난 친구들도 있고 '산토끼'와 '곰 세 마리' 노래를 부르면서 한 참 동안 춤을 추는 친구들도 있다. 지이는 또봇을 부르겠다고 나왔고 가만히 앉아 있던 준이는 "나도 할래!"를 외치며 탬버린 연주를 함께 한다. 현이와 친구들은 멋진 동작을 보여 주면서 '파워레인저'를 힘차게 불렀다.

■ *새롭게 만드는 생일파티(만 4세)*

교사는 친구의 생일이 돌아올 때마다 하게 되는 생일파티가 형식적인 행사에 그치지 않고 유아들의 입장에서 보다 의미 있고 즐거운 일이 되고 '생일파티의 주인공이 우리'라는 인식을 가질 수 있도록 유아들의 의견을 생일파티에 반영하였다. 교사는 유아들과 생일파티의 의미를 생각해 보고, 어떻게 하면 즐거운 생일파티를 만들 수 있을지 친구의 생일파티를 준비하기에 앞서 이야기를 나누었다.

"어떻게 파티를 하면 재미있을까?" 가장 먼저 나온 의견은 "열매반을 꾸미자!"였답니다. 어떻게 꾸미면 좋겠는지 물어보니 인형과 풍선을 달아서 장식하고 싶다고 했어요. 또 생일을 맞은 친구가 앉는 책상에는 큰 종이를 붙여서 식탁보를 만들어 주자는 의견도 있었고요. 그리고 풍선에 소금을 넣어서 뻥~ 하고 터뜨리면 눈처럼 내려서 예쁠 것 같다는 의견도 있었는데 소금을 사용하면 케이크가 짜질 것 같다는 또 다른 의견이 있어 색종이를 소금만큼 작게 잘라 풍선 안에 넣어서 '뻥' 하고 터뜨리기로 했어요. 지난번 생일파티를 할 때 생일인 친구는 책상에 앉았지만 우리는 의자에만 앉았는데 이번에는 우리 모두 책상을 놓고 둘러앉아 케이크를 잘라서 나눠 먹자는 의견도 있었답니다.

이러한 유아들의 의견을 반영하여 생일파티를 준비했는데 특히 큰 변화는 파티할 때 테이블의 대형을 바꾼 것이었다. 예전에는 생일을 맞이한 친구는 앞에 있는 테이블에 앉고 다른 친구들은 바닥의 매트에 앉아서 파티를 진행했는데 이번에는 다른 친구들도 테이블과 의자에 둘러앉아 파티를 진행하게 된 것이다.

생일 맞은 친구 외에는 바닥에 앉기 ➡ 변화된 생일파티 대형

천장을 장식할 풍선은 바람을 넣어 여러 개 준비했고, 종이를 잘라 넣은 풍선 폭죽도 만들었다. 소금 크기만큼 작게 자르기가 쉽지 않았고, 그 종이를 풍선 입구에 넣는 것도 어려웠지만 유아들이 직접 제안한 것이기도 했고, 모두들 어떻게 될지 궁금하여 기대하는 마음으로 열중했다.

천장을 장식한 풍선에는 인형을 달자는 의견이 있었는데 진짜 인형을 다는 것보다는 친구들이 직접 만든 것을 다는 것이 더욱 의미 있을 것 같아서 재활용품으로 만든 사람과 비행기를 달아 주었다. 식탁보를 만든 인이는 직접 그린 꽃을 오려 붙여 식탁보를 장식해 주었고, 주이는 식탁보에 집과 하늘을 그렸다.

생일 맞은 친구에게 줄 축하 카드도 만들었는데 아직 글을 잘 모르는 친구들도 친구의 이름을 따라 써 보거나 친구들이 좋아할 만한 것을 그리면서 축하하는 마음을 담았다. 성이는 지이에게 하고 싶은 말을 교사에게 써 달라고 해서 따라 쓰면서 "내가 편지 써 주면 지이가 정말 좋아하겠죠?"라는 말을 몇 번이나 했다. 유아들은 교사의 도움을 받아 파티 전날 책상을 옮겨 파티장을 만들었고 생일파티 날엔 아침부터 생일상을 직접 차리느라 분주했다.

축하카드 쓰기

종이를 잘라 넣어 풍선 폭죽 만들기

촛불을 끄고 축하 노래 부르기

"지금부터 혁이, 지이의 생일파티를 시작합니다."라는 멘트와 함께 다 같이 박수를 치며 파티가 시작되었다. 생일 맞은 친구가 직접 생일 초를 꽂았고 친구들이 제안한 대로 불을 끄고 생일 축하 노래를 부른 뒤 촛불을 껐다.

선물을 전해 주고 나서 혁이와 지이에게 "친구들이 무엇을 해 주면 좋겠어?"라고 물으니 친구들이 안아 주면 좋겠다고 대답한다. 안아 주고 싶은 친구들이 나와서 혁이와 지이를 안아 주었고 친구들의 마음을 담은 선물에 혁이와 지이가 무척 밝은 표정으로 행복해하는 모습이었다.

다음 순서는 현이의 춤 공연인데 전날 산책길에 현이가 열심히 춤추는 것을 보고 생일파티에서 보여 주면 생일인 친구도 기쁘고 우리 모두 재미있을 것 같다고 이야기했었다. 두 번째 공연은 발레공연인데 처음에는 쑥스러운 듯 했지만 점차 즐기는 모습이 되었고 공연을 하는 친구들도, 보는 친구들도 많이 웃는 무척 신나는 시간이었다. 그리고 유아들이 마치 눈이 내리는 것처럼 연출하고 싶어 했던 풍선 속에 담은 소금만큼 작은 종이 조각들은 '빵~~' 하고 터뜨리는 순간 정말 눈이 내리는 것처럼 예쁘게 흩어져 내려 유아들이 모두 "와아~~~" 하고 탄성을 질렀다. 둘러앉아 케이크를 나눠 먹자는 의견에 따라 점심식사도 이렇게 앉아서 했고 식사 후에 케이크와 과일도 맛있게 나눠 먹었다. 끝으로 생일을 기념하며 열매반 친구들이 모두 모여 사진을 찍었다.

생일파티에 대한 유아들의 이야기

생일파티를 한 후 유아들과 함께 생일파티에 대해 이야기를 했는데 유아들은 "풍선 터뜨리는 게 재미있었어.", "그런데 소리는 좀 시끄러웠어.", "내가 풍선을 터뜨리지 못해서 아쉬워.", "불 끌 때는 무서웠어.", "선물 받는 게 좋았어.", "선물 주는 것도 좋았어.", "춤추는 게 재미있어." 등의 이야기를 했다.
다음 생일파티에 대한 유아들의 의견은 "똑같이 할래요.", "좀 다르게 할래요.", "그림을 많이 붙이면 좋겠다.", "책상은 하트 모양으로 하고 싶어요.", "생일인 친구 마음대로 해요." 등이었다. 이런 의견을 반영하여 다음 생일파티부터는 파티 대형이나 실외놀이 장소 등을 정할 때 생일 맞은 유아의 의견을 많이 들어보기로 하였다.

인이의 하트 모양 파티장

파티를 계획할 때 인이가 책상을 하트모양으로 만들어 달라고 했거든요. 그래서 열매반 교실이 하트모양 파티장으로 변신했지요.

■ 연이의 깜짝 생일파티

연이의 생일파티를 친구들과 함께 계획해 보는 시간을 가졌는데 공교롭게도 연이가 결석을 했을 때 이야기를 나누게 되었다. 친구들은 연이가 없으니까 연이를 위한 깜짝 파티를 해 주자고 이야기했고 어떤 방법으로 깜짝 놀라게 할까를 고민하던 중 연이가 오기 전에 모여서 불을 끄고 기다리다가 연이가 오면 다 같이 튀어나와서 "생일 축하해!" 하고 이야기하자는 아이디어가 나왔다.

친구들은 연이가 오기 전에 분주하게 생일파티를 준비하고 불을 끄고 교실 구석구석에 '연이가 얼마나 깜짝 놀랄까'라며 기대하는 표정들로 숨어 있었다. 교사는 연이 어머니와 문자메시지로 연락하면서 연이의 등원 상황을 친구들에게 알렸고 연이가 오자 어두운 곳에 숨어 있던 친구들이 나와서 "연이야! 생일 축하해~"라고 하면서 바로 파티를 시작했다. 처음에는 연이가 너무 놀랐는지 어리둥절한 표정이었지만 곧 무척 기분이 좋아 보였다.

생일 맞은 친구가 깜짝 놀라게 하기 위해 숨어 있는 유아들

■ 공룡이 주제인 생일파티

• 생일파티 준비

오랫동안 생일을 손꼽아 기다려온 을이는 공룡을 좋아하는 을이답게 "공룡파티!"를 하고 싶다고 했다. "공룡파티는 어떤 파티야?"라고 물으니 을이는 "공룡을 그리고 오리고… 그걸 블록에 붙여서 책상 근처를 장식해요."라고 했다. 그러

자 친구들이 "을이는 공룡을 좋아하니까 공룡파티하면 좋겠어요."라며 동의하였다. 유아들은 "저희 집에 있는 공룡 인형을 가져와서 장식하고 싶어요.", "공룡 집도 만들어요.", "화산 같은 것도 만들어요."라고 하며 열매반을 공룡나라로 꾸미는 것으로 의견이 모아졌다.

연이가 "밖에서 파티하고 싶어요."라는 의견도 내었는데 교사는 "정말 좋은 생각이야. 꼭 파티를 교실 안에서만 해야 하는 건 아니지."라고 이야기하고 나서 "그런데 지금은 날씨가 추워서 밖에서 파티를 하면 아주 추울텐데…"라고 하니 다른 유아들이 "그럼 봄이나 여름이나 가을에 해요."라고 하며 "내 생일은 봄이니까 내 생일에는 밖에서 해야지."라고 말하기도 했다.

공룡과 관련된 것 말고도 을이를 즐겁게 해 주기 위해서 하고 싶은 것이 있는지 물어보았더니 지이와 주이가 노래를 부르겠다고 하였다. 다른 유아들이 "새로운 것도 했으면 좋겠다."고 말하였고, 그 이야기에 오카리나, 멜로디언, 피아노 연주를 하겠다는 유아들이 있었고 다른 친구들은 춤을 추기로 하였다.

을이가 공룡파티를 하고 싶다고 했기 때문에 친구들이 어제부터 공룡을 그리고 오려서 장식을 만들어 두었다. 을이가 좋아할 만한 공룡을 그림으로 그렸는데 공룡을 그리기 어려워하는 친구들은 책을 보면서 따라 그리기도 했다. 을이가 이야기한대로 네모난 모양의 파티장을 만들고 블록을 책상 옆에 쌓고 유아들이 만든 공룡 장식을 붙였다.

공룡을 그리고 오려서 준비하는 유아들

블록에 공룡을 붙여 생일상 주변 꾸미기

• 생일파티하는 날

등원을 한 을이는 "오늘은 내가 주인공이야."라고 하며 무척 기뻐하였다. 파티장을 함께 만들고 나서 생일파티를 시작하였는데 생일 선물을 전해 주며 축하해 준 후 을이를 기쁘게 하기 위한 공연을 하였다.

현이가 오카리나를 가져와서 '아름다운 세상'을 불겠다고 했는데 오카리나를 처음 보는 유아들이 많아서 "저거 딱딱 소리 나는 거 아닐까?"라며 어떤 소리가 날지 기대하는 마음으로 연주를 기다렸다. 멜로디가 잘 맞지는 않았지만 나름대로 노래의 리듬을 오카리나로 불어 표현했다. 다음은 주이가 멜로디언으로 '떴다 떴다 비행기'를 연주했는데 한 번 더 연주할 때는 연주에 맞춰 친구들이 함께 노래를 불렀다. 그 다음은 인이가 작은 피아노를 집에서 가져와서 '학교종이 땡땡땡'을 연주해 주었다.

친구에게 선물을 주고 껴안아 주는 친구들

생일 축하를 위해 멜로디언을 연주하는 유아

현이와 인이가 함께 '픽미' 노래를 부르며 춤을 추었는데 쑥스러운지 춤을 잘 추지 않고 쭈뼛거리는 모습이라 분위기가 어색해져서 춤을 더 추고 싶은 친구들은 나와 춤을 추라고 하니 평소에 잘 나오지 않던 친구들 나서 다함께 춤을 추었다.

을이는 기다려왔던 생일파티를 한 후 하루 종일 "나 오늘 생일인 게 정말 좋아요.", "내가 주인공이라서 정말 좋아요."라며 기분이 좋다는 표현을 계속 했고 친구들의 공연도 너무 재미있었다고 했다. 특히 오늘은 평소 앞에 나서지 않던 친구들도 무르익은 분위기에서 다함께 춤을 추며 즐거운 분위기 속에서 파티를 마칠 수 있어서 교사로서도 기분이 좋았다. 유아들은 생일을 맞은 을이가 주인공이라는 생각에 “을이가 하고 싶은 걸로 하자.”, “을이 옆에서 할래.”라며 을이를 주목하며 특별하게 대해 주고 기분 좋게 해 주려는 모습이 보였다.

■ 곤충과 보물찾기 파티

주인공인 본이가 원하는 파티는 무엇인지 먼저 들어보기로 했는데 ‘곤충파티’와 풍선폭죽 파티를 하고 싶다고 했다. 곤충파티는 어떻게 하면 좋겠느냐고 물었더니 본이가 선뜻 대답을 하지 못해서 친구들에게 의견을 물었더니 “을이 생일 때 공룡으로 장식한 것처럼 하면 어때요?”라고 이야기 했다.

그래서 곤충으로 어떻게 장식을 할 것인지 생각해 보기로 했는데 인이가 “곤충을 잡아와서 통에 담아 올려놓자.”고 했고 다른 유아들이 “도망가면 어떻게 해?”, “너무 추워서 곤충 없어.”라고 말하여 인이가 “통에 들어 있는 장수풍뎅이 애벌레를 가져다 놓으면 어때?”라고 다시 말했다. 그러자 본이가 “그러면 스트레스 받아서 안 돼.”라고 이야기하였고 다른 유아들이 해결책으로 “그럼 그림이랑 곤충 인형으로 장식하자.”는 의견을 내어 그렇게 하기로 결정하였다.

다른 친구들은 어떤 파티를 하고 싶은지 물으니 춤추기, 노래 부르기, 리코더 연주하기, 풍선 폭죽 터뜨리기 등을 하자고 했는데 평소 의견을 내는 데 소극적이고 뭔가 같이 하자고 해도 잘 거부하던 은수가 낸 아이디어는 보물찾기였다. 각각 자기가 맡은 것을 준비하여 파티를 진행한 후 보물찾기를 하러 공원으로 갔다. 보물을 만들어서 숨긴 친구들도, 기다렸다가 찾은 친구들도 모두모두 즐거운 시간이었다.

파티장을 장식하기 위해 곤충 그리기

풍선 폭죽을 준비하는 아이들

생일파티에 대한 교사의 이야기

유아가 생일을 맞이할 때마다 비슷한 패턴으로 진행되어 왔던 생일파티는 교사의 입장에서 특별한 의미를 느끼지 못하는 반복되는 행사처럼 느껴지는 경우가 많았다. 그래서 생일은 특별한 날, 즐거운 날이라는 것을 느낄 수 있도록 하기 위해 다양한 아이디어로 특별하게 보내려고 노력했는데 이제는 유아들도 그렇게 생각하는지 전보다 더 적극적으로 아이디어를 내며 준비하는 모습이다.

생일잔치를 유아 한 사람 한 사람의 입장에서 생각해 보았을 때 생일을 맞이한 유아는 주인공으로서 즐거움과 새로움을 느끼며 특별한 날을 보내고, 다른 친구들은 친구의 생일을 준비하고 진심으로 축하해 주면서 기쁨을 느낄 수 있는 시간이 될 수 있었다. 또한 생일 맞은 친구가 어떤 노래를 좋아하는지 물어보아 부를 노래의 곡목을 선정하거나 친구가 가장 좋아하는 것이 무엇인지 물어보는 등 유아들이 자연스럽게 다른 사람의 입장에서 생각하는 기회를 가지게도 되었다.

가장 큰 변화는 생일을 맞은 유아도, 축하해 주는 친구들도 모두 생일파티를 무척 기다린다는 점이다. 함께 의견을 내고 준비하면서 생일을 맞은 유아만이 주인공인 것이 아니라 축하해 주는 친구들에게도 의미 있는 시간으로 다가올 수 있었다. 생일파티가 교사가 진행하는 행사가 아니라 유아들이 주인공인 축제로 바뀌면서 생일은 특별한 날, 즐겁고 행복한 날이라는 인식을 가지게 되었으며 유아들의 의견이 반영되고 그것을 현실로 만드는 경험을 통해서 더욱 의사표현이 활발하고 주체적인 유아들로 변화되는 것 같다. 더불어 유아들이 함께 계획하고 준비하는 과정에서 토론과 제안, 협력이 자발적으로 매우 활발하게 이루어짐으로써 문제해결력를 기르고 사회관계를 증진시키는 데도 긍정적인 영향을 줄 수 있었다.

그러나 여러 가지 일정으로 인해 시간이 빠듯한 경우에는 계획을 할 때부터 급하게 이야기를 나누게 되고 유아들이 제안하는 의견은 많으나 반영해 주지 못하는 것도 있었다. 여유가 없다 보니 교사가 잘라서 "그건 이러이러해서 어려워.", "그건 이러저러해서 못 해."라고 이야기하게 되기도 했다. 유아들의 입장에서는 일방적으로 누구의 의견은 반영되고 누구의 의견은 반영되지 않는 것이 불공평하게 느껴질 수 있겠다는 생각이 든다. 유아들의 의견을 들을 때 어려운 것은 왜 어려운지 함께 생각해 보고, 실행할 수 있는 방법을 찾아 나가려면 시간적으로 교사의 마음에 여유를 가질 수 있도록 일정한 기간에 너무 많은 일정을 소화하지 않도록 하는 것이 필요한 것 같다.

사례설명

늘 비슷한 순서로 진행되던 생일잔치가 유아들의 제안을 통해 생일을 맞은 친구에게 유아들이 해 주고 싶은 다양한 선물을 준비해서 주는 것으로 변화되었다. 생일을 맞이한 친구에게 자신이 할 수 있는 다양한 장기와 마음을 선물함으로써 마음으로부터 우러나오는 친구에 대한 사랑을 키워 가고 있는 것이다.

생일잔치를 진행하는 과정에서 유의하는 사항은 첫째, 영유아의 발달 정도를 고려한 진행으로 생일잔치에 참여하는 영유아와 생일잔치를 준비하고 진행하는 교사가 스트레스를 받지 않도록 하는 것이다. 둘째, 각 반에서 거의 매달 생일잔치를 진행하게 되는데 유아들의 의견을 반영하여 의미 있고 다채로운 생일잔치가 진행될 수 있도록 하기 위해 여유 있는 일과가 운영되도록 한다. 활동 주제에 따라 정해진 활동을 소화하는 것만으로도 벅찬 하루 일과 속에서 생일잔치를 준비하고 진행하는 것이 부담스럽지 않게 하기 위해서이다. 이를 위해 연간계획안과 월간계획안 등을 기준으로 진행되는 주제의 수는 대폭 축소하고 전개 기간은 확대함으로써 생일잔치를 준비하고 진행하는 것을 보다 여유 있게 실행할 수 있도록 하고 있다.

사례 2) 우리가 만드는 하루: '우리들의 날'(만 3세~5세)

이 어린이집에서는 유아가 의사결정에 참여할 수 있도록 유아들이 하루 일과를 함께 계획하고 실행하는 '우리들의 날'을 월 2회 진행하고 있다. 유아의 권리를 존중하는 보육과정을 모색하는 과정에서 하루의 일과를 유아 스스로 정하고 계획해서 진행해 봄으로써 유아가 의사결정에 참여할 수 있고 유아의 의사표현을 적극적으로 존중할 수 있는 '우리들의 날'을 진행하기로 한 것이다. 영아는 교사가 영아의 흥미를 고려하여 영아들이 가장 좋아하는 놀이를 실외에서 하는 '바깥놀이의 날'로 진행하고 있다. '우리들의 날'과 '바깥놀이의 날'은 영유아뿐 아니라 교사도 영유아들과 함께 행복한 일과 운영을 경험할 수 있는 좋은 기회였으며, 영유아의 신나는 모습에 가정에서도 긍정적인 피드백을 주고 있다.

■ *새로운 반에서 맞는 첫 번째 '우리들의 날'(만 4세)*

• '우리들의 날' 계획하기: 이야기 나누기

유아들과 함께 우리들의 날에 대해 계획을 세워보았는데 유아들은 "빙글빙글 놀이터 가요.", "배놀이터 가요."라고 이야기를 하거나 "공원에서 재미있는 놀이 해요."라고 하였다. 평소 놀이터를 무척 좋아하는 친구들이라 놀이터에 가고 싶다는 의견과 공원에서 자유롭게 보내고 싶다는 의견이 많았다. 유아들과 함께 공원에 가기로 결정한 후 공원에서 무엇을 하며 지내면 좋을지 생각해 보았다. 유아들은 "달리기 시합해요.", "돌멩이랑 흙으로 개미집 만들어 줘요.", "돋보기 가져가서 식물 관찰해요.", "철봉에 매달리기 놀이해요.", "술래잡기해요.", "우리 형이 알려 준 얼음땡 놀이해요."라고 제안하였다. 공원에서 보내고 싶은 하루를 함께 계획할 때 유아들은 우리들의 날에 대한 기대를 가지고 즐겁게 참여하였다.

그런데 이렇게 이야기를 할 때 발표에 적극적이거나 자신의 의사표현이 활발한 유아들은 적극적으로 하지만 소극적인 유아들은 표현에 어려움이 있다. 그래서 교사가 "민이는 공원에서 뭐하고 싶어?", "빈이는 어떤 하루를 보내고 싶어?"

라고 물어보기도 하며 개개인의 생각을 조금 더 이끌어내려고 노력하였다. 꼭 모든 유아들이 다 의견을 제시해서 계획을 세울 필요는 없지만 소극적인 유아들에게도 표현할 수 있는 기회를 제공하고 작은 이야기에도 친구들이나 교사가 귀담아 듣는다는 것을 느낄 수 있도록 한 시간이었다.

- 공원에서 보낸 '우리들의 날'

간식을 먹은 후 10시 10분에 공원으로 출발하기로 정했기 때문에 유아들은 "선생님 언제 10분이 되는 거예요?", "얼마나 남았어요?"라고 물어보면서 빨리 공원으로 나가 우리들의 날을 보내고 싶어 하였다. 약속된 시간이 되고 친구들이 모두 등원하여 공원으로 향하였다. 공원에 가면서 유아들은 "선생님! 노래 부르면서 가요"라고 하였고 '그대로 멈춰라!' 노래에 따라 가다가 멈추는 놀이를 하며 공원으로 향하였다. 공원으로 간 유아들은 자신이 하고 싶은 놀이를 했는데 가장 먼저 달리기 시합을 했으며 특히 '얼음땡' 놀이하는 것을 즐거워하였다. 얼음땡 놀이를 잘 모르는 친구들은 교사와 함께 놀이 방법을 익혀 가면서 얼음땡 놀이를 즐길 수 있었다.

신나는 얼음땡 놀이

개미집을 만들어 주기 위해 개미 찾기

개미에 관심을 보이는 친구들은 개미가 많이 있는 곳에 개미집을 만들어 주기 위해서 개미가 어디에 많은지 열심히 찾았다. 개미가 많이 지나가는 곳을 찾은 유아들은 개미집을 만들어 주는 친구들과 나뭇가지로 개미를 유인하는 친구들로 역할을 나누어 놀이를 하였다. 개미집을 만드는 유아들은 오랜 시간 집중하며 만들었는데 완성된 개미집을 보고 개미들도 우리가 만들어 준 집을 좋아할 거라며 자신들이 만든 개미집에 만족해했다. 유아들은 점심시간 전까지 공원에서 자유롭게 자신들이 하고 싶은 것을 하면서 즐거운 시간을 보냈는데 넓은 공간에서 자연스럽게 주변 자연환경에도 관심을 갖고 탐색할 수 있었으며, '얼음땡' 놀이와 같이 아직 잘 모르는 새로운 놀이도 익혀 볼 수 있는 즐거운 시간이었다.

유아들은 열매반에서 처음 경험해 보는 우리들의 날을 즐겁게 만족해하면서 참여했으며 같은 날 나무반(만 5세)도 공원에서 지냈기 때문에 나무반 형님들은 우리들의 날에 무엇을 하는지 자연스럽게 알 수 있었던 것 같다. 아직 형님들이랑 섞여서 놀이를 함께하지는 못 하고 유심히 형님들의 놀이를 바라보는 유아들이 많았는데 열매반 유아들이 형님들에 대해 많은 관심을 가지고 있기 때문에 다음에는 함께 일과를 보내는 것도 좋을 것 같다. 친구들과 자연스럽게 어울리며 다양한 놀이를 할 수 있었던 우리들의 날은 유아들의 사회성을 길러 주고 또래 관계의 폭도 넓혀 줄 수 있는 기회가 된 것 같다.

'우리들의 날'을 지내고 난 유아들의 이야기(만 4세)

'우리들의 날'을 여러 차례 진행한 후 유아들과 이야기 나누기 시간을 가졌다.

- 친구들이랑 과자를 나눠 먹고 재밌게 놀 수 있어서 좋아요
- 우리들의 날에 함께 같이 놀고 다 같이 과자 먹어서 좋았어요. 우리들의 날에 시간을 조금 더 만들어서 놀고 싶어요.
- 공원에 가고 여러 가지 놀이터에도 가서 재미있었어요.
- 우리들의 날이 더 새롭게 바뀌었으면 좋겠어요. 친구들이랑 같이 손전등을 들고 어딘가로 모험을 떠났으면 좋겠어요. 뒷산이요!
- 여름 캠프할 때도 재밌었어요. 그것도 우리들의 날이잖아요. 우리들이 하고 싶은 것 다~ 할 수 있어서 너무 좋았어요.
- 다음에는 놀이터에서 과자파티 했으면 좋겠어요. 그게 더 재밌을 것 같아요.
- 우리들의 날에 겨울에는 눈싸움하고 싶어요. 빨리 겨울이 왔으면 좋겠어요.
- 볼링놀이 더 하고 싶어요. 훌라후프랑 줄넘기도요!
- 선생님의 날은 없으니까 우리가 선생님을 재밌게 해 주면 좋을 것 같아요.

형님들과 함께한 '우리들의 날'에 대한 교사의 이야기(만 4세반)

우리들의 날에 어떻게 놀이하면 좋을지 이야기를 나누었는데 유아들은 '높은 놀이터'를 형님들과 함께 갔다 온 기억이 났는지 형님들과 함께 높은 놀이터에 가고 싶다고 이야기하여 나무반(만 5세반)과 함께 다녀왔다. '높은 놀이터'는 유아들이 어린이집 인근의 여러 놀이터에 놀이터의 특징을 살려 함께 붙인 이름이다. 유아들이 서로 의견을 내고 생각을 나누면서 더욱 재미있는 우리들의 날이 이루어진 것 같아 교사로서도 즐거웠다. 날씨도 생각보다 시원하고 그늘진 곳이 많아서 쉬고 싶은 유아들은 돗자리와 벤치에서 쉴 수 있었고 모래도 많아서 물과 모래를 이용하여 두꺼비집 만들기 놀이를 하는 등 다양한 놀이가 이루어졌다.
우리들의 날이 이루어진 후 평가하는 시간을 잠깐 가졌는데, 유아들이 굉장히 즐거웠다고 이야기하였고, 형님들과 놀이하니까 더 재미있었다며 행복해하는 모습이었다. 유아들이 직접 계획한 놀이가 이루어지고 평가하는 시간도 갖게 되면서 유아들이 보다 더 행복한 어린이집 생활을 하고 있다는 생각이 들어서 교사로서도 행복하다.

사례설명

교사의 제시에 따라 자유선택활동-대소집단 활동-실외활동 등을 하며 하루 일과를 보내는 것이 아니라 유아들이 가고 싶은 장소와 그곳에서 하고 싶은 것을 정해서 실행하였기 때문에 유아들은 많은 기대를 하였으며 '우리들의 날'을 계획하고 실행하는 것에 높은 참여도를 보였다. 또한 어린이집의 교실이나 실외놀이터에 비해 훨씬 넓은 공간에서 충분한 시간 동안 놀이를 할 수 있었던 것은 유아들에게 편안하고 자유롭게 놀이를 할 수 있는 다양한 기회를 제공해 주었다.

이와 같이 '우리들의 날'은 특별한 행사나 경험이 아니라 유아들이 늘 생활하면서 경험하던 것을 정해진 일과에 얽매이지 않고 유아들의 의사를 반영하여 진행하는 것이다. 유아들은 늘 이루어졌던 놀이라 하더라도 자신들의 의사가 반영된다는 것에 대해 더 큰 즐거움과 기대를 가지고 참여하게 되며, 유아들의 경험과 생각이 반영됨으로써 교사가 생각한 것보다 더 다양하고 풍부한 놀이와 활동이 이루어지게 된다.

■ *우리들의 날: 열매반에 동물들이 놀러왔어요/내가 좋아하는 장난감(만 4세)*

유아들은 "우리들의 날은 어떤 날이지?" 라는 질문에 "하고 싶은 것을 말하는 날", "하고 싶은 것을 하는 날", "행복한 날!", "기쁜 날!", "사이좋게 노는 날!"이라는 대답을 한다. 이번 우리들의 날에는 어떻게 보낼지 함께 계획해 보았는데 "집에 있는 달팽이를 가져오고 싶어요.", "물고기 데려와서 보여 주고 싶어요.", "집에 있는 장난감을 가져와서 놀고 싶어요.", "예쁜 옷을 입고 와서 놀고 싶어요.", "풍선놀이 하고 싶어요.", "자전거 타고 싶어요.", "모래놀이 하고 싶어요." 라는 의견이 나왔다.

지난번 민이네 집에서 가져온 병아리를 만난 이후로 집에서 키우고 있는 작은 동물들을 데려와 친구들에게 소개하고 싶다는 친구들이 있었는데 마침 이번 기회에 동물들을 다 데려오기로 했다. 을이가 데려온 거북이 두 마리와 윤이가 데려온 달팽이 두 마리가 친구들의 시선을 사로잡았고 달팽이는 계속 교실에 두고 함께 기르고 있다.

거북이 살펴보기

역할놀이 영역에서 거북이 흉내 내기

인이가 가져온 금붕어를 관찰하는 친구들

바깥에서 거북이의 움직이는 모습 보기

그 다음으로 우리들의 날에 하기로 했던 것은 내가 좋아하는 장난감을 가져와 친구와 함께 놀기였다. 짧은 시간이지만 색다른 기분을 느끼며 집에서 가져온 장난감을 가지고 친구들과 함께 놀았고 시원~하게 물풍선이 즐겼다. 점심은 유아들의 제안대로 뒷마당에서 먹었다. 우리들의 날은 "하고 싶은 것을 말하는 날.", "하고 싶은 것을 하는 날."이라고 생각한다는 친구들… 내가 하고 싶은 것을 표현하고 실제로 해 보는 경험을 통해서 앞으로도 하고 싶은 것이 점점 더 많은, 그리고 그것을 현실로 만드는 친구들이 되기를 바라본다.

집에서 가져온 장난감 가지고 놀기

유아들의 제안대로 뒷마당에서 점심 먹기

사례설명

유아들이 하고 싶은 활동에 대해 함께 의견을 나누면서 계획하는 우리들의 날에는 교사 혼자서 계획해서 진행하는 활동보다 때로는 훨씬 더 재미있고 다양한 활동이 이루어질 수 있다. 이 사례에서 유아들은 '자신들이 하고 싶은 것을 하는 날'이라고 말하는 우리들의 날에 '집에서 기르는 동물 가져오기', '집에 있는 장난감 가져와서 놀기' 등 유아들의 눈높이에서 자신들이 가장 관심을 가지고 즐길 만한 활동을 제안하였고 어느 때보다 큰 흥미를 가지고 활동에 참여하였다.

이 사례가 시사하듯이 앞으로는 교사 혼자서 유아들에게 좋은 활동, 재미있고 의미 있는 활동을 경험시켜 주기 위해 고민하는 것에 머물기보다는 유아들이 무엇을 원하는지 유아들과 함께 이야기를 나누는 것을 병행하는 것이 바람직할 것이다.

■ *지금의 내가 아닌 나로 변신!!!(만 5세)*

이번 우리들의 날을 계획할 때 처음부터 변신 파티를 계획했던 것은 아니었는데 우리들의 날에 무엇을 할지 이야기를 나누는 과정에서 민이가 "우리 집에서 엄마, 아빠랑 잠옷파티를 해 보니까 재미있었는데 친구들이랑 잠옷파티해요."라고 제안을 하여 색다른 옷을 입는 날을 우리들의 날로 정하게 되었다. 잠옷 파티를 제안한 민이는 "잠옷파티를 할 때는 다른 내가 된 느낌이었어."라고 하였고, 민이의 제안에 대해 친구들과 함께 이야기를 나누면서 할로윈 파티와 같이 '지금의 내가 아닌 다른 나로 변신'하는 것으로 방향을 잡게 되었다.

우리들의 날에 나무반 친구들은 각자 집에서 망토나 모자, 가면, 캐릭터 옷, 드레스 같은 특별한 복장을 준비해 왔는데 미처 준비하지 못한 유아들은 보자기를 둘러써서 변신을 시도했다. 준비한 옷을 입은 유아들은 하고 싶다고 했던 훌라후프와 같은 신체놀이 도구를 준비해서 신나고 들뜬 마음으로 공원으로 향했다.

변신을 한 친구들이 신나게 공원으로 가고 있는데 자주 다니던 산책길이라 평소에는 별 다른 관심을 보이지 않았던 어른들이 색다른 복장을 한 우리를 마주칠 때마다 "너희 공연하니? 보러 가도 될까?", "너무 예쁘고 멋지다", "넌 뭘로 변신한 거니?"라고 말을 건네며 칭찬과 격려를 해 주셨고 친구들은 동네 어른들과 나누게 된 이런 경험을 매우 신기해했다. 공원에 도착한 유아들은 줄넘기, 철봉, 훌라후프 등 신나게 하고 싶은 놀이, 계획했던 놀이를 하며 시간을 보냈다.

놀이를 하던 중 하얗고 기다란 줄을 우연히 발견하게 되었고 유아들은 기다란 줄을 이용해 어떤 놀이를 할까 생각하다가 하얀 줄을 달리기를 할 때 들어오는 선이라고 하며 줄을 이용하여 열심히 달리기 시합을 했다. 잠자리가 많이 날아다니는 것을 본 유아들은 잠자리를 잡으려고 쫓아다니기도 했는데 유아들은 공원에서 시원한 바람을 맞으며 자신이 입고 싶은 옷을 입고 놀이하는 것을 매우 즐거워했다.

다양한 복장을 하고 공원에서 노는 유아들

우연히 발견한 긴 줄 가지고 놀이하기

기존에 늘 우리가 놀고 싶은 것, 가고 싶은 곳을 위주로 계획하던 나무반 친구들이 점차 자신의 경험을 바탕으로 친구들과 함께하고 싶은 것을 제안하면서 이렇게 새로운 경험을 할 수 있는 우리들의 날을 보낼 수 있었다. 오늘따라 무더운 여름 날씨가 시원하게 느껴질 만큼 바람도 불고 그늘도 있어 야외에서 유아들이 놀이하기에 아주 적절했던 날씨였다. 나무반 친구들은 변신 파티를 한 이번 우리들의 날에 대해 좋았던 것과 아쉬웠던 점, 개선 사항에 대해 다음과 같이 이야기했다.

좋았던 점

- 오랜 만에 공원에서 철봉 놀이를 해서 좋았어요.
- 특별한 옷을 입고 우리가 자주 갔던 공원에 가서 기분이 다르게 느껴졌어요.
- 우리가 계획하지 않았던 놀이도 할 수 있어서 좋았어요.
- 공원으로 가는 길에 마주쳤던 어른들이 우리를 예뻐해 주고 칭찬해 주셔서 기분이 좋았어요.
- 산책할 때 바람이 시원해서 좋았어요.

아쉬웠던 점

- 과자파티를 공원에서 할 수 없어서 아쉬워요.
- 친구들이 서로 배려하지 않아서 속상한 마음이 들었을 때도 있었던 것 같아요.
- 비눗방울이 없어서 놀이를 하지 못해 아쉬웠어요.

※ 아쉬운 점을 개선하기 위해서는?
- 과자파티를 공원에서 할 수 없었다. → 오전에 인형극을 보는 날이라 우리들의 날을 충분히 보내기에는 짧은 시간이었다. 다음 우리들의 날을 계획할 때는 미리 다른 일이 있는지 알아봐서 다른 일이 있다면 날짜를 바꾸는 것이 좋겠다.
- 친구들이 서로 배려하지 않아서 속상한 마음이 들 때도 있었다. → 친구의 마음을 한 번 더 생각해 보고 서로 배려하고 양보도 하면서 보내도록 약속하기
- 비눗방울이 없어서 놀이를 하지 못했다. → 선생님이 미리 있는지 없는지 확인하고 어린이집에 없으면 우리 집에 있는 것을 가지고 오기

"아쉬웠던 점을 다음 우리들의 날에는 어떻게 바꿀 수 있을까?"에 대해 이야기를 했을 때 유아들이 적절하게 아쉬운 점에 대해 대처할 수 있는 방법들을 이야기했는데 우리들의 날을 보내는 것도 중요하지만 그만큼 유아들과 함께 평가를 하는 시간도 중요하다는 것을 다시 한번 느낄 수 있었다. 친구들의 생각이 쑥쑥 자라나고 있다는 것을 느낄 수 있는 시간이었다.

사례설명

이 사례는 '우리들의 날'에 진행되는 활동이 어떻게 다양하게 변화되는지를 보여 준다. 기존에는 대체로 유아들이 원하는 놀이나 활동을 그대로 정해서 진행해 왔다면 이 사례에서는 엄마 아빠와 잠옷파티를 했던 유아의 경험을 토대로 변신파티와 같이 색다른 복장을 하는 놀이를 하게 되는 과정을 보여 주고 있다. 또한 늘 다니던 어린이집 주변의 공원인데도 평소와는 다른 복장으로 놀이를 하면서 색다른 분위기에서 새로운 경험을 하게 된다. 유아들이 참여하여 놀이나 활동을 함께 계획했을 때 교사 혼자서 계획하는 것보다 훨씬 더 다양하고 풍부한 아이디어가 나올 수 있다는 것을 다시 한번 실감하게 하는 사례이다.

사례 3) 우리가 만드는 어린이날(만 5세)

나무반에게 "어린이날은 무슨 날일까?"라는 질문을 했을 때, 유아들은 "선물 받는 날이에요.", "내가 갖고 싶은 것 엄마 아빠가 사 주시는 날이에요.", "동물원 가는 날이에요."라고 이야기했다. 어린이날을 선물받는 날로 주로 생각하는 유아들에게, "우리들을 위한 날이니까 우리가 어린이날을 만들어서 지내 보자."라고 이야기하며 "어떤 날을 보내면 좋을지, 무엇을 하며 보내고 싶은지"에 대해 질문하였다. 유아들은 "즐겁고 신나게 노는 날", "재미있는 놀이를 많이 하는 날"이라고 대답을 하였고 하고 싶은 놀이는 작년에 했던 보물찾기랑 비눗방울 놀이를 가장 많이 이야기했다. 유아들과 함께 이야기를 나누며 어린이날에 즐길 수 있는 놀이를 함께 계획해서 실행해 보았다.

어린이날 놀이마당의 시작을 알리는 보물찾기 시간에는 공원 입구에서부터 공원으로 올라가는 계단이 있는 곳까지 풀 사이에 보물과 꽝 종이를 여러 장 숨겨 놓고 동생들과 함께 보물을 찾았다. "와, 보물이다 보물! 선생님 저 보물 찾았어요", "나도 찾았어 나도~!", "아… 난 꽝이야.", "아싸~! 난 또 찾았어!" 보물찾기는 어린이날을 더욱 신나게 만들었고 보물을 찾은 친구도, 꽝을 찾은 친구도 모두가 즐거운 웃음이 가득했다. 보물을 못 찾은 동생들이 있어, 2개씩 찾은 친구들은 동생들을 위해 보물 종이를 다시 숨겨 두기도 했다.

보물찾기를 하며 많은 에너지를 쏟은 유아들은 보물찾기에 이어 간식 시간을 가졌다. 어린이날을 준비하면서 "간식을 밖에서 먹었으면 좋겠어요.", "우리들을 위한 날이니까 내가 먹고 싶은 간식을 가지고 와요."라는 의견을 낸 친구들이 있었다. 교사도 밖에서 간식을 먹을 계획을 가지고 있었지만, 유아들도 밖에서 친구들과 함께 먹는 간식이 좋은가보다. 평소에는 과자를 어린이집에 가져오지 않도록 하지만, 오늘은 어린이들을 위한 날이니까 먹고 싶은 간식을 자유롭게 가져올 수 있도록 하였다. 자신이 먹고 싶은 과일, 쿠키, 사탕 등 다양한 간식을 가져와서 자신이 가지고 온 간식을 혼자만 먹는 것이 아니라 서로 나눠 주고 바꿔 먹으며 즐거운 시간을 가졌다.

보물찾기를 하며 신이 나는 유아들

집에서 가져온 먹고 싶은 간식 나누어 먹기

맛있는 간식을 먹고 나서 가장 먼저 민이가 제안한 '신발 멀리 던지기' 게임을 해 보았다. 자기 신발을 벗어서 가장 멀리 던지는 친구를 찾는 게임이었는데 유아들은 이 게임이 너무 재미있었는지 아주 오랜시간 동안 신발 던지기 놀이를 했다. 이외에도 훌라후프, 비눗방울, 파라슈트, 철봉놀이 등 자신이 선택한 놀이를 신나게 즐기는 시간을 가졌다. 유아들은 파라슈트에서 불어오는 바람이 시원하다며 바람을 만드는 놀이를 신나게 하였고 달리기 시합을 하는 친구들도 있었다.

놀이터 위쪽의 숲속 공터에서 놀이를 하다 아래쪽에 있는 놀이터로 내려와 놀이를 했는데 이곳에서도 신발 던지기는 계속되었다. 신발 던지기를 처음 해 보는 유아들이 많았는데 특히 흥미를 보였다. 그런데 작은 놀이터가 신발을 마음껏 멀리 던져 보기에는 적절하지 않은 장소여서 유아들이 마음껏 놀이를 할 수 있도록 더 넓은 공원으로 놀이 장소를 옮겼다. 유아들이 제안한 달리기 시합, 신발 던지기 게임, 얼음땡, 술래잡기 등 다양한 놀이를 공원에서 또 해 볼 수 있었다.

숲에서 하는 신발던지기

파라슈트로 바람을 만들며 놀이하기

햇볕이 쨍쨍 쬐는 무더운 날씨였지만, 나무반은 즐겁고 신나는 하루를 보냈다. 다양한 놀이 활동을 하는 동안 유아들의 웃음이 끊이지 않았으며 즐겁고 행복한 추억을 남기는 하루가 되었다. 앞으로도 유아 개개인이 생각하고 제시하는 의견을 귀담아 듣고 그 의견을 가급적 많이 반영하는 어린이날을 보낼 수 있도록 해야겠다.

사례설명

어린이날은 선물 받는 날, 엄마 아빠가 선물 사 주는 날, 맛있는 것 먹으러 가는 날이라고 생각했던 유아들이 많았는데, 이번에는 그동안 어린이집에서 진행되었던 우리들의 날에 대한 경험을 토대로 '우리가 만드는 어린이날'을 경험해 본 사례이다. 유아들이 선택한 다양한 놀이를 하면서 더욱 더 즐겁고 신나는 날이 될 수 있었는데 교사가 제공한 다양한 놀이를 유아들이 선택해서 하는 것도 좋았지만, 유아들의 제안에 따라 했던 신발 던지기, 달리기 시합 등에 유아들이 더욱 흥미를 느꼈던 것 같다는 교사의 말처럼 유아들은 자신들이 제안한 놀이에 더 큰 흥미를 느끼고 참여하였으며, 그것이 유아에게도 교육·보육과정에의 참여권을 보장해야 하는 이유이다.

이번 활동 과정에서 유아들은 여러 가지 경험을 할 수 있었는데 특히 교사의 계획과 선택에 의한 '어린이날 놀이마당'이 아닌 유아 자신의 의견과 생각이 반영되는 놀이마당이 진행될 수 있다는 것을 경험하는 기회가 되었다는 점에서 의의가 크다.

사례 4) 우리가 만드는 원내 캠프(만 4~5세)

원내 캠프는 어린이집에서 금요일 오전부터 토요일 아침까지 진행되는데 만 4~5세 유아가 함께 참여한다. 매해 여름마다 개최되며, 초기에는 교사와 원장이 캠프의 모든 일정과 세부 사항에 대해 정하였으나 점차 유아들이 의사결정에 참여하는 범위를 확장시켜나가고 있다. 또한 만 4~5세 40명이 참여하는 캠프이나 금요일의 일과가 마무리되는 시점인 금요일 저녁부터 모든 보육교직원이 캠프에 참여함으로써 유아들이 개별적 배려를 받으면서 즐겁게 캠프에 참여할 수 있도록 하고 있다. 다음 사례는 만 4세반 교사의 기록을 위주로 실었다.

■ 원내 캠프 때 하고 싶은 놀이와 먹고 싶은 것

몇 주 전부터 캠프에 대한 이야기를 형이나 언니를 통해 듣고 관심을 갖고 있던 유아들은 캠프 때 무엇을 하게 되는지 무척 궁금해했다. 가족과 캠핑을 다녀본 유아들은 "텐트 치고 잘 거예요?"라고 묻기도 했고, 가족과 떨어져 자 본 적이 없는 친구는 캠프 이야기가 나오면 불안해하기도 했다. 확정안은 아니지만 캠프 일과표를 보면서 어떤 활동들이 계획되어 있는지 이야기를 해 주었는데 하나하나 소개할 때마다 "우와!", "예스~!"라며 기뻐하고 기대하는 모습이었다.

일과를 소개하고 나서 궁금한 점이 있으면 물어보도록 했더니 "야광 팔찌는 무슨 색 있어요?"라는 질문이 나왔다. 깜깜한 밤에 야광 팔찌놀이를 한다는 것이 매우 인상적이었던 모양이었다. "잘 때 엄마 생각이 나고 무서우면 어떡해요?"라는 질문도 있었는데 그럴 수 있다고 하면서 너무 무섭고 힘든데도 꼭 잠을 자야 하는 것은 아니라고 설명해 준 뒤 "예전에 형님들 중에서도 밤에 집에 가려고 마음먹었는데 캠프를 하면서 재미있게 지내다 보니 잘할 수 있을 것 같은 용기가 생겨서 잠을 잘 잤다."고 이야기해 주었다.

캠프 때 꼭 하고 싶은 것이 있는지 물어보았더니 비눗방울놀이, 풍선놀이, 그림그리기를 하고 싶다는 의견이 있어 준비하기로 하였고 저녁 간식으로 먹고 싶은 음식은 파인애플, 꽈배기, 아이스크림, 샌드위치, 오렌지, 수박, 키위, 음료수 등을 이야기하였다. 모두 반영해 주기는 어렵기 때문에 선생님들과 의논해 보고 반영할 수 있는 것이 있다면 해 주겠다고 약속을 하였다.

유아들이 하고 싶다고 말한 놀이를 중간중간 넣어서 캠프 일정을 계획하였으며, 유아들이 먹고 싶다고 한 간식 중 일부를 유아들의 의견을 반영하여 준비하였다. 캠프의 진행 순서나 저녁 식단까지는 유아들과 함께 계획하지 못해 아쉬움이 남았으나 캠프 때 할 장기자랑 준비, 교실 장식하기 등 캠프 준비를 유아들과 함께 하면서 캠프를 다함께 즐겁게 기다릴 수 있었다.

■ 원내 캠프 때 할 장기자랑 정하기

원내 캠프 순서에 있는 장기자랑을 미리 준비할 수 있도록 장기자랑에 대한 이야기를 나누었다. 먼저 "장기자랑이 뭔지 알고 있니?"라고 물었더니 유아들이 "하고 싶은 것, 잘하는 것을 앞에 나와서 보여 주는 것."이라고 이야기했다. 어떤 것들을 하고 싶은지 이야기해 보자고 했더니 적극적으로 말하는 유아들도 있었지만 "잘 못해요.", "모르겠어요."라고 하며 무엇을 이야기할지 모르고 망설이는 유아들이 대부분이었다. 그래서 한 사람씩 내가 무엇을 잘하는지 생각해 보고 그것을 돌아가며 이야기해 보았더니 노래, 발레, 훌라후프, 줄넘기, 악기연주, 그림 그리기, 보물찾기, 개다리 춤, 곤충을 잡는 것 등을 잘한다고 말했다. 그중에서 보물찾기는 함께하기로 했고 곤충을 잡는 것은 곤충에 대해 소개해주기로 하였다. 훌라후프와 줄넘기는 연습해 보고 결정하기로 하였으며, 그림 그리기는 어떻게 보여 줄 수 있을지 생각해 보기로 했다. 그리고 각자 자기가 하고 싶은 것을 정했는데 아홉 명의 유아는 자기가 하고 싶은 것을 정했지만 나머지 유아들은 아직 정하지 못해 조금 더 생각해 보기로 했다. 캠프 때 진행될 장기자랑을 준비하면서 유아들은 내가 잘하는 것이 무엇인지 깊이 있게 생각해 보는 시간을 가질 수 있었다.

■ 원내 캠프에서 하고 싶은 것 상의하기

장기자랑을 상의하면서 민이가 잘하는 것이 보물찾기라고 말했는데 보물찾기는 보여 주긴 어렵기 때문에 모두 함께하기로 했고 캠프를 같이 할 나무반(만 5세) 선생님과 상의하여 야외활동을 할 때 열매반이 제안한 비눗방울과 풍선놀이, 보물찾기를 함께하기로 했다. 또 유아들이 저녁 간식으로 먹고 싶은 과일로 제안했던 파인애플, 오렌지, 수박을 저녁 간식 메뉴에 반영할 수 있게 되었다는 것도 소개하였다.

캠프 일정에 유아들이 제안한 것을 반영하고 그것을 알려 주었는데 유아들에게 '우리가 생각한 것', '우리가 먹고 싶은 것', '우리가 하고 싶은 것'을 할 것이라고 알려 줌으로써 캠프에 대한 기대감이 더 높아질 수 있었다. 지난번에 장기자랑을 정하지 못한 유아들이 장기자랑을 정했는데 성이가 훌라후프를 하고 싶다고 말하자 진이도 "나도 훌라후프 할래요."라고 했다. 훌라후프를 아직 잘 돌리지 못하는데 훌라후프를 보여 주고 싶다고 하여 연습이 필요하다고 하니 바깥놀이를 할 때 연습하겠다고 했다. 아직도 정하지 못한 유아들은 조금 더 생각해 보기로 하였다.

아직 캠프에 대해 두려워하는 유아가 있고, 특정 순서가 싫다고 말하는 유아도 있었는데 함께 준비하고 결정하는 경험을 통해서 캠프를 기대하고 긍정적으로 생각할 수 있게 되었다. 교사도 이러한 과정을 거치면서 캠프가 단순한 행사에 그치는 것이 아니라 유아들에게 보다 의미 있는 시간이 되었으면 좋겠다는 바람이 생겼다.

■ 즐거웠던 우리들의 원내 캠프 그림책 보기

몇 해 전 나무반과 열매반에서 캠프를 마치고 만들었던 '즐거웠던 우리들의 원내 캠프'와 '열매반의 원내 캠프'책을 빌려왔다. 유아들에게 구체적인 과정이 소개되어 있는 그림책을 보여 주면 좀 더 기대감을 갖게 되고 동기부여도 될 것 같았다. 이미 몇 주 전부터 손꼽아 기다리며 "몇 밤 남았어요?"라고 물어보는 유아들도 많지만 아직 두려움이 있는 유아도 있다. 캠프를 해 본 형님들이 그린 그림책이라고 소개한 후 읽어 줬는데 평소 읽어 주는 동화책을 들을 때와는 달리 어린이집의 형님들이 직접 경험한 것을 가지고 만든 책인데다 유아들이 기대하고 있는 캠프에 대한 이야기여서 더 큰 흥미를 보였다. 그림책을 읽어 준 뒤 언어영역에 비치해 놓으니 유아들이 자유롭게 그림책을 보면서 친구와 캠프에 대해 이야기를 나누며 기대하는 모습을 보였다.

달밤 산책을 했어요. 산책을 하여 선생님들을
만나고 도장도 받고 별도 봤어요.
반짝 반짝 빛나는 별이 예뻐요.

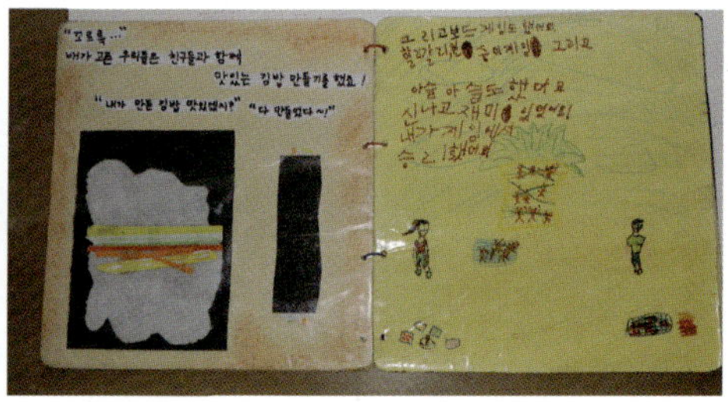

보드 게임도 했어요. 할리갈리, 원숭이 게임
그리고 아슬아슬도 했어요.
신나고 재미있었어요. 내가 게임에서 승리했어요.

[그림 6-2] 나무반과 실습교사가 함께 만든 '즐거웠던 우리들의 원내 캠프' 그림책

저녁 먹고 팥빙수를 먹을 때 가슴이 두근두근
거렸어요. 캠프날 먹어서 기분이 좋았어요.
달고 맛있었어요. 그중에 시리얼이 제일
맛있었어요. 팥빙수를 먹으니
입안이 시원해졌어요.

비즈팔찌를 만들었어요.
여러 가지 색으로 했어요.
재미있었어요.

밤에 산책을 갔어요.
조금 무섭지만 즐거웠어요.
밤 산책 재미있었어요.

서은이와 같이 불꽃놀이를 했어요. 하다가
도토리도 발견했어요. 선생님과 함께
불꽃놀이도 했어요. 정말 즐거웠어요.

[그림 6-3] **열매반 친구과교사가 함께 만든 '열매반의 원내 캠프' 그림책**

■ *원내 캠프 준비: 교실을 꾸미고 장기자랑 연습하기*

매일 대집단 활동을 시작할 때 캠프가 얼마나 남았는지 함께 세어보며 시작한다. 오늘은 두 밤 남았다며 유아들이 소리를 지르고 무척 기뻐했다. 캠프를 위해 나무반 유아들이 교실을 꾸민 것을 이야기하며 우리도 꾸미면 좋겠다고 하니 유아들이 나무반에 직접 가서 보고 우리도 꾸미겠다고 한다.

캠프를 위해 교실을 함께 꾸민 나무반 유아들

그리고 어떤 활동들이 있는지 다시 한번 떠올려 본 후 가장 기대되는 활동이 무엇인지 이야기해 보았다. 유아들은 야광 팔찌놀이, 불꽃놀이, 김밥 만들기, 팥빙수, 수영, 물미끄럼틀이 가장 기대된다고 하였다. 장기자랑으로 하기로 했던 것들을 다시 한번 환기하고 실외놀이터에 나가 연습을 하기로 했다. 실외놀이터로 나갔을 때 유아들은 정문 쪽에서 훌라후프를 연습했는데 장기자랑으로 훌라후프를 하겠다고 한 친구들 외에도 훌라후프를 하고 싶어 하는 유아들이 함께했다. 이전부터 훌라후프에 흥미를 보였던 유아들도 있지만 그렇지 않았던 유아들도 장기자랑을 준비하며 훌라후프를 하게 되었고 여러 친구들이 함께하면서 즐거움과 흥미를 느낄 수 있는 기회가 되었다. 유아들이 짧은 시간에 훌라후프를 잘하게 되는 것을 기대하기보다는 친구들과 함께 놀이하면서 재미를 느끼고 그것을 통해 자발적으로 신체활동에 참여할 수 있도록 격려하는 것이 중요하다는 생각이 들었다.

노래를 부르겠다고 했던 유아들은 노래 연습을, 춤을 추겠다던 라이는 개다리 춤 연습을 하였다. 한 명 또는 두 명의 유아가 장기자랑 준비를 하다 보니 어색하고 쑥스러워하는 모습을 보이는데 많은 준비가 필요하지 않은 춤이나 노래 등은 함께하고 싶은 유아가 있으면 함께할 수 있도록 격려해서 보다 많은 유아들이 장기자랑에 참여할 수 있도록 하였다.

■ 원내 캠프의 날: 우리가 먹고 싶은 것을 먹고 하고 싶은 것을 하는 날

캠프 날 오전에는 물놀이를 중심으로 활동이 이루어졌다. 물풀(pool), 물총, 물미끄럼틀, 황토물놀이를 했는데 황토물놀이보다는 물풀에서 놀이하는 것과 물미끄럼틀을 선택하는 유아들이 많았다.

간이 풀에서 하는 물놀이

물미끄럼틀을 타며 신나는 유아들

신나게 춤을 추는 유아들

신나는 물놀이를 마치고 뒷마당에 앉아 점심을 먹었다. 열매반과 나무반이 같은 책상에 앉아 점심을 먹으니 자연스럽게 대화를 나눌 수 있어 캠프에 대한 즐거움을 더해 주는 시간이었다. 점심을 먹고 나서 동네 놀터에 가서 유아들이 꼭 하고 싶다고 제안한 비눗방울놀이와 보물찾기를 하였다. 그런데 너무 더워서 많이 놀지는 못하고 돌아와서 실내에서 잠시 휴식시간을 가졌다.

오후 4시 친구들의 생각을 모아서 만든 약속인 선서를 하면서 캠프 2부가 시작되었다. 레크리에이션 시간에는 '장애물 넘기 게임' 등의 게임을 했으며 춤도 추고 응원도 하면서 아직까지 어색했던 나무반과 열매반 친구들이 가까워지는 시간이 될 수 있었다. 유아들이 캠프 때 가장 기대되는 것으로 손꼽았던 요리 활동에는 유아들이 저녁을 직접 만들어 먹는다는 점에서 새롭고 설레는 기분으로 즐겁게 참여했다. 나무반이 김밥을 만드는 사이 열매반은 떡볶이에 들어갈 어묵을 썰고 샐러드에 들어갈 야채를 잘라 서로 힘을 모아 맛있는 저녁상을 차렸고 저녁을 먹고 나서는 교사들과 함께 만든 팥빙수도 먹었다. 저녁 식사 후 장기자랑을 하기 전까지는 페이스페인팅, 사진꾸미기, 보드게임, 컵 쌓기 놀이, 비즈팔찌 만들기 등 선택 활동이 이루어졌다.

〈표 6-3〉 원내 캠프 일정

시간	금요일	토요일
7:30~8:00		· 기상 및 세면
8:00~9:00		· 햇살 아침산책 및 폐회식 - 참가상 주기
9:00~9:30		· 아침 식사 및 짐 정리 - 식단: 자장밥, 된장국, 깍두기, 요구르트
9:30~4:00 (오전, 점심, 오후 활동)	· 첨벙 첨벙 물놀이 - 수영, 물미끄럼틀, 물총놀이, 물풍선놀이, 황토물놀이 등 · 점심 식사 · 와우산 나들이 · 휴식 시간	9:30~ 집으로~♥
4:00~5:00	· 개회식: 캠프 선서 · 레크리에이션	
5:00~7:00	· 요리활동 및 저녁식사 - 식단: 김밥, 어묵국, 떡볶이, 샐러드, 팥빙수	
7:00~8:20	· 페이스페인팅 및 포토존, 보드게임, 비즈팔찌, 컵 쌓기놀이 · 장기자랑 및 저녁 간식	
8:20~9:00	· 달밤 산책 · 불꽃놀이, 야광 팔찌놀이	
9:00~9:30	· 세면 및 취침준비	
9:30~	· 꿈속 여행(취침)	

샐러드에 들어갈 야채 준비하기

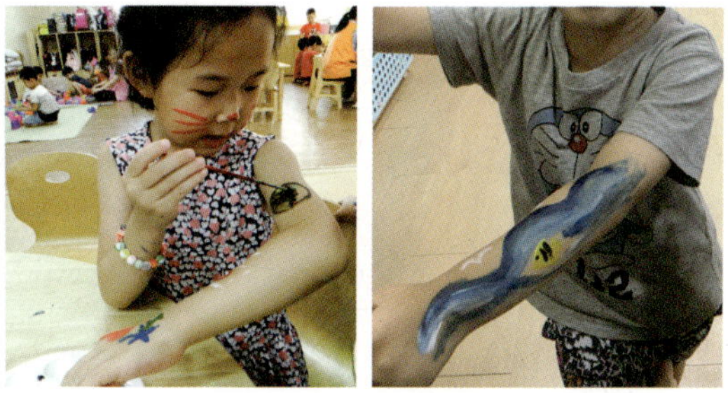

페이스 페인팅하기

며칠 전부터 가장 많은 기대감을 가지고 준비해 온 장기자랑 시간이 되었다. 내가 제일 잘할 수 있는 것을 정해서 연습을 했지만 "내가 실수를 하면 어쩌지?" 라며 걱정을 했다. 하지만 나무반(만 5세)은 연습을 하면서 친구들이 함께 노래를 불러 주고 박수를 치면서 응원도 해 주었기 때문에 할 수 있다는 자신감이 생겼고 실제로 장기자랑을 할 때에는 누가, 어떤 걱정을 했는지 생각이 나지 않을 정도로 모두가 즐겁고 신나게 자신 있는 모습으로 앞에 나가 준비한 것을 하였다.

열매반(만 4세)도 그동안 연습한 노래를 부르고 춤을 추었으며 바깥놀이 시간마다 훌라후프를 열심히 연습한 친구들은 훌라후프 돌리기를 했다. 민이와 본이는 제일 좋아하는 곤충인 장수풍뎅이와 사마귀를 그림으로 그려서 친구들에게 소개하였다. 장기자랑을 열심히 준비했는데 막상 앞에 나가려고 하니 너무 수줍어서 하지 못한 친구도 있었는데 친구들의 재미있는 모습을 보면서 다음번에는 함께하기로 했다.

로봇춤 추기

좋아하는 곤충 그려서 소개하기

저녁 간식 시간인 '신나는 과일과 과자파티'는 유아들이 제안한 순서인데 과자는 각자 집에서 가져왔으며, 과일은 유아들이 직접 선택한 것을 준비했다. 과자파티가 끝난 다음에 야광 스틱으로 팔찌, 목걸이 등 다양한 것을 만들었는데 야광 팔찌와 목걸이를 하고서는 어찌나 흥이 나던지 불을 끄고 신나는 음악을 들으며 한바탕 춤을 추었다. 야광 팔찌를 하고 동네 산책을 했는데 도착 지점인 동네 놀이터에서 아이들을 기다리고 있던 교사로부터 야광별 스티커를 선물로 받았다.

야광 팔찌를 하고 춤을 추는 유아들

야광 팔찌를 하고 동네 산책하기

불꽃놀이 하기

야광 팔찌를 하고 동네 산책을 다녀온 후에는 놀이터에서 유아들이 손꼽아 기다리던 불꽃놀이를 즐겼다. 처음에는 불꽃을 무서워하던 친구들도 무척 즐거워했고 불꽃을 빠르게 돌리며 모양을 그리는 것에 행복감을 느꼈다. 불꽃놀이를 할 때 안전에 유의하도록 미리 이야기를 하고 교사가 주의를 기울이는데도 손에 화상을 입는 경우가 있어 불꽃놀이를 계속할 것인가를 고민했었는데 유아용 목장갑을 주문해 장갑을 끼고 불꽃놀이를 하니 다치는 유아가 없이 활동할 수 있었다.

불꽃놀이가 끝난 후 유아들은 깨끗이 씻고 친구들과 함께 잠자리에 들었고 잠을 자지 않고 가겠다고 했던 유아들은 이때 조용히 귀가하였다. 다음 날 일찍 일어난 유아들은 아침 산책으로 공원에 가서 체조를 한 뒤 어제 찍었던 즉석 사진을 붙인 참가상을 받았으며 아침을 먹고 나서 유아들을 데리러 온 부모님과 함께 귀가하였다.

■ 캠프를 마치고: 즐거웠던 캠프 돌아보기

유아들과 즐거웠던 캠프를 회상하며 이야기를 나누고 캠프 때 찍었던 사진도 함께 보았다. 사진을 보면서 캠프에서 가장 기억에 남았던 활동과 아쉬웠던 활동에는 어떤 것들이 있었는지에 대해서도 이야기를 나누어 보았는데, 가장 기억에 남았던 활동은 어묵을 직접 썰어 어묵국을 만들었던 것과 야광 팔찌를 가지고 놀았던 것, 밤 산책을 한 후 불꽃놀이를 했던 것이라고 했다. 가장 기억에 남았던 이유에 대해서는 직접 요리를 하는 과정이 요리사가 된 것 같아서 좋았다는 것과 어두운 곳에서 야광 팔찌와 불꽃이 빛나는 장면이 예뻤다는 것, 밤 산책을 하기 위해 갔던 공원에서 새들을 만나볼 수 있어서 좋았다는 것 등을 이야기했다.

반면, 아쉬웠던 활동으로는 보물찾기와 야광 팔찌를 차고 놀이했던 것에 대해 이야기를 했는데 아쉬웠던 이유로는 보물찾기 상품이 비타민이었다는 것과 야광 팔찌를 차고 놀이할 때 재밌는 음악이 나왔으면 좋았을 것 같다는 의견이 있었다.

■ 즐거웠던 캠프 표현하기

전날 원내 캠프에 대해 회상하고 이야기 나누는 시간을 가져서인지 유아들이 적극적으로 자신의 경험과 생각, 느낌을 그림으로 표현하는 모습을 볼 수 있었다. 유아들이 이야기한 것을 토대로 원내 캠프에서 가장 즐거웠던 활동을 그림으로 표현해 볼 수 있도록 제안하자, 친구들과 이야기를 나누며 자신의 경험을 그림으로 표현했다. 다양한 그리기 도구를 이용해 캠프 활동을 했던 장소와 사용했던 물건들을 회상해 그림으로 세밀하게 표현하고, 잘 기억이 나지 않는 장면들은 친구들과 의견을 나누며 부족한 부분을 서로 보완해 주는 모습을 보이기도 하였다. 또한 그림을 그리는 도중에 장기자랑을 하면서 췄던 개다리 춤을 추거나, 불꽃놀이를 하는 것처럼 손을 양 옆으로 흔들면서 '파바박'소리를 내기도 하며 기억에 남았던 장면을 언어나 신체로 표현하는 모습을 보이는 유아들로 인해 재미있는 분위기에서 활동이 이루어질 수 있었다.

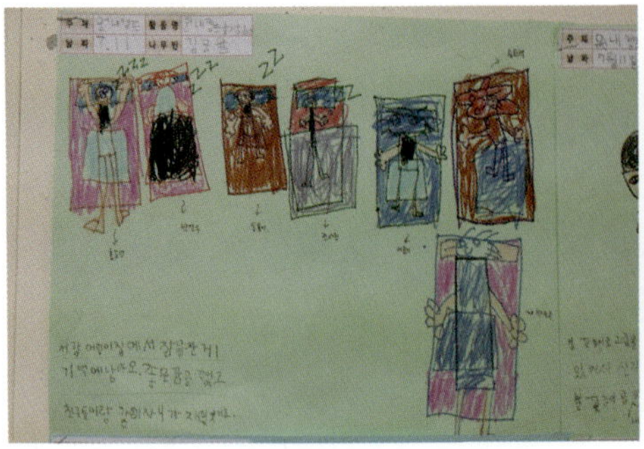

어린이집에서 잠을 잔 게 기억에 남아요.
좋은 꿈을 꾸었고 친구들이랑 자니까 재미있어요.

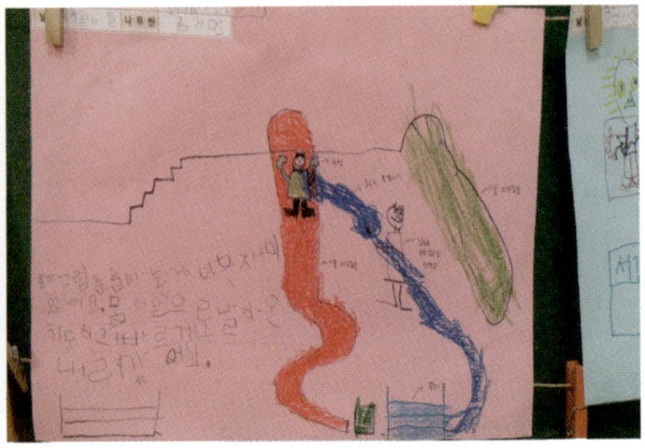

물미끄럼틀을 타는 게 너무 재미있어요.
물이 옆으로 날아오기도 하고 빠르게 내려갔어요.

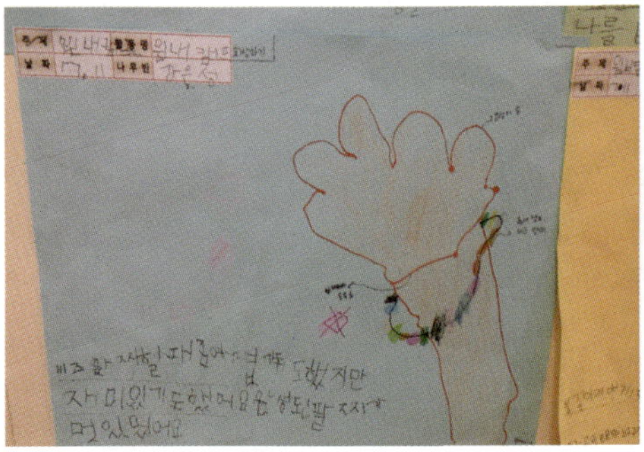

비즈팔찌 만들 때 좀 어렵기도 했지만
재미있기도 했어요. 완성된 팔찌가 멋있었어요.

불꽃놀이할 때 반짝이처럼 빛나서 예뻤어요.
불꽃놀이를 해 보니까 진짜 재밌어요..

원내 캠프 경험을 그림으로 표현하는 것은 친구들과 이야기를 나누면서 함께 했던 추억을 공유하고 즐거워하는 뜻 깊은 시간이었다. 이야기를 나누는 과정에서 모두 함께 캠프를 즐겼지만 즐거웠던 활동이 서로 다르다는 것을 알고, 이에 대해 호기심을 가지고 질문을 해 보기도 하면서 친구와 나의 생각이 다를 수 있음을 경험할 수 있어 유익하였다. 유아들이 자신이 직접 경험한 것에 대해 표현하는 것이기 때문에 흥미가 높아서인지 꽤 오랜 시간 그림을 그렸다.

교사의 이야기

교사로서 캠프는 준비과정도 힘들고 체력적인 부담도 큰 행사이기는 하나 유아들이 무척 즐거워하고 "또 캠프를 하면 좋겠다"고 하는 모습을 보니 무척 보람 있고 뿌듯함이 느껴지는 하루였다. 한 달 전부터 기대에 차서 캠프를 기다리던 친구, 평소보다 긴 시간 동안 어린이집에서 지내게 되는 것이 두려웠던 친구, 부모님과 처음으로 떨어져 자는 친구들이 있었다. 떨림, 설렘, 기대와 같이 각기 다른 마음으로 시작된 캠프가 모두에게 즐거움이 되었기를… 시간이 흘러도 캠프의 추억이 친구들의 마음속에 행복한 기억으로 오래도록 남아 있길 바란다.

사례설명

기존에는 교사와 원장이 주로 의사결정을 하여 준비하던 캠프였는데 이번 캠프의 경우 기본적인 진행 순서는 어느 정도 정해져 있었으나 세부사항 중 유아들과 함께 이야기를 나누며 정할 수 있는 것은 유아들과 함께 정했다는 것에 의미를 둘 수 있다. 유아들의 의견에 따라 '과자와 과일 파티'를 했으며 유아들이 과일 간식을 무엇으로 할지를 정했다. 또한 유아들이 제안한 보물찾기, 비눗방울 놀이를 프로그램에 반영하였고 장기자랑을 할 때는 각자 무엇을 할지 유아들이 정하도록 하였다. 유아들이 의사결정에 참여한 것이 유아들에게 어떤 의미가 있었는지 다음과 같은 교사의 말을 통해 엿볼 수 있다.

> 캠프를 마치고 나서 유아들이 계속해서 "우리가 먹고 싶은 걸 먹었다.", "우리가 하고 싶다고 말한 것을 했다."고 이야기하는 것을 보면서 유아들의 의견을 반영하고 유아들이 의사결정에 참여하는 것이 활동에 대한 유아들의 동기를 유발하고 활동의 의미를 더욱 깊이 있게 만든다는 것을 실감할 수 있었다.

유아들이 프로그램을 계획하고 준비하는 과정에 참여함으로써 기존에 교사와 원장이 전적으로 계획하고 진행했던 캠프보다 훨씬 더 흥미롭고 다채로운 캠프가 될 수 있었으며, 유아들의 참여에 대한 열기 또한 훨씬 더 높은 캠프가 될 수 있었다. 이와 같이 활동 전반은 교사와 원장이 계획하고 진행하더라도 유아들이 의사결정에 참여할 수 있는 기회를 가능한 한 확대함으로써 훨씬 더 의미 있는 활동이 될 수 있다.

■ 영유아의 의사결정에의 참여를 강화할 수 있는 기본 시스템 갖추기

– 공간과 사람, 시간, 그리고 보육·교육과정의 관점

(1) 의사결정에 참여할 수 있는 물리적 환경의 특성: 놀이 공간의 선택권

영유아가 의사결정에 참여하는 것은 일상생활의 장면 하나하나에서 이루어진다. 실내놀이와 실외놀이 시간을 따로 정해 놓지 않고 실내외 놀이가 동시간대에 자유롭게 이루어질 경우 영유아의 공간 선택권이 훨씬 더 잘 보장될 수 있다. 이는 물론 실내외를 자유롭게 오갈 수 있는 건물의 구조가 밑받침되어야 가능한 일이지만 영유아에게 놀이 공간의 선택권을 부여하려는 인식과 더불어 여유 있고 융통성 있는 보육과정을 운영하는 데 기인하기도 한다.

뉴질랜드의 경우 인가규정과 평가규정에 가급적 실내외 간 공간의 이동을 막지 말아야 한다는 내용을 담고 있으며 북유럽을 비롯하여 독일 등 많은 나라에서도 건물의 구조가 실내외를 자유롭게 오갈 수 있도록 설계되어 있는 경우에 실내놀이와 실외놀이가 시간대의 구별 없이 운영되는 경우가 많다.

1997년 필자가 독일의 킨더가르텐을 참관했을 때 비슷한 프로그램을 운영하더라도 건물의 구조가 실내외를 자유롭게 오갈 수 있도록 만들어진 경우와 그렇지 않은 경우에 차이가 있었다. 교실에서 복도와 현관을 통과하여 실외로 나갈 수 있는 곳에서는 아무래도 영유아의 안전 등이 고려되어야 하므로 영유아의 자유로운 이동이 제약을 받게 되나 교실에서 실외 놀이터로 곧바로 나갈 수 있도록 설계된 곳은 훨씬 더 자유롭게 실내외 놀이를 병행할 수 있었던 것이다. 이러한 이유로 영유아의 공간 선택권을 존중하는 많은 나라에서 영유아가 자유롭게 실내외를 오가며 놀이하고 생활할 수 있도록 건물을 설계하고 있다.

실내에서 실외놀이터로 자유롭게 나갈 수 있는 건물 구조: 뉴질랜드(좌) 스웨덴(우)

(2) 의사결정에 참여할 수 있는 인적 환경의 특성: 팀(team)제 운영

영유아가 실내외를 자유롭게 오가며 놀이를 하려면 개별 교사가 특정 교실과 특정 영유아만을 담당하는 것이 아니라 여러 교사가 한 팀이 되어 역할을 나누어 활동하는 것이 필요하다. 대체로 소규모로 운영되는 뉴질랜드의 차일드케어센터에서는 시간대별로 실외 담당, 실내 담당 등으로 교사가 담당하는 공간을 나누어 운영한다. 대집단 활동을 담당하는 교사 또한 특정 반만을 대상으로 활동하는 것이 아니라 활동에 참여하는 연령의 유아를 함께 데리고 활동한다. 담임교사가 있는 공간에 그 반의 영유아가 함께 모여 있어야 하는 것이 아니라 영유아가 실내와 실외를 자유롭게 이동하며 놀이를 하면 그 공간과 놀이를 담당하는 교사가 반의 구별 없이 영유아를 돌보는 것이다. 스웨덴의 경우에는 3~4명의 교사가 팀이 되어 한 반에 있는 20명 정도의 영유아를 교육하는 시스템을 갖추고 있음으로써 한 반의 영유아가 실내외에서 이루어지는 다양한 놀이와 활동을 병행할 수 있다.

개별 교사가 그 반을 전적으로 담당하는 시스템이 아니라 여러 명의 교사들이 한 팀이 되어 서로 협력하며 일하는 팀제를 권장하는 이유 중 하나는 담임교사를 중심으로 영유아가 놀이하고 생활할 곳이 정해지는 것이 아니라 영유아의 자유로운 놀이와 이동을 중심으로 교사가 배치될 수 있기 때문이다. 즉 교사 배치가 얼마나 유연성을 지니느냐에 따라 영유아의 공간 및 활동 선택권에 차이가 발생하게 된다.

(3) 의사결정에 참여할 수 있는 일과 운영 시간의 특성: 여유와 융통성

보육과정이 영유아의 참여권을 보장하는 방향으로 나아가기 위해서는 영유아의 실내외 자유놀이 시간이 충분히 보장되어야 한다. 우리나라의 경우 평가인증 지표에서 실내 자유선택활동 시간이 2시간 30분 이상, 실외놀이가 1시간 이상이 되도록 규정되어 있다. 이러한 기준은 평가인증이 실시되기 이전에 비해 훨씬 실내외의 자유놀이 시간이 확대된 것은 틀림없지만 실내외의 구별 없이 하루 일과에서 30분 정도의 대집단 활동을 하거나 일주일에 1~2회의 대집단 활동만을 운영하는 북유럽이나 독일과 같은 사회교육 전통을 따르는 나라들에 비해 아직까지 실내외 자유놀이 시간의 비중이 높은 것은 아니다.

특히 실외놀이의 경우 영유아의 인권 보장을 중시하고 있는 스웨덴이나 핀란드의 경우 하루 2~3시간 이상 오전과 오후에 충분히 이루어지고 있으며, 독일의 경우에도 날씨가 좋으면 일과 운영 계획에 구애받지 않고 하루 종일 실외놀이를 하면서 융통성 있게 하루 일과를 운영하고 있다. 이러한 점을 고려하여 계획된 활동의 비중을 현저히 낮춤으로써 영유아가 자신이 선택한 놀이와 활동을 편안하고 여유 있게 할 수 있도록 일과를 운영하는 것이 바람직하다.

우리나라의 경우 자유선택활동, 대집단 활동, 실외놀이 등 일과의 순서가 고착되어 있는 경우가 많고 월간 주제와 소주제, 그에 따른 활동 계획이 영유아의 연령에 맞지 않게 지나치게 촘촘히 수립되어 진행되는 경우가 많으므로 활동 주제와 활동 수를 대폭 축소하는 것이 우선 필요하다.

(4) 의사결정에 참여할 수 있는 보육 · 교육과정 관점의 특성: 참여권 존중

보육과정이 영유아의 참여권을 보장하는 방향으로 나아가기 위해서는 영유아가 어떠한 존재인가에 대한 생각의 변화, 영유아를 어떻게 이해해야 하며, 보육·교육과정은 어떠해야 하는가에 대한 생각의 변화가 이루어져야 한다(서영숙 외, 2009).

국가수준의 보육과정을 민주주의와 인권 존중을 중심으로 제시하고 있는 스웨덴, 핀란드를 비롯하여 사회교육전통의 보육과정을 운영하고 있는 덴마크, 노르웨이 등에서는 아동과 보육·교육 과정을 공동 구성해야 하며 아동의 자유로운 선택 및 관심사를 존중하는 태도에 대해 강조한다(OECD, 2006).

■ 보육·교육과정과 권리

보육·교육과정에서 기본 가치(fundamental values)는 과정 전체에 내재되어 있으면서 교육을 실행함에 있어서 무엇이 쓸모 있거나 옳고 바람직한 것인지를 판단하는 준거라고 할 수 있다. 누리과정과 표준보육과정에서는 '가치'에 대해 따로 언급하고 있지는 않으나 추구하는 인간상, 보육·교육 과정의 기본 전제와 목적 등을 통해 추구하는 가치가 제시되고 있다. 스웨덴과 핀란드는 교육과정의 '기본 가치(fundamental values)'에 대해 민주주와와 인권 존중을 중심으로 제시하였다.

** 스웨덴의 교육과정

스웨덴의 교육과정에서 '민주주의는 프리스쿨의 기초를 형성하며, 교육의 중요한 임무는 인권 존중과 스웨덴 사회가 바탕으로 하는 근본적인 민주적 가치를 전달하고 확립하는 것이라고 하고 있다. 프리스쿨에서 일하는 모든 사람은 우리가 공유하는 환경에 대한 존중뿐 아니라 개인의 고유한 가치에 대한 존중을 장려해야 하며, 인간 생명의 불가침성, 개인의 자유와 완전성, 모든 사람들의 평등, 성 평등, 약자와 취약한 사람들과의 연대 등을 아이들과의 활동에서 적극적으로 증진해야 하는 가치로 제시하고 있다(skolverket, 2011).

또한 다른 사람들에 대한 보호와 배려, 정의와 평등, 개인의 권리는 모든 교육 활동에서 강조되고 명시되어야 하며, 이러한 기본 가치를 준수하기 위해서는 **그러한 가치로부터 나올 수 있는 태도를 일상 활동에서 분명히 해야 한다**는 것을 강조하고 있다. 프리스쿨의 활동은 민주적으로 수행되어야 하며, 아동이 사회에 적극적으로 참여할 수 있도록 책임감과 관심이 성장할 수 있는 기반을 제공해야 한다는 것 또한 함께 제시하고 있다(skolverket, 2011).

** 핀란드의 교육과정

핀란드의 교육과정에서는 ECEC(Early Childhood Education & Care)의 가치에 대해 아동의 권리에 관한 국제협약, 국내법 및 기타 지침에 근거한다고 밝히면서 다음과 같이 제시하고 있다(STAKES, 2004)

> 아동권리협약의 중심 가치는 아동의 인간으로서의 존엄성이다. 이 기본 가치와 관련하여, 협약은 다음 네 가지의 전반적인 원칙으로 구성된다.
> - 차별 금지 및 동등한 대우(Non discrimination and equal treatment)
> - 아동의 최선의 이익(The child s best interest)
> - 아동의 생명과 충분한 발달에 대한 권리(The child s right to life and full development)
> - 아동의 견해 존중하기(Giving due weight to the views of the child)
>
> 핀란드의 기본 권리 규정, 기타 법적 규제 및 정책 문서를 바탕으로 핵심 ECEC 원칙이 정의될 수 있다. 이러한 원칙은 다음과 같은 아동의 권리를 구현한다.
> - 따뜻한 인간관계를 가질 권리
> - 성장과 발달, 학습을 보장받을 권리
> - 놀이 및 다양한 활동이 허용되는 안전하고 건강한 환경을 보장받을 권리
> - 아동의 나이와 성숙도에 따라 의사를 표현하고 이해받을 권리
> - 아동이 필요로 하는 특별한 지원을 받을 권리
> - 자신의 문화, 언어, 종교 및 신념을 가질 권리

4) 문제해결의 주체로서 참여하기

영유아가 어린이집이나 유치원에서 생활하다 보면 해결해야 하는 다양한 문제 상황에 접하게 된다. 기존에 교사들은 문제를 해결하는 것은 교사의 고유한 역할이라고 생각해 왔다. 그러나 영유아와 생활하면서 부딪히는 어려운 상황이나 문제에 대해 교사 혼자서 문제해결을 도맡기보다는 영유아와 함께 해결해 나감으로써 다양하면서도 더 좋은 해결책을 찾을 수 있으며 영유아가 문제해결 과정에 참여함으로써 영유아의 참여권 또한 실현시킬 수 있다.

① 영아가 문제해결의 주체로서 참여하기

사례 4) 벽돌블록이 더 필요해요(만 2세)

윤이와 건이가 벽돌블록으로 각자 탈것을 만들던 중 윤이가 건이에게 "너만 크게 만드냐!"고 말하며 화를 내고 건이가 사용하던 벽돌블록을 가져갔다. 교사가 개입해 윤이와 건이에게 벽돌블록이 많이 필요하지만 우리 반에 있는 벽돌블록은 이만큼 있고 친구들도 모두 사용해서 더 이상 없다고 말하며 어떻게 하면 좋을지 물어보자 윤이가 "다른 반에서 빌려와요."라고 말했다. 그 이야기를 듣던 영아들이 모두 빌려오겠다고 해서 영아들이 교사와 다른 반에 가서 벽돌블록을 빌려오기로 했다.

우리가 필요한 벽돌블록은 무엇인지 어떤 반에서 빌리면 좋을지 알기 위해 영아들과 다른 반에 있는 벽돌블록을 모두 보고 나서 열매반의 네모 벽돌블록을 빌려오기로 하였다. 열매반 교사와 유아들에게 이야기해 벽돌블록을 충분히 빌려와 놀이를 할 수 있었는데 영아들은 "우와, 벽돌블록 진짜 많다.", "우리 크게 만들 수 있겠다."고 하며 기뻐하였다. 윤이는 친구들과 함께 빌려온 벽돌블록으로 커다란 비행기를 만들어 놀이하였다.

영아의 제안을 받아들여 다른 반에서 부족한 벽돌블록을 빌려와서 놀이함

사례설명

영아들이 블록놀이를 하다가 친구가 가지고 놀던 블록을 빼앗거나 친구에게 소리를 지르며 불편한 감정을 표현하는 일이 종종 있었고 그럴 때마다 교사가 개입해서 갈등을 해결할 수 있도록 돕거나 불편한 감정을 올바르게 표현할 수 있도록 지원해 왔다. 그러나 오늘은 윤이가 새로운 문제해결 방법으로 다른 반에서 필요한 블록을 빌려오자고 제시하여 친구들과 함께 형님반에서 블록을 빌려와 충분한 양의 블록을 가지고 함께 놀이하였다.

어린 영아지만 일상생활에서 영아들의 의견을 잘 들어보고 부딪히는 문제에 대해서도 영아들이 다양한 생각을 할 수 있도록 격려해야겠다는 생각이 드는 사례이다. 또한 영아들의 의견을 물어보고 여러 가지 생각을 해 볼 수 있도록 격려하는 교사의 역할이 중요하다는 것을 느낄 수 있는 사례이기도 하다.

② 유아가 문제해결의 주체로서 참여하기

사례 1) 우리 동네에 대해 궁금해하는 것과 해결 방법(만 3세, 5세)

우리 동네를 주제로 활동할 때 만 3세와 만 5세가 우리 동네에 대해 궁금해하는 것과 궁금한 것을 어떻게 하면 해결할 수 있는지에 대해 이야기를 나누었다. 만 3세는 대집단으로 만 5세는 모둠별로 이야기를 나눈 후 나온 질문을 소개하였다.

■ 만 3세가 궁금해하는 것과 해결 방법

궁금해하는 것

- 우리 동네에 눈이 언제 와요?
- 와우공원에는 왜 사람이 별로 없어요?
- ○○대학교에는 왜 이렇게 사람이 많아요?
- ○○마트에는 왜 이렇게 과자가 많아요?
- ○○마트에서는 무엇을 사야 하는 거예요?
- 우리 동네에 도둑은 어디 있어요?

❀ 궁금한 것을 어떻게 알 수 있을까?

- 엄마, 아빠한테 물어봐요.
- 와우공원에 계시는 아저씨, 아줌마께 물어봐요.
- ㅇㅇ대학교에 계시는 아저씨, 아줌마께 물어봐요.
- 내가 생각해 봐요.
- ㅇㅇㅇ마트에 계시는 아저씨, 아줌마께 물어봐요.

■ 만 5세가 궁금해하는 것과 해결 방법

1. 왜 아파트에는 아이들이 많이 살까?
2. 우리 동네에는 골목이 왜 이리 많을까?
3. 우리 동네에는 왜 주인이 없는 강아지가 많을까?
4. 우리 동네에는 왜 벽에다가 그림을 그려 놨을까?
5. 아파트 화단에 개미굴이 정말 많은데 왜 이렇게 많이 생긴 걸까?
6. 놀이터마다 왜 놀이 시설이 다르게 있을까? → 놀이터를 만든 사람들이 다 다르니까 놀이터를 만드는 생각, 방법도 다 다른 것 같아요.
7. 왜 아파트가 많이 있을까? → 경비실에 있는 아저씨께 물어봐서 누가 아파트를 지었는지 알아보고 아파트를 지은 사람에게 전화해서 물어봐요.
8. 우리 동네에 슈퍼만 있으면 되는데 왜 마트나 시장 같은 것이 많이 있을까? → 마트 주인에게 "왜 이 마트가 생기게 되었어요?"라고 물어봐요.
9. 길에 다니는 고양이가 많은데 가까이 다가가면 왜 도망갈까? → 고양이 과학자를 찾아가서 물어봐요.
10. 경의선 숲길은 왜 만들어졌을까? → 경의선 숲길 주변에 살고 있는 사람들한테 물어봐요.
11. 우리 동네 피자가게는 월, 화에는 손님이 많고 수, 목은 손님이 왜 별로 없을까? → 직접 피자가게에 가서 피자를 만드는 사람에게 물어봐요. → 사람들이 피자를 먹고 싶은 날은 언제인지 조사해 봐요.
12. 한 아파트에 놀이터가 2개나 있는 곳은 왜 그럴까? → 관리사무소 아저씨께 물어봐요.
13. 우리 동네에는 왜 까치나 비둘기가 많을까? → 나무를 자르는 사람이나 새에 대해 잘 아는 사람에게 물어봐요. 새에 대해 잘 아는 사람을 모르니까 마트에다가 어린이집 전화번호를 써 놓고 '새에 대해 잘 아는 분은 연락 주세요'라고 붙여 놔요.
14. 슈퍼나 편의점 같은 가게가 자꾸 많아지는 이유는? → 가게 주인에게 물어봐요.
15. 은성이네 집에서 왼쪽으로 가다가 뒤를 돌아보면 나무에 '이름을 찾아 주세요'라고 써 있는데 그건 왜 써 있는 걸까? → 우리가 직접 붙어 있는 곳에 가 보고 경비실 아저씨께 물어봐요.
16. 가로등에 왜 여러 가지 색의 종이들이 붙어 있을까? → 붙이고 있는 사람을 찾으면 왜 붙이는지 물어봐요. 붙이는 사람을 찾지 못하면 우리가 찾아다녀요.

우리 동네를 산책하는 유아들

마트의 해산물 코너

마트의 에스컬레이터를 타는 유아들

사례설명

유아가 문제해결 과정에 참여하는 것은 일상생활에서 발생하는 다양한 문제해결 과정에 참여하는 것과 더불어 특정 주제에 대해 궁금해하는 것, 알아보고 싶은 것을 제시하고 제시한 문제를 함께 해결해 가는 과정에 참여하는 것을 포함한다.

그런데 유념해야 할 것은 유아들이 궁금해하는 것, 알아보고 싶어 하는 것을 다 해결해야 하는 것은 아니라는 것이다. 이 시기의 유아들에게는 궁금해하는 성향, 알아보고 싶어 하는 성향, 문제해결에 동참하려는 성향을 길러 주는 것이 제기된 모든 문제를 해결하는 것 못지않게 중요하다. 따라서 일일이 제기된 문제를 다 해결하려고 하기보다는 세상의 사물과 상황, 사건에 대해 유아들이 궁금증을 가지고 문제를 제기해 보는 것, 그리고 궁금증을 알아가는 과정에 대해 생각해 보고 몇 가지라도 문제해결 과정에 동참해 보는 경험을 할 수 있도록 하는 것이 필요하다.

유아들이 제기한 모든 문제를 교육과정을 진행하면서 다 해결할 수도 없고 다 해결하는 것이 꼭 중요한 것은 아니라는 것이다. 그중 몇 가지라도 유아들과 어떻게 하면 문제를 해결할 수 있는지 이야기를 나누고 또 함께 해결해 나가는 과정을 경험하는 것은 유아들이 문제를 제기하고 문제를 해결할 수 있는 역량을 일상의 활동 과정에서 익힌다는 점에서 중요한 의미를 지닌다. 유아들이 문제해결 과정에 참여하기 위해서는 문제해결을 할 수 있는 역량이 생활과 놀이, 활동 속에서 서서히 길러지는 것이 필요하며 문제해결 역량을 가지고 문제해결 과정에 참여할 때 유아의 참여가 보다 의미 있게 진행될 것이다.

사례 2) 우리 동네를 산책하면서 궁금한 것을 알아봐요(만 4세)

'우리 동네'를 주제로 활동하면서 여러 차례 동네 산책을 했다. 동네를 돌아다니면서 친구들이 사는 집을 볼 수 있었고 유아들이 동네에서 경험했던 일들을 이야기했으며, 궁금한 것에 대해 이야기를 나누고 알아보기도 했다.

"여기가 ○○이네 집이에요.", "와우살롱. 여기도 커피 가게인가! 기타 치는 곳인가 봐."

글자를 읽을 줄 아는 유아들이 와우살롱이라는 것은 읽었는데 나머지 글자를 잘 읽는 유아가 없어서 사진을 보면서 무슨 가게인지 생각했다. "와우살롱. 여기도 커피 가게인가! 여기는 기타 치는 곳인가 봐." 가게가 열려 있으면 들어가서 물어보려고 했는데 닫혀 있었다.

교실에서 달팽이를 키우고 있어 달팽이에 대한 관심이 높을 때라 달팽이가 그려져 있는 간판을 보고 유아들은 "달팽이를 키우는 데냐?, 관찰하는 데냐?" 하며 궁금해했다. 직접 가 본 친구들이 여기도 커피가게라고 이야기했는데 들어가 보려고 하니 입구에 책이 있으니까 "여기가 책가게로 바뀌었나 보다."라고 했다. 세탁소를 지나가는데 유아들은 세탁소가 뭐 하는 곳인지 몰라서 궁금해했다. 세탁소가 뭐하는 곳인지 몰랐는데 문 앞에 옷이 걸려 있으니까 아이들은 옷 가게라고 했다. 그런데 세탁소의 사장님이 한가롭게 앉아 계신 것을 보고 유아들이 들어가서 물어보자고 했다. 사장님이 "옷을 세탁해 주는 데다."라고 하셨는데 유아들은 세탁은 집에서 하는 거라고 생각했었기 때문에 신기하게 여겼고 대답을 해 주시는 사장님이 친절하다고 이야기했다.

수선집도 지나가면서 봤는데 수선집에는 옷이 밖에 걸려 있었다. "여기도 옷 가게냐… 한번 물어봐"라고 하고 있는데 마침 사장님이 미싱을 돌리면서 무언가를 만들고 계셨다. 사장님이 여기는 옷을 만들기도 하고 고치기도 한다고 이야기해주셨다. 아이들이 구경하고 싶다고 해서 교사가 먼저 들어가서 양해를 구한 뒤 유아들한테 옷이나 미싱 등을 만지면 안 된다고 주의를 주고 한 명씩 들어가서 보고 나오자고 했다. 유아들은 한 명씩 미싱으로 직접 옷 만드는 것을 보고 나왔다. 산책을 하면서 동네 사람들과 자연스럽게 만나 이야기를 나누고 동네에서 가게를 하고 계시는 분들이 어떤 일을 하시는지도 알 수 있었다.

사례설명

유아들이 '우리 동네'를 주제로 활동할 때 동네에 대해 궁금한 것과 동네에서의 경험에 대해 이야기를 해 본 후 동네 산책을 여러 차례 했다. 유아들은 산책을 하면서 자신의 집과 친구들의 집이 어디인지 이야기했으며 우리 동네에서 가족과 함께 경험했던 일을 비롯하여 동네의 곳곳에서 궁금한 것에 대해서도 이야기를 했다. 유아들이 궁금해하는 것 중에 몇 가지는 직접 가게에서 일하시는 분들에게 여쭈어 봄으로써 해결할 수 있었다. 유아들의 궁금함은 어린이집 내에서 경험을 바탕으로 형성될 수도 있지만 이와 같이 직접 함께 산책을 하는 가운데 만들어지고 해결하는 과정을 경험할 수 있다.

유아들은 우리 동네를 돌아보면서 자신의 경험에 대해 하고 싶은 이야기가 많았으며, 내가 매일매일 살고 있는 물리적 환경이기에 궁금한 것도 많았다. 또 동네를 돌아다니며 만나는 모든 이웃이 친절한 것은 물론 아니지만 대체로 유아들이 동네를 돌아다니면서 궁금한 것을 여쭈어 보았을 때 친절하게 설명을 해 주었다.

사례 3) '우리들의 날'에 비가 온다면(만 4세)

우리들의 날에 무엇을 할지 유아들과 이야기를 나누면서 놀이터에서 물놀이를 하자고 정했는데 갑자기 비가 온다는 소식에 다시 한번 이야기를 나누었다. '비가 오면 어떻게 하지? 재미있게 놀이를 할 수 있을까?'라는 생각으로 걱정이 가득했던 교사와 달리 유아들은 다음과 같이 이야기하였다.

교사: 비가 오면 우리들의 날을 어떻게 했으면 좋겠니? 어떻게 하면 좋을까?

유아 1, 2: 그러면 어린이집에서 실컷 놀이하면 되죠! 맞아요. 실컷 엄청 실~컷 마구 마구 놀아요. 더 마구 마구! 물놀이해요. 튜브하고요.

유아 3: 안 돼, 비 오고 태풍 불면 날아갈 수도 있어. 맞아. 감기 걸리면 병원 가잖아.

유아 1: 그럼 그냥 우산 쓰고 비옷 입고 물총놀이 하는 건 어때요? 와 재밌겠다.

유아 4: 난 비옷 어디 있는지 몰라.

유아 2: 엄마한테 찾아 달라고 해.

교사: 만약 비가 너무 많이 오면 어쩌지?

유아 1: 비옷 입었으니까 그냥 비 맞으면 되죠! 여벌 옷 가져와서 바꿔 입으면 되잖아요. 물총놀이 해요. 네!

교사: 좋아! 그러면 비옷 입고 물총놀이해 보자. 여벌옷 가져와서 옷이 젖으면 갈아입으면 되지. 내일은 너희들의 날이니까 너희들 마음대로 계획해 보는 것도 좋은 것 같아. 내일 물총이랑 비옷 가져오자.

유아 3: 도시락도요.

교사: 그래. 만약 비가 너무 많이 오면 어디에서 도시락을 먹지?

유아 4: 여름 캠프처럼 그냥 교실에서 앉고 싶은 자리에 앉아서 김밥 먹어요!

유아 5: 나는 교실에서도 놀고 싶어. 할리갈리요.

교사: 여름캠프 때 했던 할리갈리 말하는 거니?"

유아 3: 원숭이 게임도 재밌었고 컵 쌓기도 재밌었어요. 게임도 해요!!!

비가 그친 바깥놀이터에서 물총놀이와 컵 쌓기 등을 하는 유아들

사례설명

이 사례에서는 비가 온다는 예보 때문에 바깥에서 물놀이를 하는 것이 어려울 것이라는 교사의 생각과 달리 유아들은 어차피 비가 오기 때문에 그냥 물놀이를 하면 된다는 의견을 내놓는다. 춥지 않은 여름철이므로 비가 오더라도 물놀이를 하는 것에 무리가 없다는 의견은 타당하며, 유아들은 평소와는 달리 오히려 비가 오는 가운데 더욱 신나게 놀이를 할 수 있을 것이라는 생각도 한다. 이와 같이 때로는 성인인 교사 혼자서 생각하는 것보다 유아들과 의견을 나누었을 때 보다 더 좋은 문제해결을 할 수 있게 된다.

사례 4) 좋아하는 영역이 좁아요(만 5세)

새 학기를 준비하면서 교사들은 평가인증 지표에 따라 보육실 환경을 구성하였다. 평가인증 지표는 질 좋은 보육환경을 구성할 수 있도록 제시하는 것이라는 생각에 그에 맞추어 배치를 한 것이다. 그런데 지표에 맞추어 흥미영역을 구성해서 생활하는 가운데 '좋아하는 영역이 좁다'는 등 여러 가지 고민과 문제점이 생기게 되었다. 유아들과 이야기를 나누면서 나무반의 영역 구성이 유아들의 놀이와 생활에 불편하다는 사실에 대해 구체적으로 알게 되었는데 유아들이 불편하다고 이야기한 것을 다음과 같이 요약해 볼 수 있었다.

첫째, 쌓기와 역할영역이 좁아서 잦은 다툼이 생긴다.

둘째, 휴식영역이 책꽂이와 함께 있어서 활동하면서 유아들이 쿠션을 발로 밟고 다녀서 편안한 휴식이 어렵다.

그래서 유아들과 보육실의 영역 배치를 어떻게 바꾸는 것이 좋을지에 대해 이야기를 나누었는데 불편한 점에 대해 먼저 이야기를 나누었어도 유아들이 이미 배치된 교구장을 이동하여 위치를 바꿀 수 있다는 생각을 하기는 어려워 보였다.

그래서 융판을 이용하여 영역 배치를 바꾸는 것에 대해 이야기를 나누었는데 친구들이 나와서 융판에 종이로 표현한 교구장을 이동시키자 경청만 하던 유아들도 "저도 좋은 생각이 있어요." 하며 자신 있게 의견을 표현하였다. 그냥 생각을 이야기로 나눌 때보다 옮길 수 있는 자료가 주어지니 의사표현이 더 적극적으로 된 것이다.

교실의 배치를 바꾸어 보는 유아와 교사

나무반은 새롭게 배치한 영역에서 놀이를 해본 후 유아들의 의견을 반영하여 다시 영역을 재배치하면서 불편한 점을 해결해 나갔다. 이야기를 나눈 후 불편한 점을 2차로 수정해서 역할, 쌓기 공간을 넓게 하고, 미술 교구장을 한쪽 벽으로 모으니 공간이 넓어져 재료를 쉽게 꺼낼 수 있어 좋았다. 미술영역에서 만든 구성물을 쌓기와 역할영역과 연계하여 활동할 수 있어 더 편리해 보이기도 했다. 영역을 재배치하고 놀아 본 후 유아들과 또 이야기를 나누었다.

수빈: 와 신기하다. 진짜 이렇게 옮겨지네!
교사: 너희들이 바꿔 본 영역으로 놀이해 보니 어떠니?
민수: 좋아요. 역할영역이 넓어졌어요. 가게 놀이를 넓게 할 수 있어요.

> **교사의 이야기**
>
> 이번 교실 영역 바꾸기를 통해 8년이 넘는 시간 동안 교사 생활을 하면서 너무 짜여진 틀에만 익숙하지 않았나 하는 반성을 하게 되었다. 흥미영역 구성은 교사만 하는 것이라는 고정관념을 깬다는 것은 지금껏 엄두도 내지 못할 일이었다(이웃사랑 어린이집: 아이들이 행복한 세상 공모전 사례).

사례설명

이 사례에서 유아들은 보육실의 흥미영역 배치가 자신들의 의사에 따라서 바뀔 수 있다는 것에 대해 엄두를 내지 못하거나 신기해한다. 교사 또한 자신이 8년 동안 보육교사로서 일하면서 흥미영역 구성은 교사만 하는 것이라는 고정관념을 가지고 있었다고 이야기한다. 유아가 문제해결 과정에 참여하는 것은 이와 같이 이제까지 유아가 참여하는 것이라고 생각하지 않았던 일들에 참여함으로써 교사가 의식하지 못한 채 가지고 있던 고정관념을 깨는 과정이기도 하다.

또한 이용하는 데 불편한 물리적 환경을 편리한 환경으로 변화시키는 문제해결 과정에 유아들이 직접 참여하는 과정을 보여 주고 있는데 매일매일 보육실을 이용하고 있는 유아들이니 만큼 보육실의 불편함에 대해 누구보다 잘 인지하고 있으며 좋은 해결 방안 또한 자신들의 경험 속에서 도출될 수 있을 것이다.

사례 5) 견학 가는 맛에 어린이집에 다닌다(만 5세)

이전에 비해 견학 가는 횟수가 빈번해지자 부모들은 김밥을 싸는 것 때문에 견학을 자주 가는 것에 대한 불편을 이야기하게 되었다. 견학의 횟수를 줄이는 것에 대해 고민이 되었던 원장은 견학을 함께 간 만 5세 반 유아에게 견학에 대해 어떻게 생각하느냐고 물었다. 유아의 답변은 "견학 가는 맛에 어린이집에 다닌다"는 것이었다. 원장은 어른들과 아이들의 생각이 다를 수 있다는 생각을 하면서 견학의 횟수는 그대로 유지하되 한 달에 한 번은 도시락을 싸오는 긴 견학으로 하고 나머지 1~2회는 짧은 견학으로 절충하기로 하였다.

유아들의 어린이집 생활에서 무엇보다 즐거워하는 활동인 현장 견학

사례설명

이 사례는 유아들에게 즐겁고 의미 있는 견학을 확대해 가는 과정에서 견학에 소요되는 시간이 길어짐으로써 자주 도시락을 싸야 하는 부모들의 불편한 상황과 이에 대한 불만에 직면한 원장이 문제를 해결해 가는 과정이다. 문제를 해결하는 과정에서 견학의 당사자인 유아들의 이야기를 참조함으로써 유아와 부모가 윈윈할 수 있는 절충안을 찾을 수 있었는데 유아는 어린이집에서 이루어지는 많은 일들에서 가장 주요한 이해당사자라는 관점을 가지고 문제를 해결하는 과정에서 유아의 이야기를 보다 많이 청취할 필요가 있다.

사례 6) 책 읽어 주는 것을 듣는 여러 가지 방법(만 5세)

지아 아버지께서 책을 읽어 주시겠다고 자원하셔서 자유선택활동 시간에 유아들에게 책을 읽어 주셨다. 8~9명 정도의 유아들이 흥미를 보이며 책을 읽어 주시는 데 참여했고 다른 놀이를 하고 싶은 유아들은 각자 수·조작영역, 미술영역 등에서 자유롭게 원하는 놀이를 하였다. 자유선택활동 시간에 자유로운 분위기 속에서 책을 읽어 주시도록 한 것인데 아버지는 각 영역에서 놀이하는 유아들이 있어 책을 읽어 주는데 집중이 되지 않는다고 하셨다. 그래서 유아들과 다른 방법을 생각해 보기로 했다.

다음 주에도 같은 방식으로 책을 읽어 주실지 결정하기 위해 먼저 교사가 "어제 지아 아버지가 오셔서 책을 읽어 주셨지. 이야기를 들은 친구도 있고 듣지 않은 친구들도 있는데 그것에 대해 이야기를 해 보자."고 제안하였다. 이야기를 들었던 빈이와 유이는 "여러 가지 목소리를 내 주시고 옹고집이 진짜 화난 것처럼 흉내를 내 주셔서 재미있었어요."라고 이야기했다. 이야기를 듣지 못한 유아들은 "미술영역에서 만들기 하느라 정신이 없어서 못 들었어요.", "장기(놀이)를 하고 싶어서요."라고 했다. 각자 원하는 놀이를 하거나 하던 놀이를 마무리하지 못해서 이야기를 못 들었다는 유아들이 많았다.

그래서 "지난번처럼 듣고 싶은 친구들만 듣는 것이 다른 놀이를 하는 친구들과 서로 방해가 될 수도 있지 않을까?"라고 물으며 다른 방법은 없을지 생각해 보도록 했다. 첫 번째 의견으로 "다 같이 들어요."라는 의견이 나왔는데 그 의견에 대해 "다른 놀이를 하고 싶어요."라고 말하는 유아도 있었고, "다른 책이 읽고 싶을 수도 있잖아요."라고 말하는 유아들도 있었다. "조용히 놀면서 들어요."라는 의견도 있었는데 그 의견에 대해 유이는 "놀다 보면 나도 모르게 소리가 커지고 조절하기 힘들어."라고 말하였다. 마지막으로 나온 의견은 "이야기를 듣고 싶은 친구와 다른 놀이를 하고 싶은 친구를 나눠요."라는 것이었다. 그래서 "어떻게 나누면 좋을까?"라고 물으니 인이가 "먼저 세 팀으로 나누고 친구들이 듣고 싶은 동화를 직접 정했으면 좋겠어요."라고 했다. "나머지 친구들은 어떻게 할까?"라고 물으니 많은 유아들이 "뒷마당에서 놀면서 기다려요."라고 이야기하여 세 팀으로 나누고 뒷마당에서 놀다가 한 팀씩 번갈아가며 들어와 이야기를 듣는 것으로 결정하였다. 유아들은 인이의 의견에 따라 책을 직접 정하겠다고 하였다.

아버지가 그룹으로 책 읽어 주기

사례설명

이 사례와 같은 경우 자유선택활동 시간에 일부 유아들만 '책 읽어 주기' 활동에 참가하는 과정에서 발생된 문제이므로 전체 유아가 대집단으로 책 읽어 주는 것에 함께 참여하는 방안을 대안으로 쉽게 떠올리게 된다. 그러나 교사는 유아들과 이야기를 나누다 보면 더 좋은 방법을 찾을 수 있을 것이라는 기대를 가지고 이야기를 나누어 보았는데 유아들은 소그룹의 형태로 책을 읽고 실외놀이를 번갈아 가며 하는 방법을 생각해 냈다. 또 읽어 주는 책을 직접 정하자는 새로운 의견이 추가되기도 했다. 이렇게 유아들과 직접 관련된 문제가 생겼을 때 교사나 부모 등 성인이 모든 문제를 해결하기보다 유아들의 의견을 묻고 그 의견을 반영하여 함께 해결하는 것이 바람직할 수 있으며 이러한 과정을 통해 유아들의 문제해결력이 자라날 수 있다. 또한 유아들이 직접 문제해결을 위한 결정에 참여함으로써 동기부여가 될 수 있다.

사례 7) 초등학교에 대해 알아봐요(만 5세: 초등학교 입학 전 1월)

(1) 초등학교에 방문해서 알아보고 싶은 것

우리가 가게 될 초등학교에 대해 유아들과 이야기를 나누어 보았다. 이제 곧 초등학생이 되기 때문에 먼저 초등학생이 된 나의 모습을 상상해 보고 초등학교에 대해 궁금한 것이 있는지에 대해 이야기를 나누었다. 유아들은 기대되는 마음과 걱정되는 마음을 가지고 있어 다양한 표현을 하였고, 조별로 궁금한 것을 적어서 질문목록을 만들어 보도록 하였다.

오늘이 초등학교 예비소집일이라 유아들이 직접 가서 보고 올 수 있기 때문에 더욱 구체적인 부분까지도 이야기를 나눌 수 있었다. 아직 학교에 가 보기 전이기 때문에 유아들은 학교의 모습에 대해 궁금한 점들을 이야기하였고, 유아들이 학교에 다녀오고 난 후에는 더 구체적으로 많은 것에 대해 호기심과 궁금증이 생길 것으로 예상되었다. 조별로 질문 목록을 만든 것에 대해 서로 들어보면서 유아들은 더 많이 더 다양한 부분까지 생각하게 되었고 서로의 생각을 나누는 과정에도 적극적으로 참여하였다.

1. 초등학교 수영장은 어떻게 생겼을까?
2. 한 반에 친구들은 몇 명일까?
3. 초등학교는 어떤 행사가 있을까?
4. 1학년은 몇 반까지 있을까?
5. 학교는 몇 층까지 있을까?
6. 쉬는 시간에는 무엇을 할까? 장난감은 있을까?
7. 공부하는 시간은 몇 시간일까?
8. 밥은 어디에서 먹을까? 식당일까? 교실일까?
9. 축구를 하는 시간이 있을까?
10. 체육 시간이 있을까? 있다면 몇 분 동안 할까?
11. 왜 실내화를 신을까?
12. 노래를 배우거나 부르는 시간도 있을까?
13. 학교에서는 춤을 출까?
14. 1학년이 끝나면 졸업사진을 찍을까?
15. 반은 누가, 어떻게 나누는 걸까?

16. 왜 오후 간식, 오전 간식이 없을까?
17. 언제부터 시험을 볼까?
18. 후문이랑 대문은 왜 떨어져 있을까?
19. 교실 밖에 왜 의자가 있을까?
20. 학교생활은 어떻게 할까?
21. 쉬는 시간과 공부하는 시간은 몇 분일까?
22. 선생님은 무슨 일을 할까?
23. 돌봄 교실, 방과 후는 무엇일까?
24. 학교는 방학이 왜 이렇게 길까?
25. 놀이할 수 있는 시간도 있을까?
26. 물을 마실 수 있는 정수기가 있을까?
27. 어린이집에서는 공부할 때 선생님이 이야기해 주는데 학교는 왜 종소리로 알려 줄까?
28 학교에서도 점심 먹고 양치질하는 시간이 있을까?

초등학교에 대해 궁금한 점 그림으로 그리기

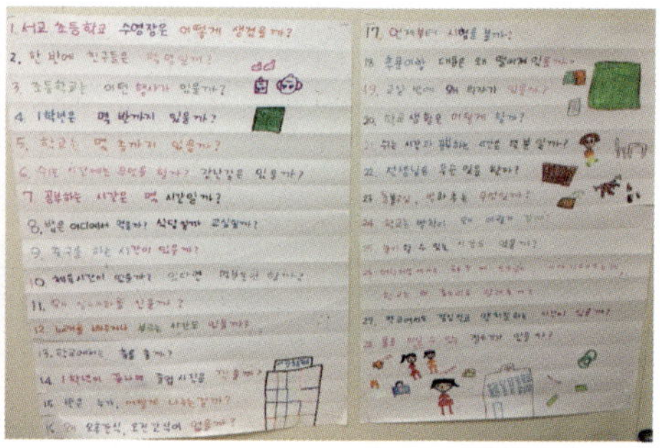
초등학교에 대한 질문 목록

(2) 초등학교를 방문해서 알아봐요

겨울이 되어 기다리고 기다리던 눈이 오는 날! 유아들과 ㅇㅇ초등학교에 다녀왔다. 유아들은 어린이집에서 출발하기 전 눈을 맞으며 학교에 가는 것이 너무 기대되고 흥분되는 일이라며 즐거워했다. ㅇㅇ초등학교 입구에 도착하자 교사로 근무하고 계시며 우리에게 너무나 반가운 ㅇㅇ이 어머님께서 나무반 친구들을 반갑게 맞이해 주셨다.

1학년 교실에 대해 많은 궁금증과 호기심을 가지고 있었는데 가장 먼저 방문한 1학년 교실을 둘러보고 책상과 의자에 앉아도 보았다. 초등학생처럼 우리가 궁금해했던 것에 대해 선생님께 질문도 하고 활발하게 알고 싶은 것을 이야기했는데 1학년 교실을 둘러보면서는 앞에 있는 칠판과 게시물, 다양한 서랍장과 그 용도에 대해서 궁금해했고 벽면에 붙어 있는 시간표에 대해서도 질문했다. 사전에 생각한 것을 질문하기도 하고, 지금 이 자리에서 호기심이 생긴 것이나 알고 싶은 것이 있으면 바로 질문을 하였는데 ○○이 어머님께서도 나무반 친구들이 쉽게 이해하고 알 수 있도록 친절하게 알려 주셨다. 유아들이 궁금해하던 돌봄 교실과 체육 수업을 하는 강당, 놀이터 등을 둘러보면서 궁금해하던 것을 구체적으로 알아볼 수 있었는데 점심을 먹는 식당은 많은 궁금증을 가졌지만 방학기간이라 아쉽게도 문이 닫혀 있어 볼 수는 없었다.

1학년 교실에서 궁금한 것을 질문하는 유아들/ 강당에서 운동하는 모습을 보는 유아들

교사의 이야기

초등학교에 대해 염려와 걱정이 많은 친구들이지만, 친구의 엄마가 선생님으로 계신 학교이기도 하고 내가 갈 학교이기도 해서 활발하게 탐방하는 시간을 가질 수 있었다. 특히 예년과 같이 낯선 선생님과의 간단한 만남이 아닌 친숙한 어머님께서 학교에 대해 많은 이야기를 들려주시고, 유아들이 가 보고 싶어 하는 장소를 직접 데리고 가셔서 설명을 해 주셔서 보다 의미 있는 시간이 되었다. 유아들이 그 자리에서 생기는 궁금증이나 호기심에 대해서도 자유롭게 질문하고 어머님의 이야기를 들을 수 있어서 유아들에게 많은 도움이 되었다.

(3) 또 다른 초등학교를 방문해요

△△초등학교로 진학하는 유아들도 많기 때문에 △△ 초등학교도 방문하였다. 초등학교에 도착한 유아들은 입구부터 보이는 놀이터를 보면서 ○○초등학교와 다른 점을 찾기 시작하였다. 정면에 보이는 나래관을 가장 먼저 들어가 보았는데 도서관과 과학실, 체육실 등 다양한 장소를 직접 들어가 둘러보았다. 또한 1-7반 교실로 들어가 선생님과 반갑게 인사를 나누고 형님들과도 함께 이야기를 나누어 보면서 △△초등학교에 대해 알아보는 시간을 가졌다. 유아들은 학교에 가게 되면 화장실을 이용하는 것에 대해 많은 어려움을 표현했었는데 학교 안에 있는 화장실을 둘러보고 화장실을 이용하는 방법에 대해서도 함께 이야기를 나누었다.

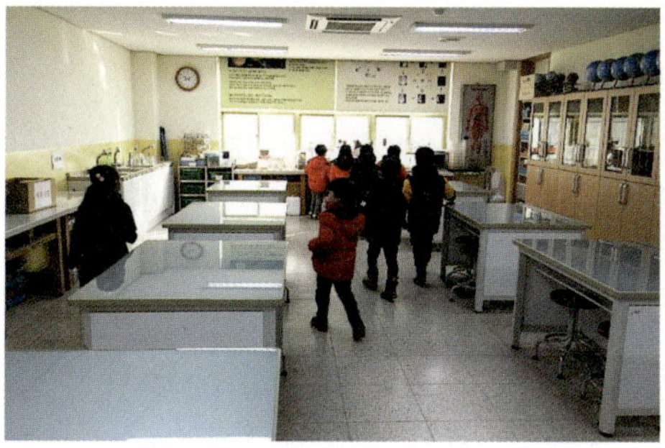

초등학교의 과학실

화장실 둘러보기

교사의 이야기

○○ 초등학교를 방문하고 난 후 △△ 초등학교를 방문한 것이기 때문에 유아들은 다른 학교와 비교를 하면서 자신이 가는 학교에 대해서 조금 더 둘러보고 알아볼 수 있는 시간이었다. 교사와 유아들이 함께 둘러보면서 그 자리에서 궁금한 것에 대해 알아볼 수 있었으며 무엇보다 유아들이 곧 입학하게 될 학교에 대해 더욱 자세히 알 수 있고 도움을 받을 수 있는 좋은 기회였다.

(4) 졸업한 형님들에게 물어봐요

① 졸업한 형님들을 맞을 준비를 해요

입학을 앞두고 만 5세반에서 개최되는 '초등학교에 다니는 졸업생과의 만남' 시간에는 초등학교에 다니고 있는 졸업생들이 어린이집을 방문하여 동생들과 함께하면서 유아들이 미리 준비한 질문에 대해 졸업생의 이야기를 듣는 기회다.

내일 어린이집을 졸업한 초등학교 형님들이 온다는 것에 유아들은 많이 기대를 하였으며 형님들과 함께했던 기억을 떠올리며 학교생활을 어떻게 하고 있는지에 대해 궁금해했다. 내일 형님들이 왔을 때 우리가 초등학교에 대해 질문하고 싶은 것을 생각해 보았다. 어떤 방법으로 형님들과 대화를 나눌 수 있는지, 우리가 형님들을 위해 할 수 있는 일은 무엇이 있는지 등에 대해서도 이야기를 나누어 보았다.

유아들은 형님들과 함께한다는 것에 즐거워하는 마음도 있었지만, 오랜만에 만나는 형님들과 이야기를 나눈다는 것에 조금은 어색해하는 모습을 보이기도 하였다. 우리가 형님들을 위해 할 수 있는 일로 "교실 꾸며 주기", "간식 함께 준비하기", "형님들 오면 반갑게 맞이해 주기" 등 다양한 방법들을 생각해 보았다. 유아들도 잠시 어색해하던 것도 잊은 채 기대감을 가지고 준비 활동에 참여하였다.

졸업한 형님들을 맞을 준비를 하기 위해 가게 방문

졸업생 형님들과 이야기를 나누는 유아들

② 어린이집을 졸업한 초등학생 형님들이 왔어요

어린이집을 졸업한 형님들이 나무반에 와서 함께하는 시간을 가졌다. 유아들은 졸업했던 형님들이 와서 초등학교에 대해 알려 주기도 하고 우리와 함께 시간을 보낸다는 생각에 많은 호기심과 기대감을 가지고 있었다. 형님들이 올 시간이 되자, 유아들은 조금은 긴장하는 모습을 보였다. 그러나 막상 형님들과 함께 이야기를 나누고 대화가 시작되자 유아들은 조금 더 편안한 분위기에서 형님들에게 궁금한 것을 물어보고 초등학교 생활에 대해 이야기를 나누었다. 졸업생과 나무반 유아 모두 매우 즐거운 분위기 속에서 도움을 주고받는 시간이 되었다.

초등학교에 간다는 것에 두려움과 걱정이 많았던 유아들이지만, 밝고 에너지가 넘치는 초등학교 형님들을 보면서 초등학교에 대한 좋은 생각과 즐거운 생활에 대한 기대감을 가질 수 있었다. 실제로 형님들이 초등학교를 경험하고 유아들에게 들려주는 이야기라 유아들에게는 조금 더 현실적으로 다가올 수 있었던 것 같다. 같은 학교라 하더라도 반에 따라 너무 다른 생활을 하고 있어 유아들이 받아들이기에는 어려움이 있었지만, 서로 다른 반에서 어떻게 지내고 있는지에 대해 이야기를 하면서 유아들은 다양한 초등학교 생활에 대해 느끼고 생각할 수 있는 시간이었던 것 같다.

사례설명

유아들이 궁금해하는 것을 알아보는 방법으로 관련 기관이나 장소를 방문하거나 관련되는 사람을 만나는 것은 유아들에게 동기유발이 잘 되며 유아의 연령에도 적절한 방법이다. 어린이집이나 유치원에서 유아들이 궁금해하는 것을 조사하는 방법으로 책이나 인터넷에 의존하는 경우가 있다. 그러나 유아들이 글을 원활히 읽기 어려우며 제공되는 정보가 유아용이 아닌 경우가 많기 때문에 사용되는 어휘, 설명의 난이도 등으로 인해 성인에게 의존할 수밖에 없게 된다. 따라서 책이나 인터넷이 유아들의 궁금증을 해소하는 데 보조적인 역할을 할 수는 있으나 전적으로 의존하는 것은 바람직하지 못하며 유아들이 궁금한 것을 제시하고 해결하는 과정 또한 유아들의 발달 상황에 적절한 방법을 채택하는 것이 유아들의 문제해결력을 증진시킴과 동시에 문제해결 과정에 진정한 의미의 참여가 이루어질 수 있다.

참고문헌

국가인권위원회(2014). 인권 첫걸음. 국가인권위원회 인권강사양성과정 자료집.

김상호·김은희·임정하(2015). 어린이집·유치원의 안전성 확보를 위한 공간환경 조성 방안. 육아정책연구소.

김영명(2001). 행복한 아이, 행복한 사람들. 서울: 학지사.

김영명(2014). 대한아동복지학회·한국방과후아동지도학회 공동추계학술대회 주제발표 '안전을 위한 안전인가? 아동을 위한 안전인가?'.

김영명(2015). 행복한 창의성 역량을 키우는 창의성. 경기: 공동체.

김영명·정정옥·최은화·이명희(2015). 영유아의 권리 존중과 권리 침해 예방을 위한 개선 방안. 비영리단체「함께하는보육」연구보고.

김유미(2002). 두뇌를 알고 가르치자. 서울: 학지사.

김은설·김문정(2010). 뉴질랜드의 육아정책. 육아정책연구소.

김은설·박진아·김승진(2016). 어린이집 설치 기준 개선을 위한 실태조사. 육아정책연구소 연구보고 2016-03.

김은설·이재희·박은영·김정숙(2016). 영유아 교육·보육 효과성 제고를 위한 환경 조성 방안-교사 대 영유아 비율의 적정기준 마련 연구. 육아정책연구소.

나정(2010). UNICEF 아동권리보호 최소기준에 비추어본 우리나라 영유아교육보육의 위치와 과제. 유아교육학논집, 14(3), 101-122.

도남희·이윤진·조아라·박은영(2015). 어린이집과 유치원의 안전관리 실태와 개선 방안. 육아정책연구소.

문용린 외(2002). 인권감수성 지표 개발연구. 국가인권위원회.

박승희·채구묵·김철주·홍세영 외(2007). 스웨덴 사회복지의 실제. 경기: 양서원.

보건복지부(2009). 전국보육실태조사. 어린이집 조사 보고.

보건복지부(2012). 전국보육실태조사. 어린이집 조사 보고.

보건복지부(2014). 보육통계.

보건복지부(2015). 전국보육실태조사. 어린이집 조사 보고.

보건복지부(2016). 평가인증안내.

보건복지부·한국보육진흥원(2017). 제3차 어린이집 평가인증 안내. 통합지표.

서문희 편역(2007). 호주의 보육정책. 육아정책연구소.

서영숙·김진숙·서혜정(2009). 아동권리협약과 함께 하는 '아동청소년의 권리': 보육교사용. 보건복지부.

여성가족부(2007). 표준보육과정 해설서.

유엔아동권리위원회(2005). 아동권리위원회가 채택한 일반논평 7. 초기유년기에서의 아동권리의 이행.

유해미·김은설·황옥경·김재원(2011). 육아지원기관에서의 아동권리 실태. 육아정책연구소.

한유미·오연주·권정윤·강기숙·백석인(2005). 스웨덴의 아동보육제도. 서울: 학지사.

한홍구·김동춘·조효제(2006). 편견을 넘어 평등으로. 경기: 창작과 비평사.

Bennett, J.(2008). Benchmarks for Early Childhood Services in OECD.

Committee on the Rights of the Child(2005). Convention on the Rights of the Child.

General Comment No. 7. Implementing child rights in early childhood. Countries', Innocenti Working Paper 2008-2. Florence, UNICEF Innocenti Research Centre.

Eliot, L.(2000). Wath's going on in there?. 안승철 역(2004). 우리 아이 머리에선 무슨 일이 일어나고 있을까. 서울: 궁리.

Inarsdorrir,J.,& Wagner, J. T.(2006). *Nordic Childhoods and Early Education: Philosophy, Research, Policy and Practice in Denmark, Finland, Iceland, Norway, and Sweden*. 북유럽의 아동기와 유아 교육. 한유미·권정윤·신미자 옮김. 경기도: 한권.

Ishay, Micheline.(2004). The history of human rights. 세계인권사상사. 조효제 역(2005). 서울: 길.

New Zealand Goverment Ministry of Education(2008). Licensing Criteria for Early Childhood Education and Care Centers 2008.

OECD(2005). Starting StrongⅡ: Early Childhood Education and Care. 육아정책연구소 역(2006).

OECE(2010). Quality of childcare and early education service, OECD Family Database. http://www.org/els/soc/37864559.pdf). 2016. 9. 30. 인출.

OECD(2011). OECD Network on Early Childhood Education and Care's "Survey for the Quality Toolbox and ECEC Portal", June 2011.

OECD(2012). Starting Strong III: A Quality Toolbox for Early Childhood Education and Care, OECD, Paris. 신동주·장혜진·이경옥 역(2013). OECD 유아교육과 보육의 질 제고를 위한 정책 방안. 덕성여자대학교 산학협력단.

Skolverket(2011). Curriculum for the Preschool Lpfö 98. Revised 2010.

STAKES(2004). National Curriculum Guidelines on Early Childhood Education and in Finland.

UNICEF(2008). The child care transition: A league table of early childhood education and care in economically advanced countries.

UNICEF(2008). The child care transition, Innocenti Report Card 8, UNICEF Innocenti Research Centre, Florence.

UNITED NATIONS.(2005). COMMITTEE ON THE RIGHTS OF THE CHILD Fortieth Session Geneva, 12-30 September.

국가인권위원회 블로그(2009). https://blog.naver.com/nhrck/88523963

울산방송(2004). 여성주간특집 '말괄량이 삐삐를 닮은 아이들'

EBS(2010). 세계의 교육현장. 핀란드 제1부. 잘 놀아야 공부도 잘한다.

EBS(2013). 다큐프라임. 놀이터 프로젝트 제1부. '위험한 놀이터로 오세요'.

KBS(2016. 01. 29.). NEWS. 재롱잔치 교사 인터뷰.

건치신문(2011. 03. 04.). 최근 3년간 보육시설 사망 영유아 35명. 강민홍 기자.

머니투데이(2015. 09. 10.). 최근 4년간 어린이집 사망 44건… 안전사고도 증가. 김영선 기자.

베이비뉴스(2014. 10. 30.). '영아돌연사증후군' 어떻게 예방할 것인가?. 오진영 기자.

시사저널(2015. 01. 30.). 어린이집에서 아이 한 달에 한 명꼴 사망. 조해수 기자.

연합뉴스(2012. 06. 03.). 한국 0~2세 영아 보육시설 이용률 OECD 3위. 황대일 기자.

연합뉴스(2014. 11. 02.). 영아 사망 10명 중 '사인불명' 사망원인 3위. 오수진 기자.

이데일리(2012. 06. 16.). 세상에서 가장 아름다운 운동회. 김도년·김상윤 기자.

프레시안(2015. 02. 02.). 정부 보육 대책은 왜 모두에게 비판받나?. 양난주 대구대학교 사회복지학과 교수.

http://www.kidkids.net/ddoran/

http://www.legislation.govt.nz/regulation/public/2008/

저자소개

대표 저자: 김영명

서울대 소비자아동학과 졸업
서울대 소비자아동학과 대학원 졸업
숙명여자대학교 아동복지학과 대학원 졸업

인천종달새 어린이집 원장
인천시보육정보센터장
중앙보육정보센터장
명지대 사회복지대학원 겸임교수
숙명여자 대학교 강사
현 서강어린이집 원장
현 아이들이행복한세상(영유아 권리 존중 보육을 위한 비영리단체) 고문

저서

『행복한 아이 행복한 사람들: 독일 킨더가르텐의 아이들』(2001). 학지사.
『유아환경교육: 활동프로그램』(2002). 공저. 동문사.
『영유아프로그램 개발과 평가』(2011). 공저. 공동체.
『보육학개론』(2013). 공저. 양서원.
『행복한 창의성 역량을 키우는 창의성: 창의성을 살리는 누리과정과 표준보육과정』(2015). 공동체.

그림책

『우리 몸속에 뭐가 들어 있다고?』(2011). 사계절.
『어린이집 그림책 시리즈』(2009). 사계절.

공저자

복예은: 서강어린이집 보육교사
김미희: 서강어린이집 보육교사
곽현인: 서강어린이집 보육교사
우성정: 서강어린이집 보육교사
최분숙: 서강어린이집 보육교사
박혜림: 서강어린이집 보육교사
김경실: 서강어린이집 보육교사

영유아의 의사 존중과 의사결정 참여 중심

영유아 권리 존중 보육과 교육

초판 1쇄 인쇄 2019년 1월 21일
초판 1쇄 발행 2019년 1월 23일

지 은 이 | 김영명 · 복예은 · 김미희 · 곽현인 · 우성정 · 최분숙 · 박혜림 · 김경실
펴 낸 이 | 김기섭
편 집 인 | 이초롱
펴 낸 곳 | 창지사 www.changJisa.com
08589 서울시 금천구 가산디지털 1로 83 파트너스타워 1차 9층
전화 (02)719-2211~3
팩스 (02)701-9386
등 록 | 1977년 4월 28일 · 제1-421호

ISBN 978-89-426-1188-1 (93370)

값 20,000원

이 도서의 국립중앙도서관 출판예정도서목록(CIP)은 서지정보유통 지원시스템 홈페이지(http://seoJi.nl.go.kr)와 국가자료공동목록시스템(http://www.nl.go.kr/kolisnet)에서 이용하실 수 있습니다(CIP제어번호: CIP2019002356).